“双一流”建设丛书·学术经典系列

民国广播文献集成

续一

艾红红 庞 亮 刘书峰 ◎ 主编

中国传媒大学出版社
·北京·

前 言

继《民国广播文献集成》于2021年出版后，《民国广播文献集成·续一》于2022年面世了。

与《民国广播文献集成》一样，《民国广播文献集成·续一》的出版同样是为了将我们萃选的民国时期重要广播文献呈现给当下及未来的广播史研究者。

本卷收录的两部著作，反映了当时中国广播业界的国际视野与价值关怀。

第一部《无线电广播的文化教育作用》为译作，出版于1936年，为联合国前身——国联（“国际联盟”的简称，是第一次世界大战后建立的国际组织）下设的世界文化合作委员会之执行机关和常设机构——世界文化合作学院（1924年9月成立，1925年11月在巴黎正式办公）组织相关专家撰写，著名翻译家曾觉之（1901—1982年）翻译。而之所以撰写这部专著，是由于“世界文化合作委员会，晓得由世界文化合作学院对于各国的学校无线电广播的教育家与组织家征求所得的结果后，（原注）要学院特别从为无线电广播的每日听众的民众教育的观点，扩大这种征求。这个计划为国际联盟会大会所赞许，学院乃对各国的专家询问他们对于设计这种教育工作的意见。人可于本书中找到这些专家的研究，而在前则为根据他们的文章所写出的一篇总报告。”

全书在论述无线电广播在文化教育方面的作用时，既强调“无线电广播真能有一种教育力量所需要的条件”，又注意区分“为无线电听众而广播的‘学问课程’与为一般民众的‘普通教育’的广播”，认为广播工作者需依据具体情形设置节目，以提高听众的文化水准。还有专家提出，应“在各广播电台的广播节目委员会之上，设立一个无线电广播高级会议，为研究和配置的机关”；而其中对广播“高级会议”人员组成及运行方式的构想，显然与英国公营广播事业BBC的管理运行机构有诸多暗合之处，并且相对更为周全。上述专家们对广播事业与广播节目的思考，对今天的广播工作依然具有很强的借鉴意义。

第二部《广播战》出版于1943年，作者彭乐善，时任中国国民外交协会广播主任、中央广播电台国际广播（VOC，Voice of China）传音科科长。他英语良好，对当时国际广播的发展情况颇有研究。诚如曾虚白为该书所作的《广播战序》中所言：“彭乐善同志从事国际传音工作多年，贡献甚多，近于公余，将其平日研究所得，参以实际服务的经验，著为此书，论述世界各国广播事业的情况，以及广播传音的技术等，精详博赡，深入浅出。”全书对世界无线电广播和“二战”初期德国、意大利两国对广播的利用与发展有精准的把握，对“二战”期间交战国的广播业及各国对敌广播、宣传战略和秘密电台等都进行了总结。可以说，《广播战》是了解第二次世界大战期间各国广播事业发展及当时“心战”宣传的必读书目。

衷心感谢中国传媒大学学科建设与发展规划处和中国传媒大学出版社的鼎力支持，也诚挚感谢张笛编辑对本书的辛勤付出。

编　者

2022年5月11日

目 录

世界文化合作中國協會叢書

無線電廣播的文化教育作用

國聯世界文化合作院編
曾覺之譯

世界文化合作委員會，曉得由世界文化合作學院對於各國的學校無線電廣播的教育家與組織家徵求所得的結果後，(原註)要學院特別從爲無線電廣播的每日聽衆的民衆教育的觀點，擴大這種徵求。

這個計劃爲國際聯盟會大會所讚許，學院乃對各國的專家詢問他們對於設計這種教育工作的意見。

人可於本書中找到這些專家的研究，而在前則爲根據他們的文章所寫出的一篇總報告。

我們對那威的諾貝爾學院 I' Institut Nobel 給本書的印刷以經濟的幫助。表示十分的感謝。

(原註)參看一九三三年，巴黎世界文化合作學院的檔案，學校的無線電廣播 La Radiodiffusion Scolaire。

無線電廣播的文化教育作用

目錄

第三部　特殊的研究

第四部　國際間廣播節目的交換

總報告

在爲無線電聽衆而廣播的『學問課程』與爲一般民衆的『普通教育』的廣播之間，我們先要爲一種很明白的區別。

有一種眞正教材的，及可以列入由大學所延長的課程或出學校後與職業的教授有關的課程的廣播功課，因兩方的必然關係，爲實施於學校中的或出校後的無線電廣播的法則所支配；這些課程施於某一類定規的聽衆，他們興趣於廣播的教材，所以他們預先便決定來聽。同樣，人可因那些既有某種普通知識的人們的想望，而廣播大學的課程，講演，或與文藝談話相類的東西，同時在講題的講述中遵守某一種次序，某一種連續，某一種進展。這種於一定的時間定規的廣播的教程，決然有某一種很大的用處，而可以使某一類的聽衆來聽，他們沒有物質上的便利去聽大學的或職業的教程，但他們多少是既預備好來採取這教程的果實；但這種教程不能及於一般民衆，因無線電廣播對於這班民衆正是在改善他們的普通知識。

大部分聽衆在廣播者之前，只能爲數分鐘的傾聽，而很難於每日一定的時候都來聽；他們或且很快便厭聽某一種有方法系統的課程廣播。本來聽廣播者的心理，與聽一種講演，直接和講者相接的聽者的心理，有頗大的差異。在後一種情形中，可以說，演講者對於他的聽衆爲一種直接的施爲。說話的人眼睛注定在他的聽衆身上；一切：他的人格，他容貌的表情，他的聲音，他的姿勢，都引住他們的注意力；他們的想像力可以說是被迷住，不能再移向外方。但在以單獨的聽官來聽講演的聽者便不同了，他的聽官的活動續續的爲在他周圍的無數外引力量所擾亂，時常帶他的想像力遠開講演者要將其領入他的講演的環境。在這些情形中，人不能有益的廣播內容廣大的講題。矛盾相反的講演除外，這種廣播的談話至大限度不能超過半小時。起首的導言要短而活的，使當開始的時候便能吸住聽衆的注意力。講解要很清楚而容易懂得；爲達到這種目的，人要避免使用過度學問的與專門的字句。語句要精警與簡短；以普通談話的自然語氣說出。

在播音機前所發的談話，應當爲在良好的民衆講演與良好的新聞報告之間的東西。

所以人要避免使無線電廣播墮入這一種過度中，卽有些人想使廣播爲一種有直接作用的教育方法，一類沒有間斷的民衆大學所有的過度。

全是承認連續一串的談話有應得價値與相當利益，但同時要相信，對於一般民衆，對於一個有現實性的題目的獨立談話，若內容良好，比對於相同的一個題目，搆成一種照有方法的結搆而進展的整個的連續一串的談話，留下較深的痕跡。

這樣看來，一般民衆是完全缺乏對於知識的留意嗎？沒有人肯對於這個問題爲一個將是膚淺和錯誤的肯定答覆。但其中有確定的，是無線電廣播的聽衆，人不能視之爲一種全相同的聽衆，至少這類聽衆的一部分，要厭聽人給他們廣播的過於有教訓的形式或蒙上一種特殊是教育性質的東西；但人不能便因此說聽衆缺乏好奇心。無線電廣播正因其娛樂的節目放送

廣播戰

彭樂善著

董顯光題

第七章 環球廣播戰之概觀……九四

十倍，平均每台電力之增加爲二十五倍。其詳細情形，可列表如左：

年代	電台總數	一萬五千瓦特以上電台總數	五萬瓦特以上電台總數	十萬瓦特以上電台總數	總計電力（單位千瓦特）	最高電力（單位千瓦特）	平均電力（單位千瓦特）
1928	183	1	0	0	116	13	1·0
1929	200	7	0	0	422	40	[illegible]·1
1934	258	65	37	15	4，500	500	18·0
1937	342	93	53	21	7，020	500	20·5
194[illegible]	468	120	67	48	12，600	500	25·0

莫斯科中央台，爲全世界最大播音電力達五十萬瓦特之廣播電台，其所宣佈理由爲蘇聯國土遼闊，令此台以使全蘇東西兩部領土上之國民收聽。但論台播音之強度，未爲比英德二國之「總台」(Key Station)爲高，彼等在一九三九年皆爲十五萬瓦特之電台，開戰後，曾積極增強其播送電力，藉以樹立歐陸廣播優勢。

歐洲各國短波廣播情形，根據巴黎「先鋒論壇報」(Herald Tribune)之調查統計，一九三零年，全歐僅有短波台三座，及至一九三九年，乃增至三百五十座。而國際規定之短波波

入英國之數千信件，可爲佐證也。法語廣播節目計每日新聞報告六次，其中[illegible]一次，每次歷時三十分鐘，其他特別節目亦每日播之。該公司對法最成功之宣傳方[illegible]，[illegible]標語[illegible]之廣播。此法可引起聽衆之熱烈反應，各種標語歌謠，其節奏[illegible]學習，經久不忘。英國有[illegible]之武力，與戰鬥法軍之動態，由[illegible]而廣播，乃BBC對法國人民宣傳之另一特色。[illegible]個人抗[illegible]之有效方法，[illegible]人之[illegible]採用，竟出乎BBC當局意料之外，而該公司不得不[illegible]，勿輕易犧牲其性命。某日，[illegible]廣播節目，[illegible]法人在英國大[illegible]以前，暫勿[illegible]自危。但[illegible]特勸[illegible]示[illegible]法人參加其[illegible]之戰以後，BBC則[illegible]宣傳政策，而力促法國青年加入攻俄[illegible]，而[illegible]其從中[illegible]行第五縱隊之活[illegible]，因[illegible]東線之攻勢。

BBC之法語播音員，共有男女十二人，包括名聞全歐之漫畫家與喜劇[illegible]，係各一名，[illegible]黎女伶一名，及新聞記者若干名。

比利時人民，除收聽BBC之法語廣播外，每日尚可收聽倫敦播送之比利時[illegible]日一次。

BBC之對義宣傳節目，每日新聞廣播共有五次，前英國駐義大使館武官史[illegible]司上校(Colonel Stevens)，已成爲此項節目中之主角。史氏在義大利有廣大之聽衆，此可於[illegible]

楚歌，遂發佈焉。余譬此，甚感紅冥不發之恩」！此種宣傳，較戈培爾宣讀俘虜名單之間接播送方法，可謂有過之而無不及。

同盟國家在無綫電中之呼應

蘇德之戰，始於希特勒自柏林廣播之「最後通牒之言」。當時史達林在莫斯科，並無語言文字之表示，僅由莫洛托夫發表簡短之宣言，以鼓勵蘇聯人民反抗野蠻之法西斯匪徒，而數百萬紅軍，已在前綫展開保衛祖國保衛人類自由之戰爭矣。

廣大波蘭平原上之硝煙，迅速傳遍全球。但各國士小報告都告此消息時，均未加評論，預言家不約而同保持緘默，即羅斯福與邱吉爾亦然。一般無綫電聽衆，皆爲之惶惑，國從學深感此中變化之錯雜也。

但英國廣播公司，終於宣佈邱吉爾將於晚間九時廣播消息後，就是全世界之觀衆，乃漸集中於倫敦，而邱氏一度發言，與他代表各國大多數人民未克自發之態度與意見，立使廣大聽衆，體認對蘇聯抗戰之正確見解，而認爲歷史上之轉捩點焉。

此偉大之「英美公民」（Anglo-American Citizen），無形中代[illegible]斯羅，而說明一切民主國家應有之立場。其言曰：「在過去二十五年中，余反對共產主義之堅決，絕未稍人。余過去之言論，今不欲重述，亦不願否定之。今日世界上爲反抗納粹主義而戰之任何國家

伊凡之廣播，由「播嘴」而「羅名」，花樣變幻，日新月異。摹仿戈培爾既成功，乃進而摹仿希特勒。某次，此可憐之伊凡，代表希氏，而對德國人民廣播曰：「余爲德國元首，必親率三軍，繼續爭取勝利，以迄舉國最後失敗之日而。余決以全力進行作戰，直至犧牲德國最後一兵一卒而止！」當時，德國民此節目之聽衆，必疑此吹牛皮，非出自希特勒之口。伊凡之宣傳技術，誠可稱此次大戰中之傑作。

此種廣播方式，現已爲各交戰國家所普遍採用。伊凡之原作，雖以德國電台爲主要對象，而其滿門弟子，則分別對羅馬，東非班，布達佩斯，及其他歐洲主要之偽組電台，隨時插語取笑，以擴大譏嘲宣傳戰之範圍。在另一方面，納粹「鬼話」，亦常可聞入莫斯科所播節目內，呼籲蘇聯人民起而反叛蘇維埃。某次，BBC廣播中將德國電台播出之插話云：「希特多談，余感腹飢已久，求麵包不得，而反見希特勒狂吠實痛！」此種插話，雖由柏林，英人稱爲「德國納之鴨叫」(Quacking of Von Donald)，而以羅馬電台發出之插話稱爲「阿佩厄斯」(Mario Appelius)之「悲鳴」。某晚，阿佩厄斯之廣播，每總爲一插語所閤斷，蹊來但聞：「汝乃一意國之騙子！」及繼起之羅馬電台插語：「義國之進，較英國爲遜爲佳！」另有一次，阿佩厄斯代BBC報告員之插話過程，而無呼曰：「魔鬼乎！提高汝之聲音！」德國必敗，魔鬼之力不足挽救也！」結果，備數之魔鬼慚愧，而答曰：「義大利當謹自己辯正勞矣！」

重慶聽衆，有時可聞BBC新聞節目中亦有怪聲，此殆真偽難辨之日本故意搗亂所爲

擴為擴大其可能受聯合國家陸海空軍威脅之區域，而暫時在納粹武力壓迫下之不可見民衆大軍，亦可使響應其號召者趨之範圍，而加速其發動革命時機之成熟。……雖然如此，吾人可借柏林電台之謊言廣播，必將繼續為德軍走上末路之一日，而戈培爾之口，必將被當亂語室內幾一隻傳話器被摧毀之時。」

論德國國內廣播，對於納粹政權，雖致讚不遺餘力，然對於德國人民，則有時表示同情，不以敵人視之。例如某次倫敦電台對德國人民廣播云：「德國諸君今日之生活情形，與德軍佔領區之人民，無異而實同。諸君自一九三三年起，飽嘗希特勒暴政，將來在國際正義之法律前，自可提出抗議。此日已近，納粹武力必將崩潰。德國人民，在過去曾完成三次光榮之革命，其德國四次革命運動，即可展開，行見各地義民揭竿而起，一舉而不可復遏，如一九一八年然。德人乎，曷醒乎來」！

BBC德語廣播，無日不提及美國之動員情形，宣傳美國軍火生產之龐大數字，同時謂德國僅為希特勒及其瘋狂殘忍之黨徒。

歐陸之各國亦皆利用之，為BBC對敵宣傳之主要題材。某次，一比利時愛國青年自倫敦廣播演說云：「吾人對國之要求，終必實現。余可斷言，各地比人行將採取暴烈之行動以爭取，而與彼等今日所受於德寇之虐待，成一正比例也。」同時，一荷蘭廣播員曰：「今日之荷蘭，實係一廣大拘禁營區，是堤畔，運河上，盡是荷蘭健兒用武之地，德軍葬身於鳥魚之

，隨軍作戰。一九四零年，德軍佔領荷蘭後到達希爾凡薩姆(Hilversum)之次日，即有此類「備兵」一隊三十八，闖入接收該台，並立刻恢復廣播。隨帶之特製荷語宣傳唱片，可供三星期廣播之用，但有用就之大批節目時間表，交由隨軍，就地發表。自該處發出一荷蘭語宣戰員，俗語有云：西德之納粹宣傳軍隊，並有潛伏在後數量較大之廣播隊，攜帶英語唱片之巨型卡車一輛，上書「開往英倫」(To England)字樣。戈培爾指揮下之納粹廣播化宣傳部隊，有備而無患，所欠者僅一座近代土木工程學家所未設計之渡英輕便橋梁耳！

柏林宣傳當局，對於歐陸傀儡電台之統制，在各佔領區內情形不一。巴黎電台，除定時播出德語新聞，以供法境德軍之收聽外，更代柏林電台放送西班牙語宣傳節目。盧森堡電台之輕快音樂，在從前極盛一時，今則改用宣揚之德國歌曲，而雜以英語宣傳節目。波蘭人民所可收聽之新聞廣播，均由柏林電台發音，每日僅有二次。目前挪威，比利時，及德國東部各地電台，雖其傀儡電台之業務自由擴大，但其節目之備稿，已可不必先送戈培爾審核矣。

希特勒惟恐其鐵蹄下之歐洲各國人民，因英國繼續抗戰，而醞釀革命，是以柏林之宣傳無時不以英國為主要攻擊目標。據合眾社通訊社報告曰：「英國之食糧問題，日益嚴重，邱吉爾政府令倫敦英國人民飼牛羊之草為食。英國新兵下操，均以木槍代槍，而正式軍二百餘萬人，均無營房居住，情形至為狼狽」云云。

語辭相之用。）

英王喬治六世，患『口吃』之病，雖在訓練後，仍[illegible]，如一九三九年之耶誕獻詞，及對德宣戰，停戰元旦日各節之致全國臣民廣播文詞，以及對全世界英語民族廣播之獻詞，此[illegible]已消除。進英語言時，會口吃者，與伊利沙伯后之國家語調，大相逕庭。二者之合，豈即標準「皇家英語」(King's English)之體系？

蔣夫人則其更古雅，其近會三度發表廣播演說，此因聽者須確口音明晰，措詞優美，時應發表英語外，英為其短，但仍使英語新聞報話益見。加以生趣，亦稱「美國語」，現為英美兩外國之聯盟之一。故其演說之呼籲，可予全世人民以特深之印象也。

蔣委員長此次之廣播，在十四年前，即民國十七年南京中央廣播電台開幕之日。是時，蔣委員長親臨主持，並即席發表演說，由該台播出。當時之國際廣播事業，尚在萌芽時期，美國一九二八年總統競選運動甫開始，共和黨與民主黨大規模利用無線電波角逐亦自是年，故其自各國廣播事業發達之初，固無先進後進之分。

蔣夫人之廣播風度，譽滿全球，與伊利沙伯后及羅斯福夫人，同有第一廣播夫人(First Lady of the Air)之譽。

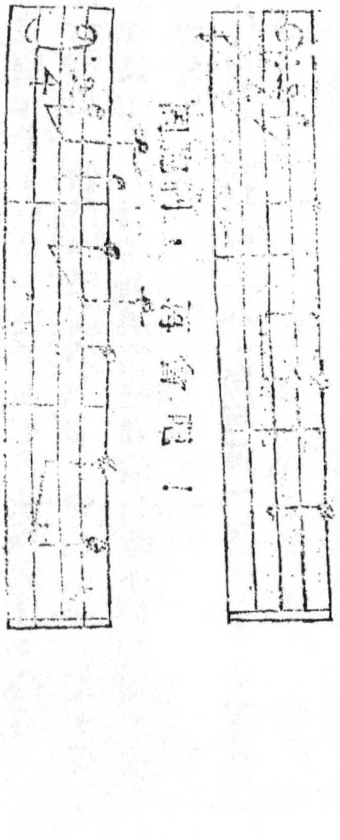

則向美國人民道「早安」，本地人士聞之，殊有滑稽之感。

在廣播事業發達之國家，對外宣傳，可用數種乃至數十種波長，同時播送各種語言之節目，各地聽衆，可就時間與季節之變遷，而自由選擇收聽結果最佳之電台。而短波廣播設備不之國家，則不能不充分利用其所有電力，同時設置多數波長，以維持其不斷之廣播程序，局外人亦以其電台甚多，而覺其節目不斷而絡繹不暇之苦也。

報紙與廣播節目

報紙為廣播材料重要來源之一，歐美各大報紙，除發行廣告廣播電台之節目時間表外，更有廣播副刊，而報紙之逐日評論文字，復為廣播員所自由採用，使時事報告，更有價值。各大新聞社，且發送廣播稿(Radio Edition)，以供電台採用，而按字數取費。同盟社與日本放送協會之合作情形，亦如是。

收音與廣播節目

「收音站(Listening Post)之組織與利用，為英國廣播公司對敵宣傳材料主要來源之一。BBC收音站，均設在倫敦郊外之森林中，或海岸上，而由電話線通至廣播大廈。遇有重要新聞，可隨時報告傳音部份，而立刻加以宣傳，或反駁。此種收音組織，通常稱為第三耳（Third Ear）。BBC之收音員四百餘名，每日收音，錄音，翻譯之外國廣播，逾百萬言，但

懼，亦發音室內常見之事。英美廣播界，稱此種心理作用為「傳話器前自羞畏」(Mike Shy)，惟加強有此感者之想像力，可克復之。羅斯福之廣播演說，清晰而誠懇，堪為各國廣播界之模範。羅氏在傳話器前，從容發音，如見其不可見之聽衆然，而其用字設喻，又皆具體通俗，使聽者完全了解，而無誤會。

二：「有聲有色」

在電視事業尚未普及之今日，（各國設電視者甚少，亦不過在試播工作，亦多因襲有聲電影而習俗。）廣播之主要特徵，殆為「以聲代色」。演說家之姿態風度，雖顯其辭句之力與魄，藉無綫電波送達廣大聽衆耳中。其辭句須有意義，聲調宜求悲愴，音節須有音律，廣播技術則同。

一九三六年元月二十五日，史密斯參加美國「自由同盟」(Liberty League)在華盛頓舉行之宴會，即席發表其著名之「反新政」演說，三千英里外之參議員羅賓遜(S. T. [illegible])，當晚著文評論云：「聽史氏之演說，如見傑斐遜(Thomas Jefferson)、傑克遜(Andrew Jackson)與克里夫蘭(Grover Cleveland)復回人間，而當場報以熱烈之掌聲」！（按傑斐遜，傑克遜，及克里夫蘭，均為美國歷史上總統，且為民主黨之精神導師。）當時，史氏抱病廣播，其私人醫生，隨侍在側，而其發音地點，距白宮甚近。一副英雄本色面目，隨其流利幽默之聲而展開。

得攝引羣衆，亦可以很巧妙的領導聽衆相同的興趣於精神知識的事物，而不要開始卽以學問知識的誇大題目驚嚇他們。無線電廣播的教育作用正是在激醒聽者的這種潛伏的好奇心，使其從潛在力量轉成爲實際動作；使聽者得以堅定自己。人由此可以看到，教育不在許多知識的堆積；教育是以激醒知識的好奇心爲其主要目的。僅僅由於這種好奇心的激醒，人便因將他們從那一種日常生活對他們的纏擾作用解放出來，但沒有使他們脫離他們的環境，而很顯明的增高了聽者的普通知識的水平線。

從這種款式去觀察，無線電廣播可以爲很有成效的教育工作；但要注意的是，講演者與報告者要自己相信自己所廣播的是一類初等教育。

人過於常，而且不當的，對於『初等』一詞加以不好的意義；『初等教育』一詞在這裏是指基礎教育。從這種意義來看，卽在旣受教育的人們，仍有一種初等教育存在，而這些對於一切人放送的廣播，很可能的使各種各色的一般聽衆都發生興趣。一個關於複雜的科學眞理的，或歷史知識的，或且爲精妙的藝術觀點的，做得很好的講述，相等的有益於學者，文人和藝術家。例如一個文人，他不一定有一種頗爲發達的科學知識。他在初等學校和中等學校的課程中所受的科學教育，也許就從他離校後便沒有再發展；在他和在其他的許多人一樣，無線電廣播能很有益來激醒他的好奇心，而因此使他對於偉大的發見及對於思想的和科學生活的運動有所知曉。一個科學眞理的或科學確定事實的簡潔與明白的講述，可以很有收穫的爲一切人所聽。而且，現在的生活趨向於使人漸漸爲膚淺浮泛的。無線電廣播自不能常逃出這種批評。以其涉獵一切，淺嘗許多的問題，則給與基本知識的概括綱要，那不是更爲可取嗎？

人時是很有理的責備無線電廣播開發那既經獲得過大數量的知識的被動性；即使人們接受完全現成的意見，如聖經福音的眞理一般。無線電廣播，倘若人不留意，可以有這種不良效果，而尤其是因其僅對於單獨的聽官而發，很容易使聽者任爲一種純粹是接受的活動。教育家的職務不是相反的在開發批評的精神，養成判斷力與趣味，學得爲客觀的嗎？在使無線電廣播能盡其教育的使命，最重要的是放送節目的主任與講演人，在講題的選擇和講述他們的題目的款式中，有最大的自由。關於這點，人旣指出，無線電廣播主要是爲在一個講演者與聚在家庭內來聽他的兩三個人之間的交接。所以，這要講演者能以談話式的自由來講談他的題目，而不應勉强只討論預先要他說的一個意思；人要相反的許他自由陳述他的意見，涉及所爭論之問題的討論；卽關於政治問題，本國的與國際的亦然；但要不作政治宣傳，以僅對政治作一種談話爲條件；要他客觀的陳述目前主張的種種不同理由，而不是在求人相信，要在使僅與自己交換意見的那些聽者自己去回想。

在這種精神中，大部分的專家都主張，放送連貫與系統的講演，不如廣播能激發人的興趣與引起人的知識慾望，簡短的，但深入的談話。關於這點，人旣指出，現代青年人，長成於現代生活的節奏中，較容易爲這些活在與簡錬的報告所牽引。類似的談話，關於目前的問題，涉及國家的生活與國際間的關係，由內行的人們以談話的形式放送，經驗證明，必能得到眞實的成功。關於這點，人可在哈勿格，佛利希 Hartvig Frish 先生的研究中，讀到在丹麥一星期中無線電所放送的題目表來作一個例。這個表顯出，在這個國家內的放送節目的編製，主要是在其普遍性。

廣播節目的性質

廣播節目要以這個原理爲根據——這個原理的本身很明白，但十分常爲人所忽視——卽無線電廣播爲在兩個人間的通力合作：播音者與在收音機前的聽者間的合作。所以沒有什麼可以拿來預先的決定人人都要聽的節目的法則和性質，倘若這些節目在某某方面不使他們發生興趣。從這個觀點來看，選擇節目的主任們，能與一般聽衆發生更密切的關係，當有便利處；這樣，他們可以從聽衆的暗示，而且從聽衆的批評，得到益處。廣播節目委員會的主持者漸漸相信這種與聽衆合作的必要。而聽衆常是相同嗎？關於這點，人指出，使人最容易聽到的教育團體與慈善團體的聽衆，不是常常相同，及人可於此找到最能洩露聽衆的心理的表記。但是，倘若對聽衆廣播他們所慾望的是適當，同時亦要曉得給他們放送若他們有機會估量時，他們定然要求的那些節目；這是哥侖比亞播音所所長巴萊 William S. Pley 先生的很合理的正當指示。

直至現在，廣播節目委員會的主任們在力求編製能達到與能滿足可能有的最多數聽衆的節目：而在這些普通的節目外，時時放送一類題目性質特別，能使某某種類的聽衆有興趣的談話。看來這種編排節目的方式，在將來是不適用的了。但關於音樂的節目是例外，卽最不喜有方法的愛好無線電者，亦開始覺得無線電廣播時有變爲無意味的趨勢。這種事實的確說，借自馬鐵孫 Hilda Matheson 女士的研究。旣是來聽無線電廣播的人們的數目爲不斷的增加，則要緊的是在普通的節目中，至少當漸漸的給特殊的節目以地位。關於這一類的談話，在英國旣實行起來：對於科學研究的工作，及其與近代社會需要的關係的講述，關於涉及工業、農業、政治、經濟生活的問題的談話，這些講述爲大多數人所關心的來聽，而這些人們的職業本來是沒有暇時給他們去留心與他們的職業無干的問題的；這些講述且有時又使專門家發生興趣，及爲學者間得以互相交換觀點的機會。這樣，是否可以放送完全專門的節目呢？這種可能的暗示由馬鐵孫女士提出來。本來就有多數人感到不快，要從不同的廣播臺去找求可以使自己發生興趣的節目；他們不願隨便的讓自己這樣花費時間。想避免這缺憾，那要敎育的無線電廣播能使用最多數的中波與短波長度機，而這些短波長度機則是距離完全規定的。這個問題，應與担任立定無線電交通的程序的正式機關合作，值得加以研究。

文學知識的與歷史知識的養成

人可能很便利的使用無線電來使一般民衆與文學的名著熟習。印刷不是必然的爲鑑賞文學作品之美的最有效的方法：很多的人不得領悟他們所讀的東西；因無線電廣播使文字的音響完全顯出來，這樣得使一位藝術家動情，得將他的詩的情緒分與他的聽衆。上面關於初等教育所發出的觀察，對於這點不平不至相反，而且相成。初等教育一詞在這裏是指領導各種學問與人生情境的那些基本原理。而卽因那些文學大師的名著是表現在人中所有的根本事物的，所以這些名著爲單純的人所懂得，同於能爲有教育的人們所瞭解。但要注意的是，爲這種廣播時，人要小心的在先給與一種簡明的，足够精確的解說，引起聽者對於在這些作品中所討論的大問題的注意。卽因這種理由，不管時間的關係，喜劇劇本仍是活潑現在的，仍保有如許的力量和新鮮，使人常是喜歡去聽，這些喜劇可與近代的無線電劇本互換的放送，而與這些劇本合成爲無線電廣播的戲劇節目表。對於詩歌亦相同，一切的神思和熱情，爲我們洩露出人類生存之美的，都可由無線電廣播帶至貧民的住宅中、醫院內、而且監獄中。

又如遇到一次盛典，一次綜合從前的展覽會，人亦可相等的以無線電放送關於某一時代的文明的各方面的簡短談話，同時小心由此提起現在生活的某某具體表現。這樣，無線電廣播便得補充初期教育的缺憾。對於歷史的廣播，不是在教授歷史上的事實，人在求給聽者以現代文明所由出的一串思想和事實的全體觀覽；使歷史現出如一種常在轉變中的繼續進化，而在這種進化中，相同的因素，經濟的和政治的，在人所考究的某某時代或某某地方，將生出相同的效果。

經濟問題與政治問題的入門 道德的養成

這些看法相等的適用於關於經濟問題的，及關於決定在今日所受的世界經濟恐慌之因素的談話。在這個範圍中，人可所說，民衆的教育正在待做，對於這些問題的不知識，即在很受教育的人們，亦常遇見。不想對於這些問題給與一定的原則，人求將我們今日所親歷的經濟現象的因果關係述說明白；人又可巧妙的加入經濟家所使用的那些專門名詞之意義的說明，從主要的地方說明國際信托的作用及管理國際兌換的法律。人從這點可以看到，這種說話日報與無線電報告處有多麽可能的供獻。

無線電廣播得使簡單的公民與羣衆意見的首領們發生直接的關係，及得漸漸的看到那些且爲國家的生命之所繫的大問題的進化。這樣做去，無線電廣播對於開發國民精神有很大的貢獻，戈安 Cline M. Koon 先生在他對於合衆國的廣播事業的報告中，既確然的指出。但要注意的是，人應許種種不同的意見得放送，及人不應於此宣傳政治主張，僅爲對於政治情勢和因求目前問題的各種解決而有的各種爭持之理由辦法的客觀敍述。譬如在丹麥、英國、美國專家的研究中，卽這樣的指出，無線電廣播不應成爲一種專有品，要使之爲那些不是破壞的不同意見得自由表現的工具。這樣，無線電廣播得有益於使公衆意見明白表出，因其得在羣衆壓倒個人判斷的會議廳之外，表示出爲目前討論之大問題的眞正意義。這是編排節目的主任們的義務，卽關於放送這一類的談話，只能請在知識道德方面都是很正直誠實的人們來廣播。

人在這些明白與精確的談話中，又可以相等的敍述國有的各大機關的起源，這些機關所由成立的精神，及其在這個國家的政治社會生活上所担任行使的職務。

關於宗教的與慈善的放送亦相同；求聽者的仁心幫助某種慈善事業，幫助失業工人，或特別受飢寒壓逼的人民。宗教的廣播普通很爲聽衆所高興聽。要在一種大量的容忍精神中來放送，照戈安先生的報告所說，這些宗教的廣播在合衆國，相等的很有補助於容忍精神的開發。這些講演特別對於生活在物質上或精神上的孤立情形中的病者和人們，有强大的安慰力量。在這種精神中，英國無線電廣播台成立一個關於廣播宗教節目的委員會，會中包含各種不同宗派的代表。經驗爲我們證明，由無線電發出的向大衆的仁心善心的求助，是最有效力的，能很强力的幫助造成一種大衆同情的運動，促成要做的事業。

藝術的養成

一 音樂教育

音樂比其他一切的材料更便於無線電廣播，因廣播能傳出音樂的聲音更過於說話的聲音。無線電所廣播的音樂演奏，卽在一位精細的聽者，亦可發生美學的情緒和快樂，與在直接的音樂演奏給與他的情緒和快樂相近。音樂是訴諸人的感情能力的，所以音樂比其他的藝術更能感動人，而可爲簡單的人所欣賞，同於爲有教育的人所欣賞，這是合衆國『音樂欣賞時』的主任，丹洛希 Walter Damrooch 先生，經長久的經驗而指出的事實：典型音樂，流行民歌，卽輕易音樂亦沒有除外，都可以爲康健消遣的原素。在意大利所創行的廣播，卽將大舞臺劇院的唱本與劇情爲規定的廣播，很值得提倡。這樣，全體人民都可以聽到這種偉大藝術，而這些作品便不至爲平凡的演者所減削後方送到他們的耳目邊來。

由一般民衆的音樂意識的養成而發生的問題，特別爲比德列華格納 F. W. Beidler Wagner 先生與達維斯 Walford Davies 爵士的研究的對象。

對於羣衆理解這些大師的名作的態度心理，所有的意見可以差異不同。比德列華格納先生對於這點有種種的保留，而這當然爲達維斯爵士所不能贊同。但他們兩人都一致的承認，爲民衆的音樂意義的教育，要由提高民衆的日常音樂資料的水平線着手。本來，決定我們的基本欣賞原素的東西，是我們的習慣。人拿新的東西與人所習慣聽的東西相比較，倘若這種藝術的新形式，性質上與我們所習慣聽的不同，則這種新形式不使我們發生興趣，單單因爲這在我們看來，與我們的習慣相違背。現在的民衆過度爲那種帶膚淺與醉人情感的刻板音樂所浸溺，這種音樂所表示的情感，實在全不相應於眞正民歌所表出的深淵情緒。在無線電廣播的每日節目中，民衆音樂應有頗大的位置，但無線電廣播開始應先使民衆有音樂之美的意識。

至關於典型音樂的名作的放送，第一須防備不要有這種可悲的習慣，卽單單因爲恰好的塡滿爲這類放送所定的時間起見，而任意割裂那些大師的作品。這些作品應當由一個特別有能力的人們所組織的委員會加以選擇。現在又可以研究到一種包含各國代表的委員會的組織；這個委員會製定音樂演奏的節目，使聽衆得欣賞那些大師們的作品，這些大師固然爲他們的民族天才之所附託，但亦可以說爲屬於全人類的人物。這個委員會的事業不單在選擇作品，而且要保證這些作品得適當的演奏。不論怎樣，使得爲聽衆所欣賞的這些演奏，需要數次的重複放送。人只能當聽過了一種作品好幾次，方能欣賞這種作品。關於近代音樂作品的放送亦是一樣。爲什麼不將每一年中所作的最好樂曲，如典型音樂的名作一般的來放送呢？不待說，這些作品需要經小心的選擇；因這事業的更爲微妙，所以這個委員會的事業自然更爲必要。人過於時常使典型音樂與近代音樂相反對，這實在是不對。這兩種趨向可以很適合的調和起來。所以人無須遲疑的在無線電廣播節目中，給典型的與近代的音樂以重大的地位。這就是爲大衆的音樂教育的最好款式。聽良好的音樂於收音機面前，這便是受自己的音樂教育。人要能很澈解這個思想。

人又可與比德列華格納先生一同的考察到創造一種新的音樂作品的可能，要有才能的青年作曲家去做，而特別使其與無線電廣播的技術相適應。這種音樂因其實施演奏的方法而決定。由電的方法而發的聲音可以在音樂演奏的情形造出一種革命，而使無線電這種機械的發動者成爲一種演奏音樂的藝術的樂器。

但是，使這些演奏對於人人都有效果，在先還要播送解說的談話。關於大衆的普通教育的一點上，我們在上面旣這樣的指出，可能對音樂發出興趣及終至於熱愛音樂的人的數目，比旣經學會來聽的勤功聽者的數目爲多得多。這要使大衆學會聽，當一種樂曲的演奏時不間斷的聽；養成他們的興味，引起他們對於他們僅能模糊的欣賞的某某數段樂曲之莫發生注意；使他們學會分析這數段，發見其根本性質，因而使他們對之得有完全的享受。想達到這個目的，人不須怕於實地的演奏時，件以說明的談話。這些意見在達維斯爵士的研究中有詳細的討論。所以，廣播者應有一種整個的才能，使他能好好的演奏樂曲，同時又相等的有能力來說話。尤其是，要他能把捉各種不同類的音樂的美：典型的與近代的美他都瞭解，避免過於是個人的欣賞和估量不談，因這想使聽衆接受自己所喜歡的東西，結果便有僞化聽衆的判斷力的危險。他不如將自己的可傳達的讚美心給聽衆，而求使他們愛一種作品，想法克服聽衆的先入之見，而沒有將自己的成見傳給他們。一言以蔽之，他不要在他的聽衆面前專斷，他寧可取與每一位聽者談論的態度，像他和他們交換他的印像一般。他尤其要使他們認識那些大師的生活，他們生活在其中的歷史環境，使他們的作品產生的情形，感與鼓勵他們的理想。有如比德列華格納先生所指出，這種入門談話與演奏本身有相等的重要。

二 造形藝術

人可否由單獨的無線電廣播的談話，相等的使大衆對於造形藝術的名作得到入門嗎？人可在薩波利 F. Sapori 教授的研究中找到對於這個問題的答覆。倘若電影的放射可以將美術作品映出來，則眞是只對聽官而發的無線電亦可以使人想起這些作品，將其分析，使提到從而脫出的性質和印像。但要注意的是，這類講演者對於他們所講的題目是眞正有把握的人；他們不僅滿足於爲一種簡單的教訓講述，他們且有這一種敏感力，能使他們得在聽衆的想像中復活出他們所敘述的作品和景像，及使他們得由他們講述的熱氣，且由他們聲音的抑揚高下，將他們所有的讚美和他們的熱誠傳給聽衆。即這樣，人可以在學問的權威與簡單明白相等的那些談話中，使人想起古物發掘在其中工作的周圍情形，在其中所成就的工作，而使聽衆對於這些發掘的結果及其得弄明白公諸世的傑作有所知曉。人可以同樣的敘述千百年前的紀念建築物，中世紀的宗教與非宗教的建築，文藝復興時的建築術上的成就；不是擬在給聽衆以一種美術史的課程，但在簡單的求爲一種件有教育性質之講述的明顯的想起與出現。這些談話又可相同的以對歷史紀念物的和在博物院中的訪問形式表出來。想達到這目的，人不照普通講演者的款式來講，人但求在活潑的與富暗示的縮寫談話中，描繪出美術品的面影，美術品的特點所在。

人又爲什麽不相等的在無線電放送現代美術的記錄呢？爲什麽不現出美術家的勤勞生活，他們的工作室，近代的室內陳設，美術展覽會；美術書籍的批評，等等呢？許多取自定能使聽衆發生興趣的目前現實中的題目，都可以相同的播送。

科學知識的入門

無線電廣播，使羣衆對於科學問題得以入門所可能做的地步，則比較爲有限。人當然可以很有益的廣播各種談話，由特別內行的科學家來放送，關於偉大科學者的生平和作品；而顯示出他們的發明的重要，他們在實際上所生出的效果；這或關於過去的發明，或現在實驗室中所研求的科學研究的結果。在這個領域內，人可以設立一個機關，有如在合衆國的『科學廣播」。同樣，能走進一切家庭內的無線電廣播，可能在很大的範圍內，宣傳預防疾病和衛生的法則；但要注意的是，這些談話當由眞是內行的人們來放送，我們曉得使他們的談話一樣的引攝人和啓迪人，而在別一方面，無線電廣播的主持人要對於過度流行的各種產品的廣告，決定施行一種限制。至於關於眞正是科學的題目的談話，這一類談話特別爲麗宜維 K. Bonnevie 女士的研究所專論，現出很大的困難，理由是這類談話時常需要實地的試驗和解釋方得明白，而這些試驗和解釋只能在黑板上或實驗室的方能做出。精確科學的某部分，例如數學、物理、化學、天文學的某部分，必然從講演的節目除外。另外一個新的困難是來自廣播所對着的聽衆原素的複雜性。一邊是那些愛聽無線電者，他們沒有想望，也沒有耐心，當半小時內要對於一個明白須整個精神的集中的講演，來集中他們的注意力，別一邊是那些渴欲求知的青年，但他們還沒有充分足够的普通科學知識。另一方面，又有一羣聽衆，他們受過大學教育，他們要人家使他們曉得最近的科學發明及與他們所專門的學問相近的科學所獲得的進步。而且又不能不顧到農村鄉間的民衆，人在這裏相等的遇到有年齡的男子和婦人，他們因他們的工作及他們所生活的孤獨環境的關係，他們的科學知識不能滿足他們的需要。凡這些不同種類的聽衆，來聽這些科學的談話，都應能得到益處；就是在這裏，科學節目的安排者與講演者所碰到的主要困難之一。

普通上看，在題目的選擇上要加以顧慮的，由羣衆所表示的興趣，更甚於他們的科學知識的水平線。這是在講演者要以簡單和通俗的形式來講述他的題目，藉以激醒和保持聽衆的興味，而同時在每一次談話中，卽由『開始而開始』（對於基本原理人永不至講得多過度）亦不要緊，得將現代科學的某某新方面顯示出來。人在龐宜維女士的文章中，她自己本人就是講演者與無線電大學委員會的會員，找到在那威國所放送的題目表，及這些題目在全體節目中的分配。這個委員會開始排了六個至八個談話，

——每一類談話組成一個全體，而這個全體則由延至數學期或且數年之久的一串講演所合成，——後來覺得選擇較爲有限制的題目，而可於三個或四個的談話內，由單獨的一位或至多不過兩位講演人放送，更爲可取。

講演人的選擇在此有一種基本的重要。想得簡單明白的樣式講述他的題目，同時又不至喪失其科學性質，這要講演者有一種廣博的科學知識；使門外漢得以入門，同時又能使科學家發生興趣。

人又要將這些在無線電前廣播的科學談話刊印出來，而使聽者得對於特別使他們發生興趣的問題加以硏究。這種刊印相等的對於講演者爲一種刺激物。因爲人不能希望一位學者，被請來在無線電前說話，同意拿出一部分時間來預備這類談話，倘若他們同時不能確然於將看見他的講演要公布印行。

職業指導

由科學的發明所引起的工業的不停轉變，從經濟恐慌的事實所生出的情勢的不安定與多阻滯，使職業指導的必要性更爲緊急。在這個領域內，無線電廣播可以做的地方，在戈安先生的報告中旣考察到。此中的問題不是在用無線電來廣播一種職業敎育，也不是在廣播一種眞正的職業指導，因爲眞正的職業指導，需要有用手的工作，性情嗜向的示知，及要有一種爲每一個人所特有的身體性質與知識能力的深厚知識。但人可以用無線電來解釋每一種特殊職業所要求的普通性情嗜向是什麼；人可於此找到用處的可能性；這些可能性所保有的將來及引起對於種種比較少有阻滯性的職業和事情的注意：而以使候補人得爲一種適當的職業選擇爲歸。想誰都不至於看不到這一種相似的廣播作用的益處。

時事述評

但無線電廣播特在利用目前所有的環境將廣播的講述附結在一件性質能使聽衆發生興趣的具體事實；而爲日常發生的時事述評，人得以爲一般民衆的敎育。人最先在將那些事實的重要性及其對於日常生活所引起的變化顯露出來，繼則人給與解釋說明。人力求將那些思想和那些事實連結在這種表現所由搆成的那些原理和那些更普遍的事件。換句話說，人要小心的回溯那些經濟的現象，那些政治事件及其他的原因，而使聽者得把捉到這些事實的完全內涵和意義。在羅格 M. Roques 先生的文章中就是很正當的這樣指出這點，而在這裏的種種觀察亦從他借來，卽當聽者被引至得瞭解時，他卽發生興趣。人對於大部分的報告所發出的大責備，是人常假定聽者對於放送的題目既經有頗多的知識。這要對於聰明人放送；方能懂得，但在沒有相當知識的人，便不曉得了。人永不至於在無線電機前解釋說明得過度。

想求達到預定的目的，這些有教育作用的報告又要照一種先決定的次序去放送。人可能很有益的將這些報告附入無線電日報的一天事件的報告中。人且試將每一天所有的形容面貌重造出來，取出這些事件所含有的教訓，而因此得發達在社會上的不同階級間及各民族間的互相瞭解與團結一致的精神。

既經每日述評了一日的事件後，關於某一事件，人可請讀者去聽一種譬如在每一星期末所廣播的普通概括的講述，因此可以在一種整個的說明中將其所有的意義完全表現出來。

這些要點相等的可實施於一般大衆的歷史教育。這不是在播送一種歷史課程，按時間與事件的連續敍述，因人沒有時間爲這種詳細敍述，且亦不能使其進入聽者的心裏；這是在使人想起事件所含有的教訓，以過去說明現在。

總之，不是在求給一般聽衆以一種繼續的，方法的教授——過多的教育家不幸的都趨向於教授——人特在利用目前的事實環境來巧妙的成就他們的教育；關於目前事件及他們的現實注意，常常固定的給他們以許他們得把捉到其完全的意義和內容的種種解釋說明。

這些關係於有教育作用的報告的觀察，使爲一位眞正的『報告者』所必要有的特質顯現出來。人要特別注意於這點。這些報告的效能本來全靠完成這種事業的人們，他們的道德上與知識上的價值而定。

第一要報告者有一位新聞記者的長處，他曉得在什麼地方找得他的報告。這尚不全，又要，而尤其要他有這種神聖的熱情，這種教育家的主要德性。想達到這目的，全不需要求助於全世界聞名的科學家和文學家，確定得到有廣博普通知識的人們的定規合作，是必要的與足夠的，因這種普通知識使他們得主宰他們的講題，同時又使他們曉得置諸聽衆所能瞭解的圍範內；需要有明白精確精神的合作者，他們曉得熱誠的講說他們所很認識的講題，激醒聽衆的好奇心與潛伏的興趣，像一位博學和善誘的對話者，在一種親密接近的談話中所爲的一般。

與圖書館中人的通力合作

但僅在無線電前聽講演，聽足啓迪人的講解尚不夠。言說根本是瞬間卽逝的，永不能替代對於想完成他的教育的人所需要的書籍。帶教育性的無線電廣播的職務，特別在激醒聽者對於精神知識之事物的興趣。無線電廣播應爲書籍的介紹者；關於這點，經驗所得，亦很爲決定；無線電廣播不單不使聽者不讀書，而且相反的提倡他們讀書，這要講演者小心在他的談話的終結時，將與他所講述的題目有關係的著述列舉出來，給聽者參考。這些參考書籍或可以僅舉講演者特別要人去參考的一種著作，或則舉出好幾種著作來，而講演者給與簡括的分析，同時將作者的姓名及書籍的名目重說幾遍。又要報告者利用目前的事實環境，時時給聽衆以文藝的，歷史的，等等的報告，最近出版的良好書籍的加批評的書目，同時要小心避免凡可以爲廣告性的東西。美國圖書館聯合會的商錫羅 J. Chancellor 先生說，無線電應爲通俗民衆圖書館的合作人。（原註）這種圖書館成爲便利教育作用的談話的宣傳中心。廣播節目委員會要於有利的時候，給圖書館中人以要在廣播中放送的講題，而同時寫有可供參考的書籍和論文的詳表。這些表隨便給與常到圖書館的人們，使他們得以自加選擇。在圖書館中人的一方面，他們要小心購置表中所列的書籍，使讀者得方便取閱。在某某圖書館內，不單不滿意於將這些書籍放在一特別的書架上，可供羣衆任意檢閱，同時且在圖書館內所組織種種關於書報的討論團體。這種在廣播節目委員會與圖書館中人間的通力合作，在既經得有很良好結果的盎格魯撒遜民族的國家及歐洲北方的國家中特別的活動。

(原註)又參看廣播人與圖書館員 The Broacaster and the Librarian. Francis K. W. Drury 著，國家無線電教育評議會出版，報告組第三號。

娛樂的播送的教育性

以上對於無線電廣播的教育作用的觀察，但不應使我們不顧到廣播的娛樂的目的，因這目的亦是合理的。奧希奧 Ohio 航空學校的主任達羅 B. H. Darrow 先生與哈勿格佛利希先生既這樣的指出，即無線電廣播應同樣的爲一種消遣品；爲每日的厭煩與煩擾的尤其是當這恐慌與怠工的時期的一種糾正物；爲一種娛樂一詞所含有的完全力量的東西，重整個人的身體精神力量，使他們減少憂慮，使他們更爲樂觀。戈安先生在他的報告中確指出娛樂的無線電廣播在美國所有的良好效果，這種廣播在家庭內使人歡欣，使人聚集起來。但又要這種消遣是健全的與品質良好的。許多專家在他們的研究對於這點很爲重視。一方面在使一般人得到消遣：典型的或高深的音樂外，有輕易歡喜的音樂，典型的作品與文學的美術的談話外，有快樂的獨白或故事，旅行遊歷的印像。運動賽會的報告，體育的練習情形，關於日常大事件的有益的述評；但別一方面要曉得分別是奇怪的與簡單是淫猥的東西，避免使人養成過於膚淺的思想習慣的喋喋言談。人不至於怕過常的重說：人以爲容易爲無意思與平凡的廣播節目所滿足的一般聽衆，實在是很能欣賞美的事物，當人耐心使他們認識這些事物時。所以，這要毫不容情的從廣播節目中逐出那種文學，那種豐富與無意義相等的廣告物，那些現在尙過常的堆積着的瑣碎言論。雖然這是相反的否定方面，但無線電廣播的教育作用問題的這一面，仍是相同的爲專家視爲有完全基本的重要性。

至於關於特爲兒童放送的那些廣播，合衆國的兒童研究會主任，格路安北S. Gruenberg女士勸人不要濫用兒童對於神秘的和驚奇的嗜向，而在他們天眞的心靈中激起恐怖和懼怕的過度情感；同樣又不能在兒童身上，因給他們以對人生的不確實的觀念而過度發達他們的想像力，那種本性不眞的情感。人又要父母選擇他們以爲適合於自己的家庭的節目，但同時要記得，父母所喜歡的，時常與兒女所喜歡的不同。

總之，用簡短的，但預備得好的談話；用明白與清楚的帶教育性的報告，使與日常的事件有關係，當變化與誘人的節目間放送，則無線電廣播最能完成其教育的使命。

散居民衆的教育

馬鐵孫女士的研究特別引人要注意這一點：卽散在廣大的土地上，落後的民衆的教育，而由於知識的與物質的資源的極端缺乏，直至現在尙沒有可能給他們以教育。無線電廣播本是可以及到人人的，而且可及於未受教育的人們的。不論這種新式的教育方法的便利與不宜是怎樣，無線電時常爲激醒獨居絕緣民衆的興趣的，及使他們得與良好教育家發生一定關係的唯一方法；後則，由無線電，這些民衆可以明白使他們與有教育的人們相結的連繫，及保持他們與這個智識界的關係。從這個觀點來看，在埃及、在印度、在巴力斯坦、在俄國所爲的試驗很爲有興趣。將這些試驗使人曉得很有利益。這又很合宜的，從提倡這些研究和這些試驗來看，收集起凡關於這類廣播的技術和節目的有用報告，隨不同的地方及對於不同的語文區域所使用的收音機的型式，因爲這些研究與試驗實爲教育作用的無線電廣播的主要面目之一。

無線電廣播與各民族間相互暸解精神的發展

無線電廣播在其本質上便是一種國際間思想傳達的方法。因此在本書的研求中，又要討論從發展各民族間的相互諒解和暸解的精神上看，加諸無線電的職務。

對於這點，用無線電廣播的現代語文教授，定然是一種最有效力的方法；也就是對於這個重要問題，彭德 R. Pande 先生的研究專來討論。語文的知識對於想懂得各民族的文明是不可少的東西。語文本是不單用來表示人的需要，而且用來表示人的最深內的情感；語文是人的思想的最高表現；語文是整個民族的靈魂的表示。

由無線電傳達的語文課程，全不能以爲可替代學校中的課授；這種課程對一較廣大的羣衆而發，而他們的需要亦在實用方面。

在聽衆中間，某一部分人對於某種語文只有膚淺的知識，想聽一種初級的課程；別一部分人，程度較高，想增加他們的字彙，對於他們研究其語文的民族的生活，對於其思想的與事實的運動，願有所知曉。所以對於後一種人，人不如用這裏文字來給與文學的課程及各種談話。

在『初級課程』中，人對於聽衆特注意於注入某一種語文的基本原素，同時使他們學習一點說這種語文的民族的習慣與文明。想做到這點，人第一當借助於自修的方法，而於一位教員的指導下實行，這位教員利用播音機，作爲指導人，及幫助聽者爲實地的練習。關於這種教授，人特別請與聽者同國籍的教員來做，因爲他們比較的能懂得他們的同國人所感到的困難。但人要這些教員使用一種來自外國的直覺的材料：帶各種不同音度，有實例說明的唱聲機片；灌了這個民族的日常生活與生活的特色，等等的很短的對話機片。唱片決然有種種的便利；人可隨便什麼時候使用，選擇隨時候的需要的節目。隨意重複某段文字，及可聽到一樣不變的款式讀出。無線電廣播則相反，而可給聽者以親聽到一種活在與自然的談話，可以說，表譯出思想動作的談話的印像。並不相反，無線電廣播與留聲機片對於語文的教授是相成的。

『高級課程』則特在取文藝座談與講演的形式，這些談話和講演都是關於人要研究其語文的民族的文明的。人又小心爲聽衆在價錢便宜的叢書中購這個國家的文學作品選本，作家對於歷史的寫作，地理書，論政治與經濟情形的書。這些書籍的選擇要與外國的教授合作。使聽者得在他們自已的語文中聽到講演者所講的談話，人又提議於某幾日及於一定的時間，在各國內，放送爲外國人而有的廣播。這些灌在唱片上的談話同樣的可以由各國的廣播台發出。人在彭德先生的研究中找到北特左 Petizeau 先生關於這點交給國聯秘書處的願望。

許多專家，在他們的研究中，同樣的討論到專爲發達各民族間的合作與瞭解的精神的節目問題，這個問題，以及關於國際關係的報告的問題，由國際文化合作委員會所指定的委員會加以特別的研究，考察在那一種情形中，關於無線電廣播所得有的諒解而能作成在各民族間的一種眞正的接近。（原註）這些問題，在舉行於奧斯羅 Oseo 的國際無線電廣播大會，因國際文化合作學院院長，亨利龐宜 Henri Bonnet 先生的一篇報告，同樣的被討論。這篇報告的原文列在本書中，作者使人看到，從廣播節目的規定的觀點，將在各國的領域內所做的很完全的經驗，在可能的範圍內，轉移在各民族間的交換溝通的方面，可有不少的便利。這樣則對於外國的報告不單單由聽者本國的間接路子得來。又因各國廣播節目的定規交換，則較能有定的得向直接的來源要消息，及又能各人可以說的，聽到各國家以想望使別人懂得與相愛的來自已說自已。

（原註）參看無線電廣播與和平，La Radiodiffusion LaetPaix（一九三四年，國際文化合作學院檔案）。總報告，積極的處置方法。

在這一類的創舉中，國際無線電廣播聯合會，卽如對於音樂，旣經達到很足鼓勵人的結果；人可以在這個聯合會的總祕書，貝羅斯 A. Burrows 先生的報告中，找到關於這些廣播傳達的內容及其由之而組織的款式的種種指示。音樂是對一切民族而發的，是人人可懂的普及語文：典型音樂與流行民歌一樣；論到國際間相互的瞭解，音樂可能使行一種極重要的職務。更可以仿國際無線電廣播聯合會所採用的組織方法，將這種旣經很有結果的合作，擴充於人類文化的其他表現，擴充至科學、至文學、至正是發生使民族分隔的誤解的那些時事的研究。

從這一觀點來看，各國本身的廣播節目既經表出爲一種傳達的重要材料。不論關於貝特 Byrd 的南極探險的廣播，由哥侖比亞廣播台所發起的；關於一位有功人類的死或生辰的紀念，如巴斯德 L. Pasteur，或關於一位有普遍性的天才的死或生辰的紀念，如葛德 Goethe；既經不止一次，由事實證明，一個國家可將本國的事件轉變爲全世界方面的事件，而得到大家一致的同情。

據無線電廣播節目的主任們的意見，一塊充滿希望的可爲田地既爲無線電的報告開闢出來：對於在別一國內所發生的表現或事件的述評的傳達：如國家大典、宗教儀式、體育消息，等等。但是不論對於外國事件的報告者的才能怎樣，那些報告總不能容我們直接的捉到事件所經過的當時地方環境的一切情感與一切反應。想達到這個結果，組織規定的國際談話，自有許多便利處。在這種情形中。那不是在廣播每日發生的事實，是在使人認識一個國家當某一時期的生活的大致情形；將這個國家的日常存在，爲國內的報紙、政治與學術的集會所討論，爲這個國家的某某階級、商人、工人、農人、學界或政界、等，所留意的事件弄明白。類似的綜合的講述，眞正的『生活片段』，直接來自一國，由勝任的人們講出，在許多的國家內，決然得引住聽衆的注意。

在馬鐵孫女士的研究中旣這樣的指出，卽人或者沒有充分的留意於在播音機前，時時爲平常的公民，男的與女的，能將他們的生活情形和他們所留心的事件與其他國家的相應階級的生活情形與所留心的事件比較的，廣播說話。這個觀察對於簡單的談話和對於無線電報告一樣的適用。像這一類的廣播，當然需要一種大量的預備，多數的複習工作，但人得確然的等待有最良好的結果，如在英國旣經做的試驗所證明。

在文明的更普遍的領域內，人亦可相同的組織種種學問知識的談話，或專屬於淺明研究的講述，這是從國家的觀點，在科學、美術和文學的領土內所有的思想運動的談話或講述，但要小心選擇其中所有的興趣超過國家界限的各種題目。國家性的廣播節目，漸漸爲廣播節目委員會所研究，既經成爲一種有很高價值的報告來源。自然此中的問題不能在將關於某一國的歸還某一國，纔能使這類廣播有教育的作用。這類廣播的目的不是在得到單獨從德國發出的一個聲音，纔能談說華格納 R. Waguer 或弗列德利第二 Frédéric II，從英國發出的一個聲音，纔聽講談莎士比亞 Shakespeare 或依利沙伯 Elisebath 王后。但在別一方面，在定規的國際廣播中，從一國的觀點，而由這一國自己來放送關於自己的學者們所做的研究的組織和結果，關於自己的博物館和美術工程；關於自己的文學的、哲學思想的趨勢，亦很有意思。即在這類的思想中，國際文化合作學院由院中的博物館辦事處請各國的講演者舉行各種關於美術的談話。

又在歐洲的各國都閙，或各洲的大都會閙，組織種種座談或對話，亦有便利處。這些國際間的談話可以爲關於有公同興趣的，經濟、財政、社會，等等方面的問題；對談者輪流的以他們國家的觀點來陳說。經驗證實類似的談話的價值。同樣，當好幾國的政治家在一齊時，人可請他們講述某種關涉於他們國家的相互關係的問題，而這些談話在他們國家內，用替換的方法而同時播送。在這裏又是經驗顯示出情形良好。當國聯大會集會時，國際各大機關，或國際講演集會時，人可以相同的將原文或翻譯替換的放送會中所有的主要演說詞。人曉得國際聯盟會的廣播台，因有可以在定指或不定指的觸線機上傳送的短波放送機，既經有一定的對海外各國的興趣的新聞廣播。而且，在歐洲有很完全的電話線網，而可以爲接替傳達的完全運用。但人要各國政府對於用有線電話或無線電話傳遞入別一國去廣播的那些消息談話，能給與對報館記者所享受的便利待遇。這些便利待遇是關於費用，要遵守的程式等等。

更進一步，當使全人類起一公同讚許的事件發生時，例如葛德逝世的百年紀念，人可以組織種種普遍的表現；在相同的一天，放送相同的作品；從同一的文字來稱揚一位偉大天才的作品的價値，或一件歷史著明事件的意義。卽單單在世界各處的聽者都聽到一樣的消息報告的事實上論，旣經便利了一種世界公同意識的發展。

現在世界各國所受的經濟恐慌，要人在廣播節目中，對於國際的經濟事件的報告，有一個較大的位置。這一點，人可以在布利諾 P. Brenot 大佐的研究中，找到爲他的一個興趣之提示的對象。這些報告應爲關於氣象預告的改善，及其對於農業所發生的效果；關於一切種類的運輸，交通方法的報告；對於每一國的工業商業，對於勞工的情形的指示；旅行遊歷的，各種統計的報告；單舉這些旣經描出的應用，旣經搆成足以指明無線電廣播在這個領域內所有的興趣的一種廣播節目。

特別關於旅行遊歷報告的廣播，人特要人由無線電廣播使人曉得，在個人和在團體相同，於相宜的經濟條件下，可到外國去旅行的機會。辦理青年學生的交換，工人或各職業會會員的個人的與團體的旅行事件的事務所，可由這種創舉得很大的利益。人且可組織舉行關於旅行遊歷的談話，因在外國的一般羣衆的想望，用好幾種語文來播送。但要注意的是，小心使這些談話避免凡可以有廣告宣傳性質的東西。

* * *

這樣就是在奧斯羅舉行，關於發展民族間相互瞭解精神的廣播問題，各專家委員會的工作與意見交換所得到的結果，在這一個領域內，人覺得面前有多數的但零碎與散亂的提議可爲之事。因爲有這些提議，種種有價值的結果既經得到，例如關於音樂演奏的廣播。但這些提議應該組織起來與調協起來，仿照對於音樂廣播及對於某部分談話所可實現的例，如國際無線電廣播聯合會之所爲。這個問題與更普遍的廣播節目委員會的組織相連結。

不想進入隨各國的情形而不同，無線電廣播的規程所產出很微妙的問題，各專家的研究特注意於供給廣播節目委員會以在國家方面與在國際方面的設計上，造成有法的與調協的廣播節目之方法的必需。人既看到，讓廣播節目委員會對於節目的選擇及放送節目的方式，有很大的自由，有很大的重要。倘若某某國家有將無線電廣播使爲國家專有事業的趨勢，在別的國家又相反，人可以看到有使無線電廣播事業脫開國家經營範圍的一樣强大的趨勢；但保存一個自主的中央機關，担任事務的管理和發展，這就得順利自由創作精神，同時又可維持管理上的某種統一；例如在英國的情形，便是這樣。

讓每一廣播台各自去製定廣播節目，而同時顧慮到自己的聽衆的需要和合法要求，在布利諾大佐的研究中所寫出的計劃，卽預定在每國設立一個無線電廣播的高級議會。這個研究的和配置的機關担任視察國有各廣播台的節目的大概普遍形態，安排配置其活動，對機關的當事人提出關於無線電廣播的種種提議與暗示，如節目、組織、運用、發展、管理。在這個高級議會內，包含好幾種分委員會，列席的人員爲公安警察的代表，學術知識與專門技術團體的代表，報紙的代表及於國營與私營廣播台間組織起的各聽衆聯合會的代表。

在這國立高級議會內，對於每國，與廣播節目委員會一起，又當設立一個會，特別担任編製和選擇要傳遞到外國去的地方廣播節目，及担保確定這些節目的翻譯。這一個會相同的担任選擇要交換到本國來放送的外國廣播節目，及組織安排其傳遞方法。在合衆國的情形便是這樣，國立廣播機關與哥倫比亞廣播台各各設立『參議會』與『國際廣播公衆事務委員會』。這兩個機關的交換事業，直至一九三四年八月三十一日爲止，各得有替換的廣播節目數如下：共有從四十一個國家來的，一爲二百五十六種節目，又一爲九十八種節目。別一方面，胡羅利德 Floride 大學廣播台放送一串到美洲中部的廣播節目，而與美洲內部事務學院合作。英國廣播處亦一樣的有與外國交通的事務所。

這些交替到外國去廣播放送，對於大國可於短的距離時間屢屢爲之。別的國家則可組織距離時間比較長的廣播。不論在那種款式中，對於這些廣播所用的語文的問題，要先使其一致。當然這些廣播可翻譯爲很普遍的一種語文，但也要有特別的辦法，而使這些廣播翻譯爲較不普遍的語文。本來這些廣播不是單在傳達到僅能懂得外國語文的少數有敎育者，而且在及於一般聽衆。所以，可以研究出一種輪轉的方法，而使各國都可以輪流的聽到要放送到外國去廣播。

這種在各國的國立廣播節目委員會之間的普遍交通，是否可以沒有一個國際中心機關的扶助而得做成呢？在奧斯羅的國際無線電廣播大會，這個問題曾提起來。當然由各國的國有無線電廣播事業間直接訂立一串兩方面的諒解契約，來看這個問題，自是可能。亦卽這樣，在美國與英國之間，在波蘭與德國、英國、法國之間，旣經實行爲節目的交換。但更進一步，擬定一個世界各國都可以得到利益的計劃，似乎更値得人留意。這個節目配置委員會，與各國的節目委員會相連結，確定於一定的時期保留下的那些放送時間的分配。外則這個機關還有其他關於管理方面的詳細職務，如接替節目的必要一致，節目所要的時間的交通，等等，有如國際無線電廣播聯合會對於國際音樂演奏會所設立的機關的例子。

從各專家的一致意見，國家節目的價值同於國際節目的價值，大部分因工作組織的價值而定。

布利諾　法國無線電工業聯合會會長

一　無線電廣播的普通重要性

再來說人能對於無線電廣播所期待有的一切利益，似是無須。但若人以數目來說明，則這些利益的重新提起，更爲特異的顯著。

按照國際聯盟會的統計，現在世界的人口總數爲十九萬萬。

國際無線電廣播聯合會計有一萬萬八千八百萬人，由正在通用的三千五百萬架收音機的居間，實際的參與無線電廣播台的各種放送。

這些機器所表示的商業上的價格爲二百五十萬萬佛郎。

別一方面，無線電廣播，爲各種新事業新活動的創造者，流動了約四百萬萬佛郎的世界的資本，投在播音機與收音機的工業中；約二百萬萬佛郎在無線電話的各種組織工程及與這些組織直接或間接合作的人：如一切種類的經理人、技術的、美術的、知識的出產者，等等。

例如，當一千九百三十年，付與樂譜作家的數目爲一萬萬一千五百萬佛郎，付與演奏者的數目爲二萬萬九千三百萬佛郎。

美國每年爲廣播節目所消費的數目約五萬萬佛郎，而在無線電廣播身上所費的數目約達到二百萬萬佛郎。

德國與英國每年爲廣播節目各消費約一萬萬佛郎，而在無線電廣播身上所費的數目約各達到二十至三十萬萬佛郎，

全世界每年消費於無線電廣播的電力所有價格，約爲二十萬萬佛郎。

全世界的無線電廣播的播音台的數目，現既超過一千一百處，而全宇宙都爲這些廣播台的電波所遮覆，在七分之一秒鐘郎可遶地球一週，這無須再等待技術的進步，現在既可以說，有教育會思想的幾乎全體的人數，不顧時間與空間的阻隔，都可以每日參加同聽一樣的一種播音。

所以，人類社會在現時得有一種相互透澈與相互理解的強大工具，而人羣對於這種工具，剛正有一種精確的意識，及對於其所有的效果，可以合理的造成許多向着各種不同目的的希望。

在現時及在國際的範圍上論，人們的留心是較爲主要的對於政治經濟的及精神道德的方面的問題：由一種較善的相互瞭解獲得個人間與國際間關係的改善；高度的和平宣傳；爲知識的、精神的、等接近潮流而有的邊界開放，等。

本來在一種較平實的計劃上，旣經組織有各種便利公衆的無線電話事業，其性質雖最常爲國家的，但卽可連帶爲直接的國際間的應用；這些是：

a. 標準時間報告的放送。

在一千九百三十年二百四十個廣播台都加入爲這種廣播。

b. 氣象預告的放送。

在一千九百三十年二百四十個廣播台供給這一類的預告與聽衆。

c. 告知輪船以颶風來襲的放送。

d. 關於公路的慣例規程的報告。（爲駛汽車的，乘自行車的人等而有的放送）。

e. 關於尋覔失蹤的人的報告或使病人與他們的親屬得相接觸的報告。

在一千九百三十一年　在英國，在九百十個這類的放送中，三百七十八個得有結果。

f. 特別爲兒童設的教育廣播節目。

一千九百三十二年　有這種設備的學校數目是：

德國	二萬所
英國	四千所
瑞士	六八五所
奧國	一千所

g. 特別爲成人設的教育廣播節目。

h. 體育課程與練習。

i. 農業談話。

（家畜、收穫、牲畜病、不正天時）。

j. 爲青年而設的關於職業方面的談話。

k. 有益於工業發展的經濟談話。

l. 社會問題的研究。

m. 對於國外的觀察及國際問題。

n. 慈善事業或救濟事業的呼籲。

o. 對於警察方面的有益報告。

（與由特殊線所傳遞的報告不相干）。

p. 對於統計表製造的貢獻。

q. 對於衛生工作的貢獻。

r. 關於暴風、水災、森林火災的防衛方法。

s. 旅行的宣傳。

t. 勝蹟的保存。

（反對損毀、降價、等）。

u. 日用物品的市價。

v. 特殊的放送。

（礦工的安全，等）。

卽這樣，無線電廣播每日得確然有新的工作，而這些工作的某部分對於聽衆的普通知識的發展有一種重大的貢獻。

特是爲教育的廣播，同時顧及這些必須，應怎樣拿出來纔能眞正達到其目的呢？

二 無線電廣播眞能有一種教育力量所需要的條件

無線電廣播對於羣衆的影響特是間接的；這不是一種思想的影響，因爲在思想的領土內，無線電廣播似沒有什麼很值得注意的作用，與戲劇一樣，是人情風俗的反映，而非其指導。

但對於安息中的人心，卽在特別接受情狀中的人心，帶來音樂、詩歌、思想、等，無線電廣播漸漸提高公衆知識的普通水準線，發達他們的感覺力。

認定廣播節目在其全體中很爲聽衆所瞭解，但有兩個暗礁應求避免：在無線電中，凡過度的事物都受一種更大的相對擴大。聽者與廣播人在親密的環境中相對，是沒有什麼寬恕原諒的。沒有什麼裝飾，沒有什麼動作可以維持或減輕聲音所生的效果。

浮誇張大的一類東西總是滑稽可笑的。

扮演『簡單』角色的演員，在無線電廣播比在其他情形中，更有逼切的需要。可惜這種演員是極端的稀少。

因要避免過於莊重，又要使其不至流入過於親暱，過於親暱在多數聽衆總感到不快。人很難忍受被一個看不見的人，一位廣播者，看待如親密的同件。

所以講演人、美術家、廣播者，應很自然，同時又表示些身分。若沒有這點，怕有千百的在收音機前的人，立卽要使自己與廣播機分開而不願聽。

在這個範圍內，音樂所以很爲便利，這就是其中的一個理由，使音樂天然的爲聽衆所追求，是完全造作的，外於通常生活的東西，音樂比較能忍受由播音機所發出的演奏的種種人造花樣。

* * *

別一方面，又不要讓無線電廣播流入一般人想使其爲有『直接動作』的教育工具的過度中。

有些長的課程、講演，在廣播中不適合。聽者只能在播音機前耐心聽數分鐘，他們不能於約定的時間來相會。

在這些情形中，人不能有利的廣播長的題目。要將這些講題簡括起來，使其成爲殘缺的草圖一般。

繼則，現在的生活趨於使人爲膚淺浮泛。人有要很快的涉獵一切的習慣，人失去深思的習慣。返於自稱爲天然的一種簡單，過常誇示的及表示在立方體的房屋的，簡略的圖畫的，黑人的音樂的，節奏的跳舞的，不過是懶惰與不願費力的一種託詞。

想過於求多，無線電廣播可以增大這種不良趨勢。

若相反，將經過愼重選擇的題材，放在一定的框架中，無線電廣播得以美妙的款式爲深入的考察，及其可有的節目是：

古諾 Gounod 所唱的『春天』，而不是這位大音樂家的這篇作品的全部；『莫利哀 Molière……及醫生』，等等。

在許多的節目中，本來人亦感覺到這些公當的留意。

總之，以詳細、簡明，但深入的研究，簡單的講出來，在受人歡迎的，最好是音樂的節目間放送，無線電廣播可以獲得教育的最良效果。

所以有教育作用的放送，需要小心的預備，及在其大致中與在其實施中，使由特別有才能的人物來組織的廣播節目委員會的設立，爲絕對的必須。

這個問題連結於無線電廣播事務的組織與配合的更普遍的問題。

三 分門別類的無線電廣播高級會議的設立

現在無線電廣播在各國的領土內有强大的廣播台，對於確保這些機關的全體有良好的運用及其在國內與在境外能有最良的效果，而加以必要的處置，實爲必需。

要緊的是，特別留心於各廣播台的廣播節目的普通內容，外則研究其中一切的情形，使在各廣播台間建立保持一種有效的合作，當特爲外國聽者而放送的，也同在本國領土內放送的一樣，時常需要私家的，國立的與外國的廣播台的合作，這類特殊的廣播每次實施時，都要加以如上的注意。

後則要在本國內，合理的決定廣播節目的大致綱要，而使聽者可以收到有趣與變化的放送。

要避免類似的講演或音樂演奏在同一時間爲重複使用，疊置並放，當廣播台所及的範圍小時，一切都不至有不方便，但像現在播音機的強大，這是不能容忍的了。

別一方面，因廣播無線電波網的發達，發生技術的，經濟的與美術的問題，與廣播節目的普通組織有密切的關係。

要政府或國立的無線電學院，對於這點，與對於與無線電有關係的各團體的代表人，發生常規的接觸。

因此有若干的理由，需要在各廣播台的廣播節目委員會之上，設立一個無線電廣播高級會議，爲研究與配置的機關。

在這個會議的內部，國立機關與私人團體的合作，可以便利無線電廣播的外部組織，同時消除許多的誤會，與順利各種必須的研究。

由無線電工業職業聯合會所定的計劃條文，在這個會議的內部，要有與無線電事業有大關係的各主要團體的代表列入，這個會議應分爲五部：經濟與社會之部；智識與美術之部；公安與紀律之部；技術之部；節目之部。

這個高級會議，對於政府交來審查的一切問題，都要發表自己的意見。

凡與無線電廣播相關的法律、規程、或法令的一切計劃，必要的諮詢這個會議。

這個會議提出對於無線電廣播的組織，使用與發展，利用屬於國家的各無線電廣播台，及其他有資格的各廣播台所得有的一切擬議。

高級會議研究與提議利用和配置公家機關與私有事業的努力的最好方法，以求得在國內與在國外的無線電廣播可有的最大的效果。

高級會議擬出對於廣播節目的製定所遵從的主要路線，一方留心於國內聽衆的普通需要，同時又顧慮及公家或私有的無線電廣播台所能有的力量。關於這點，會議要與各有一廣播節目委員會的各廣播台發生直接的關係。

高級會議研究發展、配置、提倡以使無線電廣播進步爲目的的一切技術的、美術的、文學的工作的各種方法。

高級會議對於獎勵與發展如在醫院中、療養所、學校中、退休所，等處的收音機的使用，提出最適合當取的處置。

高級會議研究凡關於無線電廣播的公有機關的收入與支出的普通預算，及提出關於這些機關的運用的各方面須給與的款項的額外支出，如第一次的建築費用，技術工作方面的消費，美術工作方面的消費，等。

高級會議決定對於有全體關係的無線電廣播私有廣播台的參加，及提出對於這點給與各廣播台的可能有的津貼。

高級會議的組織

無線電廣播高級會議包括的委員如下：

1. 政府顧問一人，會長。

副會長一人。

2. 各公衆機關或附屬於這些機關的各機關代表：

共二十三位代表：

會議會長處的代表二人。

電報電話局管理處的代表六人，這六位代表是：總局長一人；電報局長一人；電話局長一人；無線電廣播台長一人，代表二人。

國立無線電學研究所長一人。

教育部代表二人，其中一人爲教育部的高級會議的代表。

國際文化合作學院的法國代表一人。

美術部的代表二人。

公衆事業部代表一人。

外交部的代表一人。

公衆衞生部的代表一人。

財政部的代表一人。

內政部的代表一人。

工商部的代表一人。

農業部的代表一人。

國立氣象台的代表一人。

旅行社的代表一人。

3. 私有無線電廣播台的代表：共二人。

4. 下列各有關團體的代表：

A. 智識的與美術的團體：

文人學會會長。

音樂作家學會會長。

戲劇作家學會會長。

作家與講演家學會會長。

娛樂場所連合會會長。

B.國立農業學會同盟會：

代表一人。

C.報館——通信社：

國立法國報業聯合會代表三人。

通信社代表一人。

D.法國出產與經濟發展聯合會：

代表一人。

E.經濟的與關稅的事業委員會：

代表一人。

F.法國物品出產同盟會：

代表一人。

G.無線電工商業：

無線電業各職業團體連合委員會：代表一人。

無線電工業職業工聯會：代表一人。

H.電業工聯連合會：

代表一人。

I.國際無線電法理委員會：

代表一人。

J.無線電聯合會：

a.國家無線電廣播台屬下組織的各連合會：代表五人。

b.私有無線電廣播台屬下組織的各連合會：代表二人。

c.國立無線電俱樂部同盟會：代表二人

K.在對於無線電廣播的組織著有功績的人中選擇七人爲代表。

高級會議的總祕書處執行確保會議與各部事務的進行。祕書處又留心監視議會與各部發出的文件的款式與保管。

高級會各部的分配：

倘若一個關涉及好幾部的問題，而由高級會議發下來，各部可以開聯席會議來研究這問題：

各部開聯席會時，由高級會議副會長主席，若副會長缺席，則由出席的各部長中年長的爲主席。

各部考慮由高級會議送來，或會長因要交會議審查而交給各部，爲各部所專門研究的各種問題。

經濟與社會之部

經濟的、工業的、商業的諮詢，法國出產物品的宣傳、農業、衞生、旅行、社會事業的宣傳。

智識與美術之部

美術與思想的教授，宣揚；爲無線電廣播特殊創立的或研究的工作，無線電廣播與作家，作曲者、演說家、講演者、美術家，演奏人的關係。

公安與紀律之部

廣播的統制，准許證，在凡國有或私有廣播台的公文正式報告的組織，檢查。

技術之部

各廣播台與其連絡的設立，完繕；費用簿，收入與支出的預算，統計表，擾亂無線電廣播的防衛。

節目之部

國有或私有各廣播台的節目的普通大綱，國有各廣播台的合作，國有廣播台與私有廣播間的合作；有國際性的無線電廣播。

一個常在之部，担任特別緊急事件的審查。

這常在之部由節目部的部長主席。

這部包括的人員如下：

電報電話部的代表二人。

公安與紀律之部的部員二人，作爲內政部的代表。

技術之部的部員三人，其中一人屬於無線電廣播中的，一人屬於私有廣播台聯合會中的，一人屬於無線電工商業中的。

節目之部的部員四人，其中一人代表國有廣播台屬下組織的聯合會，一人代表私有廣播台屬下組織的聯合會。

當需要時，這個會或因電報電話部長的招請，或因會中會長的召集，或因會議總祕書處的請求，而開會。

會議總祕書，不在時則由總祕書的助手，擔任將各種問題交給常在之部審查。

L. 無線電廣播與國際合作

提倡由無線電廣播而爲國際永久合作的人們的主要留意，特別在政治、智識、美術與社會方面；直至現在，只有最低的一部分是關於經濟方面的問題的。

現在全世界所感受到的經濟恐慌，要人從現時起，將經濟問題放在第一線去考察，當不至於爲不適合。

氣象預告的改善，及其對於農業的關係指數；關於一切種類的運輸，交通路線的報告；對於各國工業與商業的可能力，對於勞工的情形的諮詢；旅行的，統計的報告，我們於此只舉一些在前面說過的應用，製成一種節目，旣足以說明無線電廣播在這個領土內可有的重要利益了。

一個專門的國際機關，有必要的技術專家的支持，製定有益於改善經濟合作的一個國際無線電播送機關的大概綱要，實爲必需。

這些放送，遵照旣經討論而留中未行的計劃，由一國際聯盟會附屬的廣播台播送，及因節目的交換方式，由各國國有廣播台播送。

國際商會似乎完全合於爲這一類廣播的研究。

商會對於這種的研究由下面的團體幫助：

——在一國的問題方面，由各國立委員會（或各高級會議）幫助，其中包含有重大經濟關係的代表及專門技術家的代表，相類於既經在好幾個國家，特別在法國，對於美術方面執行的那些會。

——在國際的問題方面，由國際無線電廣播聯合會幫助。

即使在現時，組織一種常規的國際廣播事務所，是不可能，但不再等待的組成各國國立的委員會，亦有相等的重要關係，這些委員會能爲將來的預備，及等待着在現有情形的框架中，與由各國間的交換作用，漸漸的可能實現計劃着的工作的最根本之要點。

佛利希　丹麥民衆教育館委員

一

若是關於兒童，人可以頗容易的對於『教育』一詞的意義有大家相同的意思，即使人對於『教育』的眞正方向應爲怎樣的意見很差異，亦無關係。但當人覺得當前的是一般民衆的教育問題，那便不一樣了。從這一種觀點，大家的意見不單對於內容方面分歧，而且對於『教育』一詞應有的意義，亦相等的不同。

說諸位想爲全國的教育，如爲兒童的教育一般，那是不够的；假定成年人同意讓人引導他們的思想款式，他們的趣味，他們的習慣；誰能有這特殊的名位來指點那是最有利，最値得拿出來的趨向，影響呢？是黨中的獨裁者或執行委員會嗎？這個問題在民主共和政體的國家更爲難以解決，因爲在這些國家內，雖有人或看重大學，別的又看重政治家，或文人與民衆教育家一樣可爲這事，但沒有公同承認某種特別的趨向或某某特別的人物，應當提出來。

二

教育的目的與趨向問題的重要，不能逃開任何人的心目。相等的又要我們來考察這問題的政治方面的關係，雖然人故意不問，如常見的一般，其實這方面有極大的重要。

所以，此中的問題是在曉得一般民衆的教育是應在宣傳主義的形式中，或在單純報知的形式中施行。

人或者以凡教育都是一種宣傳主義的款式來答覆。在這一意義上，這話是眞的，卽凡人求以某種智識印入別一人身上，對於這人發生一種影響勢力的時候；報知則相反而求發展在別人的一己的推理作用，結果是。不過在這兩種動作之間有一種差別。宣傳的目的在及到當其可以行使其爲一種批評，時且爲所說的思想的拋棄。

所以在宣傳與報知之間，其差別是根本的。從我們所留意的觀點論；由無線電廣播的一般民衆的教育，求達到的目的的問題上論，有一種很大的重要性。

三

當諸位避開宣傳的鵠的而置身於報知的土地上時，諸位立卽覺得自己被牽入於某一羣困難之內。卽使諸位求助於對這事最有能力與最有知識的人們，其中沒有一個人敢自以爲獨佔有此中的眞理。討論的題材愈有興趣與現實性時，這些題材愈發生不同的意見。外則，這亦無庸加以諱飾，卽凡對於自己的講題眞正熱誠的講演者，而他又有對民衆說話的天稟，他必然的爲一種意見或一種趨向作某一種宣傳。

我們現在又重新與宣傳的觀念相對。在獨裁政體的國家內，那是政府本身爲這種宣傳，而所有意見都於此統一化。在民主政體的國家內，那是講演者爲自己的意見來作這種宣傳：國家由思想很不同的個人表現，執行在受治的公民身上激發出一種興趣的義務。

這個辯證法的觀點，有些接近於蘇格拉底的方法，不用疑惑是適合於民主政體的國家的唯一方法。國家應留意於民衆的教育；但國家不能以任何的款式强逼所屬的人民接受某種看事的方式。而且，倘若人必要講演者常是『中立』，他的談話不久便變成一種無味的單調。以其是教育談話的致命厭煩及自號爲客觀的炫博敍述，我們寧取那些生動活在的意見觀點的交換。所以，人還是讓各種思想意見相對立，讓無線電傳達人們對於現實題材的意見的好。

四

就是後一種辦法，決然一定的爲丹麥所採用，而無線電廣播事務，在丹麥亦全由政府執行。丹麥對於這種事業所製定的法律的一節，以指示的款式；對廣播節目的組織者規定要留心於凡廣播的題材須常爲有『普遍性與文化性的』東西。

人不很清楚『文化性的』一詞的意義是爲那一種。大部分的立法家無疑的用這一詞爲『良好性質的播送』的意思，在這一詞下，沒有任何別的更特別的指示爲教育的播送的了。無論怎樣，這個名詞立在法律中，或由於其普通的意義，而人人亦同意，謂無線電廣播應爲一種宣傳普通文化知識的工具。

這種法律的最重要的條文，是需要在節目中有某一種普遍性的那一條。如在丹麥所有的情形，當七人中有一人得有特許時，人便可以說，社會上的一切階級都有代表在聽衆中了。管理節目事務的委員會——這會每星期開一次——製定節目時，有使一切的意見及各種各色的聽衆都得到滿足的義務。很爲明顯，委員會相等的要對於各種不同的要求顧慮到其所有的重要性。一個小團體或某種工業的一支，不能以爲在節目中可佔一個與國家的最重要機關所有的相比較的地位。都城不應因外省的犧牲而特得便利；農村居民亦不能犧牲城市中人而獨得好處；大學中人，指導階級，不應佔工人與農人的便宜；年輕新進亦不應犧牲於他們的前輩。

普遍性的法則，同樣的要最重大的趨向提出來時，必顧及這些趨向的代表人的數目。在丹麥，製定國家對於無線電廣播的管理監督的法律，於一千九百二十五年實施，大家卽看到在聽衆中有三種最顯明的趨向存在：民主與社會的趨向，基督敎的趨向及保守的趨向；最後一種趨向並不蒙有任何政治的彩色。這三種重大趨向，結果爲相反聽衆的各聯合會的成立，這些會開種種宣傳大會，表示在無線電廣播的指導機關內，須有他們的代表參加的願望。

法律便根據這種要求而修正了。在担任管理的無線電廣播委員會中，這個委員會相等的有指定編製節目委員會的某一部分委員的權利，那些聽衆的各聯合會遂可以在全體十五位委員中，有六位委員是他們的代表。照這種辦法，聽衆便確然於節目的製定，是顧慮及表現在人民中的各種政治的與精神的趨向，然後拿出來。

廣播節目的普遍性由此遂得確定。求滿足平等的原則，分配節目時，又要顧及來要求的聽衆團體的數目的重要。

五

爲的使讀者明白節目選擇委員會，——這會包含各種不同意見的代表，但亦一樣的順利進行，——以怎樣的款式完成其工作，人許我們在這裏列舉出一星期的節目的一部分來。在這表中只舉出那些談話。音樂演奏，戲劇作品，關於學校的放送及現代語文的課程，並沒有包含在裏面。

一九三五年一月二十八日，星期日 九點至九點半

首都的博物館，研究的中心，M. Ib. Kölbjorn 講。

十點二十分至下午六點五十分

科學許我們曉得在動物的覺知與感覺的知識，M. Anders 意識。Thuborg 碩士講。

七點半至八點

亞歷山大王，M. Frederik Poulsen 哲學博士講。

一月二十九日，星期一 下午五點四十五分至六點十五分

華格納 Wagner 的樂劇 Lohengrin（及其中主要數段的演奏），Kaj. Aage Bruun 教授講。

七點二十分至七點五十分

種族與遺傳。生物學觀點的生命定義，M. R. Sparck 哲學博士講。

一月三十日，星期二　下午五點四十五分至六點十五分

果樹園在冬天與在夏天所需要的留意，M. Magnus Ingenian Dynaes 講。

七點半至八點

馬克斯。資本論。經濟上看的分配論，及其歷史的來源，M. Niels Lindberg，政治選舉候補人。

一月三十一日，星期三　下午五點四十五分至六點十五分

一八八六年至一八九八年的債務及現在的債務的轉換，M. Henrik Vejen（議員）講。

七點二十分至八點

一月間的政治事件（與報告性質的廣播連絡）M. Nic. Blaedel 講。

九點三十分至十點

現前問題：

失業，原因與救濟的方法，Harald Westergaard 教授，法學與政治學博士講。

二月一日，星期四　下午五點四十五分至六點十五分

從關於工人生活的統計表所提示的觀察，M. Mads Iversin 政治學博士講。

七點十六分至七點四十五分

在 Slesvig 省的學校同盟會的活動與目的，Hans Jefsen Christensen 上議員講。

二月二日，星期五　九點至十一點

Jutland 農人聯合會的講演。從 Jutland 農人聯合會開會的 Aarhus 人民大會堂所放送的專論樹木種植的談話。聯合會委員會會長的報告，K. Iversen Askov 主任講。

當一九三三年對於 Jutland 土地做的試驗，H. Land Jensen 顧問講。

下午五點四十五分至六點十五分

藝術的基督教的解釋：約翰路斯金 John Ruskin, M. Niels Th. Mortensen 新聞記者講。

七點二十分至七點五十分

民衆教育，M. C. V. Bramsnaes 國家銀行經理講。

二月三日，星期六　下午五點四十五分至六點十五分

Peter de Hemme Gudme。在希特列 Hitler 的統治下的猶大建國論。

七點半至八點

丹麥教堂在外國的活動力。丹麥公理會教友在美洲的活動，C. Wagner 長老講。

以上的節目表簡單的指示出在一個星期中所編製的廣播的談話。但其中拿來講的題材，足以使人曉得，丹麥的廣播節目委員會是在那一種精神

中，來解釋關於廣播的法律條文『有普遍性與文化性』的文學。凡與丹麥的政治生活熟習的人們，都很明白節目委員會曉得在本國的政治與智識的不同趨向間，爲一種適當的節目分配。

六

當由政府執行的無線電廣播組織的開始，使在聽衆間最爲激動而感到不安的一點，便是檢查。無線電廣播的事業既是政府的一個機關，主持者自覺不能不要間凡講演者預先將講演稿交給他們審查。結果那些被請來在播音機前說話的有名人物，看見自己的稿子帶改正的退回來，或且被拒絕在播音機前說話。

在利格斯達 Rigsdag 地方發生而引起很大騷動的一部分聞名的意外事件，使丹麥政府對於這個問題重新加以考察，使能在問題的原則上得到一種決定。自此以後，在由他們自己提議，將原稿送給委員會審查的那些講演人，與由委員會請來在播音機前說話的那些講演人之間，爲一種很明白的區別。

對於前一類的講演人，不須說，對於他們的說詞的內在價値，要施以一種檢查。所以他們的原稿要先被看過，萬一不能用時，在准許播送之前，人對他們提示某某幾點的更改；若稿子不合式時，人則拒絕他們播送。倘若是關於一位由委員會本身所請來說話的講演人，這些形式的手續便非必須的了；因爲選擇節目委員會一定在贊許講演人的講演題目後，方請他來講演，而讓講演者自己負責任，對於講題爲自由的討論與敍述。

當人請一位人物來播音機前說話時，若這類招請在講演人是第一次，人可以送給他一份播音注意或講演人的『十條規則』。這些指示含有種種實際上應注意之點，而爲對於像無線電的一樣廣大與一樣變化的聽衆說話的人所必須遵守。

以下是這些注意點的原文：

無線電廣播有其特殊的技術。這種技術有某種法則，若講演人想體面的完成他的工作，爲他所必須絕對的遵守：

1. 不要講得太快，但亦不應講得太慢，太慢使諸位的講演過於單調與炫博。

2. 請以很自然的形式表示諸位的意思，像諸位在親密的集會中對朋友們或對認識的人們說話一般。所以要避免說話的聲調過高，請以談話式的自然聲音來說；同樣請留意諸位的講演不要流爲諸位的原稿的高聲念讀。

3. 請以可能的清晰來說話，及請清楚的發出一切的煞尾音與形容語。請不要任諸位的聲音至句末時落下來。

4. 要諸位的陳述很明白而容易懂得；引言要簡短而活潑，而使開始時便能攝住聽衆的注意。

5. 請不要用過多的外國字；避免長的語句；亦不要用像下面的一類的句子「因爲我所有的時間少的關係」等等。同樣要在諸位的講演中對聽衆避免過常的重複說這些語句「太太們，先生們，等……」因這些語句只是耗費時間，且可以使聽衆不耐煩。

6. 講演不含對於某種道理的任何種類的宣傳廣告，或爲某一個人說話，或爲講演人自己的作品的宣傳。同樣要避免凡對於個人與團體機關的惡意的記詞。遇到疑難時，常要預先詢問無線電廣播事務處的負責人。

7. 講演人不要超過人給他講演的預定的時間；他又要以可能的方法留意不要在預定的時間的過早前完了自己的講演，而使在節目間不致有過長的間斷。講演人要嚴格的照自已稿子的原文來講。

8. 在翻轉諸位手稿的紙張時，請避免紙張的沙沙聲響。

9. 國營的無線電廣播事業規定這一個條件，卽凡要講演的文字，在廣播以前，不能全部的，或以節錄的形式發表在無線電報紙或各日報中；因爲這樣是必然的減少聽衆對於講演的無趣。外則，我們並不反對報紙記載要在講演中討論的主要點的淺顯敘述。

10. 講演完了，不用說，講演人對於他的手稿有處置的一切自由。

以上各條，除關於說話的各注意點除外，第六條最爲重要。一直至現在，丹麥的無線電廣播可以驅逐一切的宣傳廣告於其廣播節目之外。關於禁止攻擊個人與團體機關的條文，亦相同的被遵守；對於這一點，一直到現在，還沒有顯明的與有意的犯規。

七

在上列的那些注意點中間，有某幾點關於時間久暫的規定（二十七分鐘）及對於講演人所要求的講演清晰與明白性質的規定。這些注意點大部分亦爲教育的無線電廣播所必具的條件；因這些注意點亦在某一範圍內，可以限定其在每一次講演中對於聽衆所有的影響力的可能性。

我們在這裏涉到無線電聽衆的心理學領域。這種心理學，因爲所要的心理活動的不同的關係，在不止一種的根本要點上，決然一定的與直接聽一位演說家說話的聽者的心理學差異。

講演人當他的講演的全部時間，應特別的留意於固定聽者的注意力。

說話時要能牽引聽衆從頭至尾跟着自己思想的進展，同時以可能的方法維持他們的注意力，及將自己的熱誠傳達給他們。有習慣在播音機前說話的講演人，因訴諸聽者的智慧與想像，頗容易達到這個結果。但是，同樣在視覺的覺知間，有根本的覺知與表面的覺知的分別；同樣在心理活動的程序中，一邊有由注意力固定在意識界內的主要思想羣，別一邊又有一種潛意識的活動，不停的在感覺和思想的動作下工作，這是常在威脅而吸收注意力的活動。

在一講演廳內，演說家可很容易的攝住這些潛意識的覺知來供自己的利用。容貌的種種表情、姿勢、他拿他稿子的樣式，他渴時拿來飲的水杯，又他的衣服，總而言之，凡他的態度都足夠爲能印入聽者的潛意識的因素。不管其他一切，而有了這些表面的印像爲可以說是講演的一部分，及很容易連想起於此所被覺知的思想，則這些印像很足爲保持聽者的注意力之用。由此可以說明，人所以沒有很大困難，當一小時內，可聽一個講演的緣故。

但對於一個無線電廣播的講演便不同了。聽者只有講演人的聲音和腔調來幫助支持他的注意力。人可以相信，這些條件本性是能順利注意集中到某一程度。但實驗證明其相反。這由於無線電廣播的聽者，因爲在自己家中，在家庭的環境內，必然一定的爲自己的潛意識活動的引誘力所牽引。而來自他周圍的一切印像，亦呼喚他遠開講演人想在講演時引領他入其中的環境。說要對於講題集中他的注意力是不够的。意識的生活是十分變動不居的：無數的覺知，在人想用以捉到一簡單語句的意義的同時，可以闖入意識的田地中來。

不論講演的價值是怎樣，當人聽無線電廣播時，比較的更難於固定他的注意力。矛盾相反的講演作例外，一次講談的時間永不能超過半小時。卽這點要我們對於題材的選擇及講述的款式保持某一種繩尺。在播音機前放送的一個講談，不應取學院式講演的姿態；這種講談應爲在良好通俗講演與質美新聞報告之間的東西。當講演人眞爲專門演說的主人時，他對聽者說話，自能得保持這個中間，而他對於他們，無疑的必能做一個良好的講演。

八

旣經認定在播音機前所做的講談，不應超過二十七分鐘，及應將所講的題目爲一清楚與能使人人都解的敍述，人便容易顧計到，教育廣播的領域，應被劃在相對狹窄的界限內。

第一，通常從教授與同時有實習所獲得的知識，不適合於無線電廣播之用。人不是在這裏論及語文的教授，因爲語文教授有特殊的情形。對於語文的教授，教本的使用似爲必不可少。這類廣播的組織者本人，卽刊行爲凡想聽這種課程的人之用的書本；亦卽這些教本，爲教員當講授時所常常的根據。

在教育事體上當常放在心頭的大原則是，沒有學生與教師間的實際合作，不能有眞正的教育。倘若人不以活動的形式參加所有的教授，人不能獲得結實可久的新知識。這種合作當人聽一個講演時並沒有發生。倘若講演人的陳述使聽者喜歡，他們完全停留在他的思想的美媚姿態下；倘若講演不使他們發生興趣，他們很可以有來到他們心中的種種思想，但這些思想使他們遠開正在講的題目。

在聽講演時使用批評意識與有個人的見地，是十分困難的。請當聽無線電廣播時單試做筆記，諸位很快卽覺得，當諸位對於一個剛發出的思想加以思索時，講演人旣經走到別一題目上去了。

所以事實要我們承認，無線電廣播從爲教授的工具上看，永不能替代書本。書本有這一種大便利，使讀者可由自己規定研究的程序，可中斷他的誦讀來做筆記，可回來看從前讀過的一段，及由此而得證實在其中所陳述的各種見解。

九

所以，想使無線電成爲一種民衆大學及由此而帶『全國人都入學校』，實在是一個眞正的烏托邦。在一切的情形上看，這種教授永不能爲眞正教導的；人很可以用這種方法爲一種大規模的宣傳，不停的重複說某一羣簡單的思想；但我們既經在上面說過，應怎樣來看這一類的教育了。

教育的無線電廣播既是有其界限，則重要的是在以最好的款式利用無線電可爲教育家所用的可能性。一篇由無線電廣播的好講演，應以激醒興趣與刺激知識欲望的激刺物的款式來做成。在普通報告頗進步，地方圖書館頗發達的國家裏，這些講談可以發生關於廣播中所討論的問題的書籍，要求借閱的加多的效果。

無線電廣播的事務處可以有益的幫助這些良好情勢，使各地公衆圖書館中得有關於將要在這季廣播的主要題目的書籍單。在丹麥曾爲這種實驗，而所得結果亦很良好。

爲幫助聽者起見，人可相等的於每星期內固定的日子放送相同問題的講述，引起對這些問題發生興趣的人們爲規則的來聽。人又不能不顧到那些聽衆所擬出的提示，因這些團體的成立，是在聽講演而隨卽對於講演所陳述的主要思想加以討論。

雖然藉這種方法，我們在丹麥獲得很滿意的結果，但人許我對讀者提示，要小心那些過於系統的講演。完全承認對於同一題目的相連一串的講演有許多便利，但又要曉得，一種對於目前事件的獨立講談，若品質優良，且比以完美款式組織的一串講談，能留下更深的痕跡。

十

因爲看到品質無可責備的獨立的講談，比性質特殊是教導的相續的講演爲優越，丹麥國營的無線電廣播，既經有些時候，設立人可以稱爲『時事問題概述』的放送。這些放送自然是規則的連續發出，但只是使與有現實性的特色的各種事件相關係的題名和事實方是公同共有。

人想曉得這類講談在其中搆想出的精神，將組織這些廣播時，對於這事爲請講演人的合作而發出的通告，引在下面，是再好沒有的了。這通告相等的指出這些講演的性質，是在造成一種思想與事實的目錄：

『丹麥國營無線電廣播事務所，從下年秋天起，提議廣播一種將以『時事問題概述』爲名稱的目錄放送。

這些目錄將在普通講演之前的一小時放送；具有現實目前的性質，及以個人解釋的形式來放送。依委員會的想望，這些講談的目的在使本國聞名的人物得直接的與本國最廣大的聽衆發生關係，而這些聽衆比其他的一切更能眞正代表丹麥的人民。

根據這個目的，我們請求諸位的合作。要緊的是我們可以預先確定有多少資格足夠，而其名字都爲所專門的學問事業的權威的人們與我們合作。所以我們要來問諸位是否高興和我們合作，及我們是否確定諸位能在下一個月中，對於一個現在的問題說話，當諸位得到通知時。

在我們的意思中，不想對我們的講演人關於講述他們的題目的款式，加以某種的限制；我們讓他們完全自由選擇適合於他們的體裁：或是平常的談話，或是最學院式的講演形式。

使我們得在有益的時間採取我們的一切措置，我們要很感激諸位，若諸位能於最短的時間內給我們答覆，及給我們認得，諸位所願意講，而在有關現前的問題中選出的題目。當我們將計畫的細節立出來時，我們將通知諸位約在那一個時期我們要請諸位來合作。』

從上面的通告看出，關於這類講談的重要點，是這些講談要由特別有資格的人們來講。講演人可以自己選擇題目。給與講演人的報酬是雙倍於由委員會的請求來做一次普通講演的人的報酬，而對於立卽願意來說話的講演人，則四倍他們的報酬。這些報酬是高於丹麥的大報館給與那些講演人的報酬。這也是刺激對於某種專門學問有名的人們的興趣的一法。放送這類講談的一定時間（晚上九點），普遍上看，是特別有利的時候。

對於時事問題的講談，組織旣有兩年，得有最好的結果；這類講談在聽衆間會引起很大的興趣。外則，組織者亦相同的看到他們的合作人數日漸增加，而使他們可以請求各種各色的人物來講。一位講演人弄錯了這類講談的特殊性質，而做一種當然是材料很豐富的，但過於客體的與過於純粹專門性質的講演，自是可能。在這種情形中，這不是講演人的過失，這是因爲節目委員會沒有顧計到自己所有的各種情形。

十一

我們上面所說的放送，講演和討論，在那一種程度中可以有貢獻於一般民衆的教育呢？這是人很難對之作一精確的答覆的一個問題。我們在這裏舉出某某數種觀察來便足了，當然這些觀察不能以爲既盡了這個題目之所有，及得有普遍的價值，但可以給人以種種的指示，

在丹麥，人普通的看這個事實有很大的重要性，卽無線電與其他一切的教育工具相反，同時對全國人而發。因此，無線電反響凡求與其餘的社會分開，而構成孤立團體利私人會社的趨向；這種趨向既經在人民中生出

在社會上的各階級間，各宗教的信仰間，及因文化知識造成不同的各團體間，現存的區別。不是報紙，不是講演會，不是政治的，職業的，社會的組織，而且不是電影，運動與公衆娛樂，至現在爲止，可能推翻這些分裂民衆的鴻溝。不單不能推翻，而且相反，文化教育的本源地且被强逼而要採取適應這些組織的框架而發展。

從這一觀點，戰勝了空間的無線電廣播，實在是起了一種眞正變化的作用：可以說，無線電推翻了牆壁，剗平了分隔，將全國人民聚集在一個廳子裏。無線電廣播在今日，對於現代社會中的幾千百萬人之所表示，同於從前希臘城市國家時代的民衆大會。

從這要點，在受了大學教育的人與只有初等教育的人之間所有的深淵分別，當漸漸的消滅。人既經可以觀察到這一件十分明顯的事實：在廣播中普通談話的題目的日見擴大。人許我在這裏述說我以民衆教育館員的資格，在一小船上，繞 Smaalandshavet 島的短期旅行所得到的印像。當時海浪很大，我們逼不得已都擠入下層的甲板。在那裏，凡社會中一切階級的人們都雜亂的混在一齊：農人、漁夫、醫生、商人、新聞記者，等等，這些人在他們之間全沒有可以相接觸之點。忽然間有人對於無線電廣播的事件說了幾句話：由是在船中差不多處處都有聲音發出來，而不久卽成爲一種普遍的談話。這種情形是模型榜樣的例。在從前，人們除了對天時外不能說什麼話。那一位大學中人關於一個音樂會敢夢想與一漁夫發生談話，或和他討論呢？而這種由無線電所完成的公同教育，影響力日見增大，於此既經有一種最重大的貢獻了。

十二

無線電廣播對於社會上境況不佳的階級，相等的有一種重要的價值，這些階級，因爲世界經濟恐慌的關係，被久延的失業所侵害。我們對於這問題的重要性，再沒有比引出下面一段文字來更爲明顯的了，這是一位有名的教士，在哥平哈格 Copenhague 的最貧窮的一個區域宣教的，對於這個問題的宣言的一段。

『人感到一種奇異的情感，當人爬上貧民住宅的樓梯，手拿着一盒火柴，忽然聽到在狹窄與搖動的門後發出播音機的聲音時，而要說，在別的門後，有收音機的別的人們，也相等的在收音機前聽着。諸位試想想那些平民住房的內部：諸位卽可以明白在這些貧苦的住宅內，因爲有無線電，人們得以參與人類文明的各種表現，從星期日在大教堂內舉行的宗教儀節起，至餐館中的爵士歌舞爲止，都得爲他們所聽到。

希望屬於社會上層階級的人們，能費力的想像一下，就可以懂得無線電在窮人與失業者的生活中所表示的是什麼。

我們當閒暇時，可以拿一本書來消遣，我們或者可有一件樂器；當我們喜歡時，我們可與我們的朋友交換意見。但窮人普通不能有這些方法的任何一種來消遣他們。這是一件事實，譬如民衆歌謠，可以相等的爲社會上的一切階級所欣賞。尤其是失業工人，無線電廣播對於他們有很大的重要。對於沒有多大閒暇的人們，想法怎樣消遣時間，永不至成爲問題；但對於失業者，則『他們所有的唯一東西便是時間了』。

失業者一次到職業介紹所，曉得今天和昨日一樣，沒有工作給他做，他又到監督工人事務處，以外留下給他的其餘時間而要他去解決的唯一問題，便是怎樣度過他的時間。無線電對於這點，給他一種難可估量其價值的助手。希望人很願意，只一日也好，帶這個意思去看一看無線電的廣播節目，卽這些節目對於除時間外沒有別的東西的人們，是給他們度過他們的時間的東西。

有多少次，人不是聽到那些可能得有收音機的失業者們說，生活對於他們自此以後便轉變了；一個卸貨工人的女人對我說：『我的丈夫自從有了一架收音機以後，便變爲別一個人了。從前我們在碼頭上散步，繼則回到家中，我的丈夫整天的在房中踱來踱去，不曉得幹什麼好；現在他整天的聽着無線電的講談及音樂。他完全的可以分別好的與壞的放送；倘若放送不是好的，我們立卽把機關轉過來。」

在窮人的狹窄住宅裏，無線電做了種種奇蹟，無線電開擴了眼界；人對於無線電一有趣味，無線電便與報紙，紙烟和加非一樣，變爲必須之物。

十三

我們可有怎樣的結論呢？無線電廣播在世的日期尙淺短，看其從民衆教育的觀點對一國最重要的因素：青年，所有的影響亦還不能定出一個確切的判斷來。我們在本文的開始所提出來的種種觀察，旣很足以指出，無線電廣播可以發生影響的，不是有某一定主張的敎育，而爲對於從小的時候便有習慣來聽廣播的那些人們，可有心理學上的影響。不待說，無線電將常爲一種消遣品。又不要忘記，娛樂總是爲無線電廣播的最主要攝引力。

是則，這亦可以相信，一般靑年人，對於在無線電周圍所有的一切，也許比他們的前一輩人，更有明白意識與更發生興趣呢？從前，宗教與本國史爲連結一國內各不同階級的唯一連線。無線電廣播是否在青年人們中，能以更明顯的款式，發展精神上的公共團體之意義的效果呢？

普遍全世界的經濟恐慌加重各階級間的相反對立，而使全歐洲發生意外的騷動。在這樣暴烈與苦人的環境中間，想發見普通文化知識的有益影響，實在很爲困難。但是，對於曉得聽的人，那樣其隱昧的生活爲不停的進化的千百萬人的聲音，將可使人聽見了。就是這樣動作在深處的進化，不管現時的嚴重事件，爲這種眞正方向之所指，而這種方向則沒有停止的與技術的發展相關一齊的進步。

戈安　合衆國內政部教育局無線電與視覺教育先進專門家

序

在從前，人以爲文化教育根本是社會上某一定階級的產物，給這階級的人們世代相傳授的東西，而這些人則司保守的義務與得享受其特利。這種觀念在今日仍爲大部分歐洲國家的教育方法的基礎，像從前在亞歷山德利，在雅典和在羅馬一樣。

發達在亞美利加的政府民主概念，一大部分，有作用於宣傳一種相反的概念，這種概念可視爲文化的與人民教育的民主概念。

人不能以爲對於很個人主義的與賦有批評精神的美國民衆，可給與一種百科全書式的知識原素，根據這種不足的理由，謂他們將以完全的柔順來接受那些通知報告，有如歐洲的某部分農人，沒有入過學校與全不看報紙的，有時所表示一般。人亦不能對這個民衆勉强接受自己的知識教育的成分，及同時要他們大量的吸收自己估計價値的原素。這些都是在讚美美國人的智慧，看不起或小視這樣智慧，實爲不智。經驗給我們指出，使美國聽衆厭倦的最確定的方法，是對他們講爲藝術本身的藝術，或鋪張精神上的事物，簡直要使之如神聖的觀念一般。爲知識本身而研求的非功利的知識，正是古代貴族教育學的理想，但這種概念在美國的四十八册中，沒有顯出很大的魔力。美國民衆在這一種程度內興趣於美術，於科學，於古典的研究，卽當這些東西能爲我們美國民衆的理想的人的價值而使人生更爲廣大與更爲豐富時。巴萊，哥倫比亞廣播台台長。

導言

這篇關於無線電廣播在合衆國對於文化與教育所有的影響的報告，是應在巴黎的國際文化合作學院的請求，爲答覆這個學院所提出的『無線電廣播對於一般民衆的教育所有的影響及發達這種影響的最順利的實際方法』這個問題的國際徵求答案而寫成。許我們希望這篇報告對於各國政府，對於無線電廣播事業，對於凡興趣於應有公衆利益之性質的無線電的實際發展所有的教育與公民團體，能相等的有用處。

有許多的因素使這類的一種研究的價值減少。第一，這種研究代表由一大羣的人們與機關所自然發出的種種意見的總數。因爲人沒有客觀的批評標準來研究在這種徵求中所發出的許多不同意見的相對價值，這篇報告當然含有某種錯誤。第二，合衆國據有非常廣大的土地，其間物理的與氣候的情形，天然的資源與文明，都爲很大的差別。人民由各種不同的種族合成，代表地球上的一切民族；這些民族的習慣，理想，經濟的條件及凡生活所資用的情形，知識教育的發展，都很差異不同。第三，在合衆國沒有爲無線電廣播台的事業的中心組織。無線電廣播在合衆國相反而爲自由的競爭；廣播的節目亦因其所對的民衆的興趣不同而變化。所以，求確定某某一定的因素，原則，或知識節目在那一種程度內，眞正有一種教育的或文化的作用，實在很難。第四，雖則廣播節目有穿進各處的權利，及可能達到一切的地方與社會上的不同階級的力量，但這些廣播仍不過代表對於民衆或相連的起作用的，或相互衝突的許多原素之一種。第五，合衆國正在轉變過度的時期，或者爲自立國以來的百五十年間的歷史從未經過的一個時期。一切這些因素，且有其他的，都使本報告的作者的工作繁難複雜。雖然人對於本報告所依據的知識原素，爲小心的選擇及加以批評，但決不可免的仍含有某種錯誤。所以給本篇以相對的價值正是適宜。

人不是提議來研究無線電廣播在眞正所謂教育中的作用；人亦不是在求分別普通稱爲『教育』與所謂『文明』這兩種東西。事實上，人不分別的用這兩個名詞來指示，在日常經驗中，凡發達良好趣味，有益知識與使人類行爲高貴的東西。

凡可以許我們獲得更多的才能，擴大我們的知識眼界的；凡順利我們的良好情感，增加我們對於自己的力量的信心，同時又使我們明白我們是完全依靠着宇宙的創造主的，都得加入本文所指的教育一詞的意義的教育概念中。知識教育不僅僅在曉得發見區別巴克 Bach 與倍多文 Beethoven 的東西，雖然有千百的美國人因無線電廣播的幫助，學會爲這種區別；知識教育又一樣的在使一個家庭在快樂與康健中養成的，在與自己的親隣和平的生活的，在聰明與有益的使用自己的暇時的藝術中。

許多社會的轉變，在大戰後的沒有前例的繁榮時期中生出來，而我們生活的今日的衰落時期與改造時期，亦一樣的生出種種的變化。在經濟生活中所產出的種種變化，對於我們中的每人都有了許多的問題。大量的生產，工藝的專門化，引起財富的與人民的集中；同時又倍加我們的暇時。這些變化，自近年來，在美國人民間生出一種紛亂及某種複雜性；貨幣兌換的高大漲落；在發見、機關、思想與行爲中的不平等的進步；對社會是危險的種種緊張情形與衝突因素。

大量的生產須要高度的專門化，這在個人便發生生活款式過於刻板式的結果。近代社會由之組成，極端變化，而在不等的比例中進化的種種原素這件事實，造成一種不平衡，一種適應的缺乏，時常困苦的，及常是一種從所有的發展的可能性取得最良效果的缺乏。所以，因在社會中所引起的變化而使個人與之相對的那些問題，第一是在適應生活的物質新條件的款式問題，第二是在適應在物質與精神文明的進化中，所完成的程度不同的種種變化問題。人不是機器；他的天性不是生來當長久的時期內無限的做一樣的工作的，也不是生來繼續的適應他生活在其中的環境的不停的變化的。

這是今日的經濟家，教育家與慈善家的很痛苦煞人的職務，要他們以有效的方法將常在進化中的社會上的各種原素調協起來，及要他們於一般青年離開學校後，將這般青年的智慧與精神的光芒活動起來，而使在我們現卽要進入其中的新時代，能於很有秩序的社會內部，躍出許多勇敢的公民來。人力求發展成年人的教育，人提倡離校後的教授，人在城市的各處創立研究的團體。這不過是將能完全適應現時環境的必要方法交給這般人使用，使他們得生活於一種更富盛，更豐滿與更幸福的生活中；這就是造成社會的繁榮的事物。決定的說，精神的與智慧的提高，是工業的與經濟的提高的根本條件。

從前，美國人民愛說這種主張，以爲一國的強大力量，由於一國的特殊秀出的人物的自由活動。工業自由的發展，政府很少的加以干涉，非至其活動嚴重的損及公衆利益時，則讓其自由。無線電廣播卽在這種環境中發展的。但在現時的經濟恐慌中，人覺得有一種很明顯的趨向生活，卽將人的原素置於物質方面的因子之上，留意這些因子對於美國人民的生活所有的反響，及動員全國的資源，以供爲經濟恐慌所貧苦的人民之用。根據這種精神，內政部的祕書伊克斯 Harold L. Ickes 先生宣稱：

「將來的社會結搆，應建築在以國家基礎爲本的國家組織的合理與相解的重視上面。倘若如我所深信，我們現在是走至要重新訂定我們的社會價値的時候；倘若我們是要永遠吐棄的將「過分的個人主義」丢在我們後面；倘若我們是堅決的要新闢一條到一個新的與更好的社會的道路；倘若我們要不放棄對於自己的命運和對於自己的子孫的命運的留意，而讓陳腐與非人的社會的擺佈；倘若我們要想望使工業供人類之用，不讓我們犧牲在工業主義的神壇上；那麼在以國家爲主體的組織，當成爲現在政府的一種主要活動事業。』

人都看到科學與近代的發明正在造出與人們從前要適應的生活條件不同的生活條件。這些事件在其直接的反響外，還有更遠的反響，這些反響一個一個的出來，如人投入一個石子的水波一般。現在的社會的變化由過去的發見所規定，而現時的發明得以預先看到將來的社會的轉變。人既看到無線電廣播在美國的生活中變爲一種大力量，及對於習慣的養成與對於美國人民的態度有一種常在的影響。統計表證明，在合衆國有收音機的家庭，超過一千八百萬家；而一百五十萬裝在汽車上的收音機還沒有算在內。在一千九百三十三年內，共費去三百八十萬六千架新收音機。美國人民在一千九百三十三年內，消費六千五百萬金元買新的收音機，消費五千萬金元買調換舊機的零件。普通是好幾個人在一個收音機前聽；每一收音機平均每日有兩個半鐘頭接收設在合衆國的約六百個廣播台所發出的節目，同時又或接收外國廣播台的節目。這種無線電的廣大組織，由美國工業所創立，而對於聽者除買收音機的消費外，沒有連及其他的費用，這與其他大部分的國家不同，因爲在這些國家內無線電事業由政府管理，而政府對於收音機是有稅的。人對於無線電的聽者，免去任何的麻煩與任何的消費，而使他們得有各種有趣與快樂的節目。所以，無線電廣播對於美國的知識生活的影響，是超過於凡人可能想像的強大。

倍里 Armstrong Perry 先生指出，無線電廣播爲力能達到最多數人的最有效的近代工具。賴提利 Dr. W. H. Lightly 博士以爲，無線電對於鼓勵、解釋、領導與指引公衆意見，有最大的可能性。無線電本來就是在醒起人的興趣，刺激人的趣味，而於教育民衆中消滅錯誤，成見，以及其他的社會缺憾。

但又如其他一切的人類的發見一樣，無線電廣播是有正反兩面的武器；無線電可以爲善，同可以爲惡一樣。無線電可以爲最險惡的工具，或加强羣衆的成見與迷信，或減低或提高美國人民的知識的水平線。所以這能使人相信，這樣的一種力量，可在我們的知識的，經濟的生活的通常情形中與在我們的教育中引進種種的重要變化。無線電廣播應由人聰明的指導，小心的監視，倘若人想其力量供我們的使用，能答應民衆的一切需要時。

賴有無線電廣播，有聲電影，無線電攝影，在人類歷史中是第一次，將生活本身表示在一種綜合中是變爲可能了。顏色，生活的節奏，偉大天才的傳達性的熱誠，因此且可以傳至境遇最不順利的人民，傳至大地的盡頭處。講演者的聲音的動人處，對聽衆的智慧與情感所有的力量，遠超出於寫的或印的文字對於讀者所有的印像。語句的音調節奏，說某某字句時的表現形式，聲音的抑揚，都幫助我們瞭解人爲我們陳述的東西。比文字能醒起我們的情緒的聲音，在簡單的知識表示上加上了一些活的事物。文字，以前是僅能由書寫傳達的，現在忽然解放了，變爲生動了，可受一切的做作了。

無線電廣播對於爲過度的保守方法所弄窮的教育，應能給與一種熱氣，一種生力，一種新鮮。在如我們所生活的時代中，社會問題爲凡我們的注意力的對象，將在經濟方面，社會學上及政治術中所有的研究與經驗得到的種種發見，立卽爲最廣大可能的播送，而有異於將其印在報告中與書本中，庋置在書架上不爲人所讀，實爲我們所十分希望。

但這並不是說無線電廣播可以替代書本。無線電廣播當然是立刻瞬間的，但又是瞥逝不留的。無線電廣播是活潑生動的，但又是缺乏視覺的印像的。播音可爲一切人所覺知，但只當其穿過空中時方能爲我們所得用：所以聽者分配自己的做事時間，受廣播時間的影響。無線電廣播，其勸說的力量對於我們的能力有很大的影響，但主要的使命是在以精神的與知識的事物激醒我們的興趣，而不是在澈底的開發與窮究某一問題。商錫羅John Chancellor先生，美國圖書館聯合會中人，在特爲本篇報告寫的下面的文字中，確當的說明應該存在無線電廣播與圖書館之間的關係：

圖書館中人看無線電廣播從提倡由讀書的個人教育上論，如一位強力的同盟。無線電廣播在他們看來，激醒對於教育的興趣，比完成教育工作的本身，更爲有力。教育與養成只能因忍耐與堅持的努力方能眞正的獲得；這在想受教的人們方面，需要有一種個人的回思反想，這就是使他們要擴大他們的讀書範圍及專心致意於某種研究。

事實是聽廣播需要相對的少的力量，而同時又伴有娛樂與消遣，這使無線電廣播對於教育的或教導的節目，特別的能激醒起興趣。人給聽者以教育的或教導的節目，而全沒有娛樂的東西，人很快使聽者失望。所以無線電廣播是播送根本是教育的節目，而同時又除去附在其中的枯燥與困難的表面的很好工具。無線電廣播給人以連合教導的與快意的在一齊，及順利現時代所需要的個性養成的種種例外的可能力量。

想使由無線電所激醒的對於精神上作品的興趣得以發達，及得以長久，這要講演人對聽者指出他們可以繼續他們的研究所可有的方法與便利。

所以，講演者或發言人，應當對聽者舉出有關係於自己所講的問題的著作，圖畫，及其他的文件，同時又小心的指出可以得到這些參考材料的圖書館，博物館。或者指出有這些問題的課程或講演的學校，亦相等的適宜。無線電廣播事業管理處，若以美妙的方式，或以很便宜的價格，將載有講演原文的刊物，小心弄好的參考書目表等，給與羣衆，必將增加由無線電廣播的講演的教育價值。

這一種辦法，需要在無線電廣播台的節目處，與像學校，圖書館，大學等教育文化機關之間，有一種密切的合作。這種合作的目的，不單使聽者得有人勸他們看的參考書籍的充分數目，及使他們得對於放在他們面前的問題發生興趣的其他方法，而且相等的使他們得有一般無線電聽者所可得到，與他們的留意相應的書籍與小册子，他們因而得完足他們的研究。這些參考材料應能容易的得到，不取費的或少費用的；又要這些材料很有趣味，內容不至過於枯燥。

一 無線電廣播的娛樂性質

在娛樂的方面，比其他一切的方面更甚，科學的發見與發明做了一種深沉的變化。人類進步因減少工作時間而多空時，眞正的將我們文明的重心更改了位置。成年人的數目，因爲經濟恐慌，他們沒有工作，或只有部分的工作，因新近禁止兒童作工的法律的實施，增加了被辭退的二十萬青年。在人數的歷史中，是第一次，青年們得有這樣過度的空時，而求爲最好的利用，使生活更爲幸福。這種空時的龐大增加，實在成爲一個新的國家問題。所以，這要留心大部分沒有工作的男子和女人使用他們的空時的方式。從前，只有相對的少數人，在相似的情形組織他們的生活。現在的許多人受到一種精神上的頹廢。有人舉一個青年人的例，他從工程學校出來，在他的職業中得到成功，以一切的建造工程因經濟困難而停止，他忽然沒有了工作。他自己所得的結論如下：我的學識使我足以履行我的工作，但我現在沒有位置，我現在覺得自己如一具空的容受器一般。我的肚腹是空的，我的智慧也是空的。在目前的經濟恐慌使之更爲逼切的社會義務中間，卽現出那種求以最有效的方法，去利用被逼而有的空時的義務。很爲明白，現在在合衆國，有過於豐富的手臂。救濟這種情形的最容易的方法，是減少凡有工作的人們的工作時間。情形也就是如此，當新經濟政策漸次實現時。所以爲工人找到適合的使用他們的空時，及爲失業者能以最好的方法利用他們的時候，變爲漸漸的必需。求教育與求消遣人民所用的努力，因這點而對於國家和對於個人一樣，有一種新的重要性。毫沒有反對，無線電廣播在大部分的失業者是一種天堂。當陰鬱的時間與日中，可以爲社會與國家的精神安全之直接威脅的，這時無線電的聲音使人聽到，留意與指示這些空時的使用。

在目前的經濟恐慌中，無線電供給人以最便宜的與最受普遍的欣賞的娛樂。自一年以來，無線電成就了漸爲有效的工作：當然無線電繼續的滿足我們的需要，當空時因經濟恐慌而增加時。但人並不因此而斷定，凡廣播的節目對於羣衆都有好的效果。明白有識的聽者以爲，人花過多的時間去放送庸俗的與不很高尙的節目。無所謂的音樂，某某作者與發言人的瑣屑閒話，都足以使靑年人對於生活與其問題持一種過於膚淺的態度。在現時的硏究情形中，人不能決定這些廣播節目對於聽衆們的生活有怎樣的影響。一位我們的通信者說，他不留意於曉得無線電家所聽的是那種播音；使他發生興趣的，是這些節目對於聽者所生的效果。例如，一個工人是否回家中聽廣播而不在市內遊步；聽了一個節目後，便是否於明天去工作時感到快樂一點與較爲樂觀；他對於他的同類是否較爲幫忙，因爲廣播節目應該視作對他是有敎育作用的東西。

消遣，遊戲與健全娛樂的敎育價値，從沒有比現在的工業恐慌的困難時代更受人重視的了。俄斥俄航空學校的校長達羅 B. H. Darrow 先生這樣的說過：『娛樂性的無線電廣播，實爲一日所必需的矯正物。這些娛樂能重新振起身體與靈魂；這些娛樂帶來歡喜，給人勇氣，這是一種精神的教育，而很可以比新知識的獲得更爲寶貴。』

無線電廣播所有的最主要與最强力的興味，或者就在娛樂的這方面。羣衆特別是看無線電如一種娛樂的與消閒的原動力。這件事實很明白，大多數的人都欣賞良好與有益的娛樂節目。所以美國的無線電廣播事業有利用這個機會，給聽衆以健全消遣的最良原素的義務。想做到這層，無線電廣播可有許多的方法；歡喜與快意的音樂；曉得分別什麼是奇異的與什麼是汚褻的的作家所做的小談話；對於以充分的似眞與根本來獲得一種眞正的消遣拿出來的題目的獨白。眞正的幽默者並不缺乏。他們可以藉無線電的力量，在很廣的範圍內，爲美國民衆獲得種種健全的消遣。無線電可以供給羣衆以一切種類的最好音樂，無線電戲劇及各種有價値的文學談話；使聽衆對於各種游戲與體育有興趣而得入門的播音；關於使他們的工作與消遣更爲有趣的自然科學的知識。無線電應增進各種高尙的情感，消除較爲不可說的情感；發達對於美的興味；總之，在給羣衆以一種生活的最大歡喜。爲完成這種使命，無線電有許多的方法可用。其中最有效的，我們可以舉出每天早上由無線電放送的體操課程；以使聽者發生學音樂的欲望爲目的的談話；例如我們在數年前所有的鋼琴功課，當其播送時，人曉得以『幸福之鎖鑰』與『空中音樂』爲名的廣播節目有多大的成功，而受人歡迎。關於這一方面的播送，我們又要指出，在默帝 J. E. Maddy 博士指導下，密歇根 W. J. R. 廣播台所放送的管絃音樂的功課。

在合衆國，人多用無線電來傳達關於游戲運動的消息，及爲大比賽與重要公衆事件的報告；用來播送跳舞的音樂；用來組織體育課程及其他特別能消遣羣衆的節目。很爲明白，無線電除爲在比賽場與運動場所有的比賽與運動的報告外，應爲別的事物之用，而現在亦正向這方面做。從沒有現在這個機會給無線電，要將其堅持的追求的教育作用加以擴大，使民衆曉得健全的利用他們的空時。一切種類的娛樂與遊戲，倘若人曉得加以適合的利用，都可以用來養成和發展人格和個性的好的方面。學校已經以大量的關切，用一種値得重視的款式，使人學會使用空時。學校已經放下國有的娛樂程序的基礎，而這些娛樂的費用皆由公衆支出；在無數娛樂的中心間，我們單舉出博物館，圖書館，公園，等。人又可以很有利的特爲兒童組織一種播音，對他們稱說，種花植樹，散步鄉間，當童子軍的快樂；對於成年人，人對他們敍述在野外生活，夏季蓬帳生活的樂事；人對他們暗示爲各種的俱樂部；人使他們曉得收藏郵票；人鼓勵他們加入戲劇美術的團體。爲利用成年人的空時，人組織關於美術與應用美術的談話，文學的講演，旅行的記事，戲劇會與音樂會；人請他們親身加入這些各種不同的表現。

在一種良好的無線電廣播組織中，社會上的環境不良之階級的教育及生活在偏僻地方的居民的教育，明明白白是有其位置。人注意到，教育性的無線電廣播，對於鄉村居民與孤立大田莊的男女的教育，可有種種未經人做的可能做的地方。欲求知識與想使生活更高貴的靑年們，應能容易的找到各種方法，利用自己的空時來聽關於科學的或普通知識的題目的一串有序的功課廣播。這種便利當然不能以單獨這個理由來拒絕他們有所謂功課的廣播，謂多數的青年人，較有得知識的方法，比較喜歡僅部分是教育的及不要他們爲筆記與做概要的談話。人不應將『功課』驅逐出無線電廣播節目之外；因人在今日可以見到有許多青年人，不能在一學術機關上聽一定規律的課程，而求以無線電廣播來教導自己。有許多成年人亦一樣，想對於自己在學校所受的教育得有完成的機會，而又可以不受學校的種種限制。

當教育性的無線電廣播出來的，希望能與娛樂的節目相輔並行。這已經由一位在孤立的田莊中的一家的母親論到，她這樣的寫道：『我報名來聽你們所播送的一串功課。這眞是一種良好與利人的事業，能使像我一般的人們得有受教育的機會，這些人絕對不能離開他們的家庭，他們同時又怕因孤立的關係，失去知識教育的種種便利。』

不待說，娛樂的無線電廣播的良好效果，大部分因人對於音樂與戲劇怎樣選取其材料而定。在這個範圍內，無線電廣播的指導人負有雙層的工作：第一他們要在普通的節目中，列入某種可以作消遣的第一流的作品，而同時又顧到這些播送只能爲少數的聽者所欣賞；第二，他們有以最快的可能時間內改善一切節目的美術價值之義務。做這件工作，要對於大衆的能力有一種信心，卽他們能漸漸的欣賞音樂的，戲劇的與幽默的作品，當這些作品以動人的款式爲他們放送時。人只能希望以漸進的方法養成羣衆的趣味；這是人很可能達到的一個理想。經驗證明，大多數人所以喜歡有價值的作品，是在曉得怎樣認識這些作品之後。這種入門知識，大部分放在一般明白有識的美術家身上，他們是在現在致力於發展這個傳達思想的新工具，無線電的精緻與困難事業的。

直至現在，無線電戲劇過於描寫暗淡的故事，陰謀與罪惡。注意民衆利益的人們，明白這類表演的危險，表示他們的不滿意，但常沒有顧到寫作這類使羣衆喜歡的無線電戲劇的困難。娛樂的播送應爲有趣的，好玩的，消遣的與動人的，倘若人想使其能滿足人們。一切都在指出無線電漸要放棄爲商業目的而播送的無意味的節目，而求獲得一種更正經的與常是適意的娛樂，這對於普遍的繁榮與人類的進步，必將爲一種眞正的貢獻。

無線電廣播相等的很有效力的有貢獻於將消遣游戲領回家庭內來。一家人晚上在火邊團聚起來，得到從前要到外面去方有的種種消遣遊戲。無線電使他們曉得辨識美的音樂作品；無線電激醒他們對於普通問題的興趣，及因放送種種普遍的概略，而擴大了他們知識的眼界。

家庭中因此而看見來到一位價値無限的新親友。這位親友要對於人心與對於兒童的心發生影響。由音波而送出的音樂，使兒童喜歡，同於他們以別的款式聽到的音樂。只當他們長大了，那些節目在他們方有某種意義。當四五歲時，兒童有時傾聽爲他們而放送的節目，尤其是當一個較年長而興趣於這些節目的兒童在他們中間時。這種第一次的興趣之流，在六歲的兒童，達到最高點；繼則漸漸安靜下來，約至十歲左右爲止。在十歲與十三歲之間，在兒童是盡量傾聽無線電的時代，特別對於短篇的記述與有趣的故事。過了這個年齡，青年成爲較有個性的，喜歡聽運動遊戲的報告，日常事件的消息，及跳舞的音樂。

許多做父母的，確指出無線電在家庭的各分子間，造出一個有公同興趣的連線，及因此而使團結一致心滋長。但無線電廣播在家庭，亦不是沒有不方便處。許多最激烈的要求都從父母，教育家與牧師處送來，他們對於可使聽的兒童們有損害的那些廣播節目的價值，爲種種的保留，及對於播音對普通聽者的性格與智慧的養成所有的結果，亦有種種的指謫。

無線電廣播所有的教育力量，不可爭的是很大的，因爲兒童對於大多數的節目，已經表出一種很活躍的興味。父母與教育家開始注意到無線電廣播，不僅僅是一個消遣的原素，或一個廣告的代理人，而對於他們的兒童，實在有眞正的益處。他們花多一點時間便可以覺察到。普通大家都承認無線電廣播應爲家庭的父母的親友，若父母對於他們的兒童不單要確定物質上的養料，而且要確定精神上與知識上的養料。自然這亦一樣的明白，那些求刺激人的播音，罪惡與驚人冒險的戲劇化的故事，可以中和，或且毀滅由父母，教育家與做事的人們同時所施行的影響。

求決定廣播的節目對於人心所有的影響，不是容易解決的一個問題。想使兒童傾聽他們的父母以爲適合於他們的節目，亦不是容易的事。關於這些問題的研究，聞名的『兒童研究會』主任，格路安壯夫人指出，於此在父母與兒童間有一種興趣的衝突。照她的意思，年齡六歲至十二歲的兒童，是勤於聽無線電的聽者，但他們普通選擇做父母的以某種不安心理來看待的那些節目，爲他們的愛聽節目，這件事實是很有意義的。我們想一說使兒童驚心動魄而充滿神祕的題材，戲劇式的冒險事件與無所謂的滑稽喜劇。有些父母以這些一切爲『聳動人的蠢事情』，責備這些節目能增加兒童的神經性，及在兒童造成一種不合理的恐懼情感。格路安壯夫人這樣說：

『使這些批評爲公正合理，不是容易的事。一個家庭的母親，不喜歡某一種廣播節目，或不喜歡整個的無線電廣播，以最誠實的信心爲容易的相信，凡不使她喜歡的，必然是對於兒童是不良的。但要承認，有大多數的廣播節目是要加以小心的，因爲這些節目給兒童以一種不眞的人生概念，及在兒童發達一種成爲虛僞的傷感精神。八同樣的可責備這些節目過於自由使用學院式的文字，及過於粗暴的招致兒童的恐怖與駭怕的情感。還有更壞的是某種節目，以告誡兒童及定然以幫助父母的目的來放送的，是過於正經而忽視兒童的心理。亦沒有絲毫理由可以使人要兒童相信，他們應喜歡因商業上的道理，給他們以他們心愛的節目的那些宣傳產品』。

在數年前，無線電廣播在家庭中是一件新東西。現在，在合衆國，無線電是家庭生活的一部分。現在聽無線電的人數，超過於閱覽書籍的人數；這表示無線電，不管或好或壞的方面，對於社會生活有一種很深的影響。無線電對於羣衆思想的樣式的作用有逼切的需要，而必須使其有良好的作用。人對於適合於廣播節目的性質，可有種種不同的意見，但關於這些節目的精神上的理想，則只能有一個意見。

無線電廣播，用來在家庭生活中造成其地位的驚人速度，大部分由於無線電廣播事業的經營者的始創精神與專門學問。人可以在廣播節目發見許多的缺點，但其對人的貢獻的價值；從來經人充分的看重。本來，聽者在給他們的節目與娛樂廣播的選擇中，亦有他們應負的責任。關於這一方面。臧齊格 Zanzig 先生曾這樣說過：

『既經是今日有許多的消遣給與羣衆，他們漸漸的有更多的空時，則在父母方面的最重要事業，是在自己爲兒童安定選擇娛樂的主要目標，而發見那一種生活是最適合於他們。諸位怎樣使用給諸位的空時，及在這一個世界中，不管有其酸苦與其無聊，仍值得人來消費他的熱誠與爲我們留下歡喜與美的嘗試，諸位又怎樣來利用在這世界中的那些表現與估量事物的未經人知的可能性呢?這就是今日所有的問題。』

在目前的過渡時期中，當然是音樂對於娛樂的無線電廣播有種種最大的可能性。音樂是娛樂的，因爲音樂沒一種直接是實用的目的；音樂固使我們的注意力遠開我們日常事務的習慣與單調，對我們發生一種魔力，安慰我們，刺激我們，使我們的最微妙的情感絃線顫動，給我們尙有許多未使用的資源的想像力以自由進展。音樂爲我們的社會生活的整個的一部分；爲我們的發展的一種生活力量。在我們所生活的這個機械時期，音樂是在我們的緊張生活中的無足與比的一種救濟物。摩爾根 Jey E.mer morgan 博士在一篇未發表的演說內，對於這事有如下的表示：

『對於產生決定我們的態度與作成我們的性格與我們的理想的那些微妙情境，音樂比言說有更大的力量』。

不管音樂在大人的生活中佔怎樣的位置，其在美國，對於兒童的重要，實爲更大。

希望人以最廣大的意義來看『社會教育』一詞，方能十分的顧計到兒童的情緒的教育的重要。這是一件事實，情緒在個人的行爲中有重大的作用，而我們的教育方法，則全不留心到這些情緒的能力。我們已經看到，無線電對於我們情感方面的進化，有很大的影響，及在這一方面，無線電可變爲一個基本教育的動力，當我們曉得以無線電來施教育的藝術時。無線電，幫助作成兒童的音樂教育，成爲一種第一等的大力量。無線電的教育價值，看我們使用的方法而定。

我們美國現在有六百處無線電廣播台，將其每日的廣播節目放到以太中去。百分之六十的節目可以看作與音樂有關係。在別一方面，倘若人注意到在合衆國有一千八百萬架收音機，爲超過半數的全國居民所使用，人就可以想到這音樂情緒的泉源，無線電所可有的龐大影響。一位留心的無線電聽者，可以在一年內，學會欣賞好的音樂作品，同於一位畫家當一年中，在世界最著名的博物館內，研究著名大師的傑作，能使自己的才能完全。

無線電廣播在合衆國，當最近的八年間，對於民衆音樂教育的貢獻，超過於自八十年來，人可對這個目的所有的結果。美國的民衆因此得有機會，欣賞最好的音樂作品；我們戲院中與我們音樂會的最著名的藝術家與演員，可在播音機前表演；最有名的樂隊長能爲大多數羣衆的娛樂與鼓勵領導種種的演奏。人求給羣衆以最變化的節目，包含室內的音樂，以至一切音樂中的不同種類都有。當然人不排斥跳舞的音樂，輕浮的音樂，爵士音樂；一切種類的音樂，卽以最良好的意思來看，亦不能視爲有教育性的，也不排斥。批評這些音樂播送的人們，應該常常想起，無線電廣播只能不時的使人人都喜歡，及時時能單使某某一種人喜歡。

倘若我們拿無線電廣播的開始，來作比較的原素，則在音樂節目的性質中所實現的進步，可以說是無可比較的了。約翰愛斯金 Johan Erskine 先生曾這樣說：

『個人來說，我完全相信，無線電廣播使普通美國人對於音樂之愛的發達，超過於在這個範圍內凡人所爲的一切其他的做作。』

許多專家都承認，倍多文在美國今日，從沒有這樣的被人們所欣賞；人很喜歡維多雨果 Victor Hugo，而大部分的兒童都曉得華格納 Wagner 比最有名的籃球家重要得多。一般羣衆就這樣的不知不覺間爬上到文化知識之階梯。比在世界上的其他國家有更大的範圍，廣播節目的主任們，在合衆國可以放下有很高文化知識價值的深長發展的基礎。

郎弗羅 Longfellow，我們現在覺得，是一位預言家，當他寫出下面的詩句時：

『夜的黑暗填滿音樂，
侵襲人心的煩憂思慮，
有如阿拉伯人，不響的，捲起他們的帳幕，
也和他們一樣，靜悄悄的，渾滅了。』

因爲這不僅僅是常聽的聽者，同時且有凡爲工作的單調或失業的煩悶所苦的人們，都可以於播音得到益處。丹洛希 W. Damrosch 博士——著名的樂隊長及無線電音樂課程的創始者——這樣寫道：『可以使在無線電廣播的節目中的原素，只有三種：文字，聲音，與音樂；三者中最重要的一種是音樂，因爲音樂對於人的耳朶有一種最大的印象。』

二 無線電廣播對於職業指導的影響

很合理的，職業指導的需要，從沒有像現在感到這樣逼切的了。在工業中所有的快速變化，使大多數的老工人的知識與習性都成爲陳舊。他們的學識應加以更新；他們應獲得其他的習性，方能留在工業製造的新方法的高處，應擴大他們的概念，方得適應社會生活的現在情形。這些工作者屬於種種不同的工業，商業，手藝；他們的職業最是變化。他們的主要事情是職業方面的；職業去了他們的大部分時間。因爲有過量的人工，及在工業上的急速變化，需要一種繼續不停的適應，工作情形遂變爲很不固定。但學術的專門化，十分的擴大了可以有的可能性的田地，所以要緊的是給青年人，同給與年長人一樣，以凡他們所需要的學識，勸告與指導。沒有一種職業的必需知識而爲合理選擇的嘗試，從性格與道德價值的養成來看，是十分有害的，人應利用一切的方法，來掃除這種一國中的人的資源的浪費。一種對於失業的原因與救濟的深長研究，必要的當論到通知民衆以下列事項的一切方法的使用：1.在各種不同職業與事業中所必需的習性；2.人可以希望從這些習性取得的便利；3.人可由此找到工作的可能。

無線電廣播爲大多數人在科學的，美術的領土中及在廣告中獲得種種的出路。無線電在其多量與變化的播音中，又爲人開出新的眼界，提示出新的事業。後則，職業指導與重新適應職業的新環境的問題，既經多次爲無線電廣播的節目的目的。因爲關於這事缺乏深的研究，決定這些播送的結果是怎樣，自爲不可能。從這些研究所遵從的方式來看，人又得斷定，無線電廣播在職業指導的領域內，可爲種種的眞正益處，雖則其作用的範圍有明白的限制。

本來，職業指導需要先生個人認識他的每一學生，方有效力。無線電廣播不能這樣的與人們有直接的關係，所以對於這方面的作用，很爲有限。在關於職業指導的談話中，人很可以對於某某應所特別考察的幾點，引起人們的注意；爲關於種種適合於明顯習性的職業的提示；但這些勸告沒有很大的價值。聽者沒有加以組織的事實，更使其中情形複雜。且發展大部分的習性亦不容易，因人沒有學校或必要的工具，可使人爲實地的指示與訓練。無線電廣播當然可給人們以選擇某種職業的意思，因爲某某職業特別有利於社會的需要，及合適的舉出加入這種職業的人們；但要一位講演人，在播音機前選擇最能做這種事業的人們，不在他的能力內，而要他發達人們的身體與智慧的習性，自亦非他的力量所及。

無線電廣播尤其是能給人以消息，不單是關於給青年人的工作便利與可能的消息，而且與尤其是能使一般大衆，對於工業中所有的轉變，得到報告。倘若人有這一類的消息報告，人可以避免種種困苦與無益的努力。當紐約的一家重要商店，決定使用其載重大汽車時，在三四個月前，由一職業工聯會的居間，宣布出來；開車人因此得留心而得到他們的開車證；所以這種轉變沒有絲毫損害於被雇工人便得完成了。誰都看到，當那些大工廠想改變其工作情形時，無線電可以用來報告大衆，及給與職業的指導。

那些與職業指導有關係的廣播節目，可以很有效力的使大衆認識工業試驗室與心理學家的種種科學發見。有知識與道德價值的人們，如哈佛大學的布列威 Jean M. Brewer 先生，哥倫比亞大學的勃提金 Walter B. Pitkin 先生，用無線電爲職業指導的工作，完成了一種重要的使命。人又要人在播音機前，組織中學校的青年學生與工業的經理與各種不同職業的經理們，爲意見交換的播音。無線電廣播又足以引起人對於消息報告與職業指導的中心的注意。

三 無線電廣播在科學與衞生方面的影響

有如『科學播送』主任達維斯 Watson Davis 先生所指出，無線電廣播是使大衆認識科學事實，與使大衆懂得其意義的最有效的方法。

達維斯先生以如下的款式詳述這個意思：

與在報紙雜誌論文中，或其他款式所有的通俗科學的文字一樣，無線電廣播，倘若想打動大衆與使他們留意，拿來播送的款式，必要動人與有趣味。要避免暗淡無味的與充滿專門名詞的那些談話；這些表現法不能放在通俗的講談中，雖則這些方法對於各學者間的意思交換，是一種很方便的簡便方法。

自十多年來，『科學播送』在這種科學通俗化的工作中所獲得的經驗，下面的方法是其所得的證據：有名科學家做的講談；關於科學的新聞的概要；科學家與請他們來播音機前的人之間的談話；在某種戲劇化的形式，喚起科學發明的偉大時期。

人普通承認，對於這些教育的與文化的播音，要當求助於一切證明其爲有效的方法，卽使在這些方法中間有帶廣告與宣傳的不好意義的，亦無妨採用。

賴有無線電，科學家可以對大衆說明，科學發明對於人羣的社會組織，所發生的種種反響。

這種科學知識入門，有時可以在實驗室中所經過情形的描寫，及人可以等待的結果的敍述形式出之；此中的例，如對於人工無線電術的近來十分活動的硏究的敍述，及其在工業上與醫學上所可有的結果。有時，則談話在使人曉得旣經爲人所知的原則，例如對於衞生的談話，關於種痘的必需，或治療癱瘓的方法。

凡科學上的發明，不論其怎樣古老，都可爲一種無線電廣播的很有趣的談話。科學史的大轉變時期的喚起回憶，——加利列 Galilée 從畢斯 Pise 的塔上投下物體時的姿勢，或則龐定 Banting 第一次爲熱帶人的注射時的情形——是最有效的一種入門方法。

無線電廣播可以說從發明之日起，卽可爲衞生與公衆康健之用。例如紐約州的公衆衞生處，自兩年以來，卽由許多專門家的幫助，組織這一類節目的廣播處。温尼 Shirley W. Wynne 醫生指出，無線電廣播可以將許多關於衞生的重要通告，爲其他方法所不能及的傳達給大多數民衆。他說：『民衆教育，從衞生的觀點上看，對於征服疾病，比現在的科學發明更爲重要。預防醫學現在所以很爲發達的這件最顯著的事實，就是因爲民衆教育對於這一點所有的進步。』

又要曉得，無線電廣播固然可以傳播醫學衞生的良好原理，但其作用對於這一點不是唯一的有益。其中的某某節目，直接的或間接的關係於公衆的或私人的問題，有時要小心留意，或且明白的有害。對於藥物，療方，乘機的藥品，自稱爲專門家的方法與治法，常常的刺激公衆，不論其這類廣告明白的有危險，人要去使用這些藥品。用這樣的方法勸人使用有害的美容膏，香水與牙膏，無線電廣播使假僞與有損的知識傳達出去。或者我們美國所在的現時情境中，由有專門知識與有權威的人們所發出的關於衞生知識的勸告，大部分爲由毫無權威的人們所發出，包含在其底層發見完全爲營業貿利的節目中的那些知識所替代。在我們美國，一直到現在，政府對於各種廣告，在被播送之前，沒有絲毫的統制；最近政府方試消除那些騙人的廣告。在加拿大則不同，在這類廣告送到聽衆之前，即全被扣留，而合衆國政府總在廣告播送之後方加以考察。所以，這類廣告的犧牲者只有求助於法庭；由訴訟所引起的消費，對於大部分的公民是有所限的。工業家可因有保障其產品良美的担保而得自加保護，但在沒有組織的無線電聽衆，則沒有什麼方法來保護自己。

自然人不能因此而斷定，凡關於食物的，美容術的，藥品的產物的廣告，常是騙人與有害。某種以廣告目的對全國放送的那些播音，這些播音爲大部分的居民所收到，而在爲這些播音人們每年花費千百萬圓之鉅額，亦有關於衛生的有益與良好的勸告與介紹。

倘若人特殊的從衛生的觀點上，來看無線電廣播在民衆教育與民衆知識的養成中可以履行的職務，這些音波對於給聽衆以公衆的或私人的衛生以健全的概念，及使許多有害的行爲完結，是一種最珍貴的方法，這是決定無可爭的。

人可以用無線電將衛生的法則傳達給民衆；對於適合的飲食起居的選擇加以指導；使民衆曉得鍛鍊身體的健全實行；關於休息，關於冷水治療；告民衆以空氣與淸水的生力的重要；良好衛生組織的原則；最後則可爲他們指出，在那些機關他們可以得到全有保障的關於衛生的個人勸告。無線電廣播又可以使人民認識爲預防與消滅流行傳染病而作的各種研究的結果；如避免可以預先看到的意外事件；討論自願限制生育的問題；關於嬰兒保健的種種指導，及防止對於社會可有重大反響的各種傳染病。

加在無線電廣播身上的工作，在現時，有如下列各項：1.可能的消滅不良的廣告節目，及與這些節目的發動人——商店——合作，使他們在播音中要向良好的衛生原則方面去做；2.發展有權威的知識報告，利用政府公家的材料，資源。想做到這層，人要將某部分的時間給官方與各醫學聯合會，各州與各團體之用。此中問題在得到這些播音於一有利的時候放送（這是時常有困難的，因爲商業廣告的節目，在廣播台方面可以有很高的報酬，一日最好的時候，常爲這些節目所佔據）。又要使這些節目充分的有趣味與很動人，足以引起聽者的注意。無線電若組織良好，可以與應能，變爲宣傳衛生法則的最好動力之一。人不能肯定無線電廣播在合衆國已經充分的達到這個程度。

四　無線電廣播對於體育，德育與美育的影響。

想完全分開無線電廣播的娛樂作用與無線電廣播的其他影響，如其對於教育與美術的作用，那是不可能的。事實上，娛樂性的廣播節目，因其有普遍性，對於美國人民的美術，道德與知識的養成，有一種很眞實的作用。無線電廣播在很大的範圍內，能發展人的美術情感與良如趣味，因於給與一種眞正的美術知識入門的成分少，而由於醒起人的趣味及給與美術作品與表現的成分多。人可以相同的方法來看待道德教育，因無線電廣播有貢獻於道德方面問題的解決，而人對於這些問題不借助於現成的公式。在播音中要避免凡可以與良好趣味抵觸的節目；但這是在愛聽無線電的人，在許多供他們播送的節目中間，選擇性質使他們的生活高尙與使他們發生興趣的節目。所以，節目的合理的選擇的責任，又加到聽衆的本身上。

自無線電廣播在合衆國的普遍化的開始至現在，宗教的儀式與表現的播送，在廣播節目中佔很大的位置。事實上，許多無線電廣播台給與宗教的播音的時間，多過於教堂本身專爲舉行宗敎儀式的時間。人不能很確切的決定這些播音所有的影響；但經驗指示出，這些播送對於大多數的老年人或殘廢者，以及對於居住在與宗教中心地離得很遠的人們，是一種有力的補助與安慰。

宗教的播音不僅帶來一種精神上的助力，同時又可以使不到教堂中的人們與著名的宗教讚聖歌親近，及使他們曉得當舉行隆重的宗教儀式時所演奏的主要宗教戲劇與歌詩。杜波爾闘 W. James Dubourdieu 博士指出，無線電廣播對於宗教情感的發展，有一種很值得注意的貢獻。所以，在廣播節目中給與宗教播音的部分是很有意義的。

專爲某一地方播送的大多數宗教播音，自然要與這個地方的大多數居民的宗教信仰一致。外則這類的任何播音，不應與有某種重要的少數人的宗教信仰相抵觸。爲最不重要的宗派所播送的播音問題，頗不容易解決。這些宗派的領袖們，時常怨他們的信仰在無線電前沒有充分的受人重視。遵照信仰自由的原則——這是在合衆國所崇奉的理論——這要給他們以能由無線電使人們聽到的機會，而與他們宗派的人數的多寡爲比例，給他們以相當的時間。但要注意的是，這些時間是爲公衆利益的播音而用，這些播音不能抵觸一部分相對重要的聽者的情感。

結論是，人普通承認宗教的播音有如下的利益：

1. 在不同的信仰與宗教的機關間，造成一種更加良好的諒解。

2, 發展在個人之間的宗教的容忍。

3. 使宗教生活得以維持，繼續。

4. 許不屬於任何宗教信仰的人們，能聽見宗教的各種儀式。

5. 許在那些地方，因經濟的困難，不得不將教堂關閉，那些在此的千百萬家得以聽到宗教的儀式。

6. 爲殘廢人，爲生活在完全孤立地方的人們，如燈塔的看守人，等，獲得聽見宗教禱告儀式的可能，若沒有無線電，他們則沒有聽見的機會。

7. 能使一羣不停的增加的人數來聽這些播音。

在那些宗教的機關外，一大羣慈善的組織看待無線電如一位很貴重的助手，這可從下面數點看：

1. 使大衆認識他們的目的與他們的活動。
2. 組織宣傳實際工作及請求大衆的施濟。
3. 使大衆得受這些慈善機關給與他們的利益，特別是在社會上的某種階級。
4. 使人認識他們的調查與他們的研究工作的結果。
5. 配合調節各地方上的不同團體的力量。

無線電又可以給大衆以美術入門的功課。同樣，人很常的從給大衆以對這些問題的一種更好的理解，及給他們指示做這種教育的方法上看，討論個性養成的問題。從這一觀點，大多數政治家的及其他有名人物的演說詞，已經包含有道德養成的原素，因爲他討論到道德涉入其中的社會的與政治的問題。此外又加上無數爲公衆利益的團體，組織提高聽衆的知識水平線的廣播節目。

一塊充滿希望的田地，相等的爲無線電廣播在美術與文學的某方面開出來。有價値的人們，如希爾 Edwin C. Hill 與吳爾各提 Alexander C. Woollcott 先生關於出版書籍的談話，決然不可爭的發達了民衆對於良好文學的趣味。由有才能的藝術家所爲的詩歌或散文作品的誦讀，相等的擴大了良好的作家的影響範圍。無線電廣播在別一方面，大大的影響於美國人民對音樂的趣味。中等的美國人，現在所聽的性質良美的音樂作品，或者十倍於十年前所能聽到的。但同時又要承認他聽庸俗的音樂，亦很超過於他從前所不至於聽到。這兩種事實都因無線電而有。有許多講演人，賴他們所有的描寫事物的才能，能由無線電喚起他們所講的事物的很活躍的影像。無線電，與電影相同，求將給生活以某一種意義的各種理想與各種動作加以普遍化。若這些理想與這些動作是爲有教育的人們所重視的方面的東西，則文化教育的普通水平線將大大的提高。

無線電廣播完全的轉變了人類知識生活的條件。無線電改變了文化知識的空氣，動搖了我們的趣味與我們的態度的基礎。無線電激醒起不可數量的聽者對於文學上的最高表現，對於詩歌，散文作品與戲劇發生興趣。美國民衆對於美術的這些表現所表示的興趣，與他們要將這些作品來美化生活，與照通俗說法，『充滿的』生活自己的生活的堅強意志，同行並進。

無線電廣播節目的大部百分數，決然無疑的是品質第一等的東西；但無線電同樣的播送許多瑣屑，少有價值，無意旨與毫不美術的節目，亦並非不眞。人責備無線電使有價値的美術家避開舞台，阻止他們的才能的發展；播送攻擊普遍承認的道德原則的節目，用來宣傳不甚普及的宗教信仰。但很有明白見識的人們的公同意見指出，無線電廣播所爲的建設工作，多過於破壞工作；要人相信這點，一看一年間所播送的廣播節目表即够了。

無線電廣播使最大多數的人類對於美術與科學得到入門知識。倘若無線電得履行其使命，則能使男子與女人，青年男女，處處與他們的歷史遺產的最好部分發生關係。無線電將使歷史現出來，不是一種事實與時日的列舉的，是如一種縱覽全景的歷史——使其中的人物復活起來。賴有無線電，科學家可與他們的聽衆走遍全宇宙，探測海洋，發見無數的星星。無線電廣播將爲美國人民藉以達到一種更幸福與更豐富的生活的利器；無線電將可以使美國全體人民的生活更爲和適快意。

五 無線電廣播在公民的與政治的方面的影響

爲美國人所珍貴的民治政府的理想，許每一位公民得自由的追求他自己的做作，發達他的人格，及照他所瞭解的去生活自己的生活；總要他行動的款式。能與爲最大多數的最大利益的原則相調和，不抵觸便可。中常的公民是十分的希望要保證這種自由的安全，這是他們的祖先費許多的艱難痛苦所獲得的，而只因現在經濟恐慌的壓迫下，他們方回轉眼光，向着政府求得這些工業的與社會的問題的一個解決法，因這些問題若給個人力量去解決，實在是過於複雜了。爲答覆人民的要求起見，將各種不同的地方的，各州的，團體的組織成立起來。無線電播廣的事業——很是重要的

——是在使大衆對於這些機關的工作明白通曉，及傳播可以幫助他們看重這些工作的消息報告。

羅斯福總統宣言，他的政府的想望，在造出一種完全根據在這句古老格言上的社會秩序：『爲最大多數的最大幸福』。內政部的祕書伊克斯先生，闡明這個意思而說如下的話：『我們應繼續的求創造一個美洲，在其中，凡有能力工作的成年，在每日的合理工作的範圍內，都可有方法獲得金錢，足以適當的滿足他們的需要與他們的家庭的要求，教養他們的兒童，得有充分的儲蓄，使他們當老年時的致有飢寒之虞，及得享受由我們所進入的新社會秩序所產生的更多的空時。想達到這個目的，人開闢新的道路，完全像我們的祖先在傳說英雄的時期，穿過原始的森林，謹愼的斬闢一條門路時的情形完全一樣，當那時，這個國家只在大西洋的沿岸，受一切的侵襲的一塊薄薄狹窄的土地帶。

當新進青年美國的憲法的始基造成時，默狄遜 Jacques Madison 這樣的寫：『在一個政府中，大衆的意見不得適宜的通知，這個政府只能爲一幕笑劇或一幕悲劇的前奏曲；或者同時可以爲兩者的前奏曲。』我們美國政府現在要完成這種教育的使命，從沒有如現時的迫切，而所有範圍的廣大，亦決然非默狄遜可以預先看到。政府的事務變爲漸漸的重要；担任這些事務的人們，顧計到公衆的意見，必要明白曉得這些人所做的改革事項。這亦是他們的先人的責任。在位當事的人，倘若他們想保住公衆對他們的信仰，應當拿人民作他們的計劃的親信人。在一種很有秩序的民主政治中，人民有一個通訊消息的泉源，使他們認識關於政府的主要事件，及代表政府的或求代表政府的事件，實爲絕對的必需。社會機體需要眞正的新聞，同於人的身體，需要清水與新鮮空氣。倘若選舉人不能認識事實的完全眞相，則他們的決心，當他們以投票表示出來時，將爲不良有害；這在國家有最大的損失。一個像我們美國政府這樣重要的政府，需要保護其所有的利益，及需要維持一般明白有識的公民的利益，因澈底利用其可有的方法來弄清楚公衆的意見而得達到。事實上，一種民主政治的存在，卽看在位者用以完成這種工作的款式而定。

羅斯福總統最近宣稱，他任總統的第一年的最顯明的事實，是『美洲合衆國的人民對於政府的一切動作所表示的興味，爲普遍的與驚人的增長。城市中，鄉村間，直至田莊內，在過去中從沒有先例的，戰爭的時期除外，男男女女，當他們在日間的工作中相碰見時，都在討論治理民衆政府的及運用國家事務的各種方法。這絕對的需要在教育機關與政府機關之間，有種種很密切的關係方可；我們的經濟生活的發展，必要公民對於限制我們社會的生存，十分複雜的，無數的因素，有一確切的觀念。』

美國人民眞正興趣於公衆事件。全國人都這樣明白意識的求於此有所知識；全國都鼓勵政府爲達到其目的的勇敢戰爭；達到一種新民主政體的奮鬭。政府的當事人，答覆全國人的這種期待，而現身在這龐大的聽衆面前，這些聽衆以新的社會概念，與完成得十分動人的進步相和諧的，來聽他們說話。這種態度相應於現時的種種需要。現在，政府的成功，及美國人民的幸福，爲從來所未見，要靠着人民的瞭解精神及人民的善意合作。

凡無線電廣播所有的便利，主要的或者在其有教育民衆的可能，及使民衆對關係國家的各種問題得弄明白的可能。在一個民主政府爲最主要的，是這個政府根據在聰明與有識的選舉人上面。無線電廣播開出從前所沒有的一條新的與大的道路，這路許人達到一種對公衆事件的健全瞭解。雖然無線電在這條路上尙是開始時期，但對於爲民衆的政治教育既露出龐大的可能性。無線電當其使人民與政府中人及與爲政府中人所注意的問題直接生關係時，特別有効力。無線電將當權的人物的，及求替代這些人物來當權的人們的聲音、意見、成見、以及凡造成他們的人格的東西，都播送到選舉人的家中來。

無線電廣播事業，因爲人獲得娛樂而造成一種聽衆，現在以公衆意見的要求，逼而要幫助民衆更能認識他們的公民義務。担任娛樂羣衆而以播音爲職業的人們，現在變爲公民教育的教師。無線電廣播從前是一個舞台，現在則爲一所公衆討論的地方，一個公民教育的學校。世界上沒有任何的一種職業受與這相類的一種變化，亦沒有任何的職業，在主持其命運的人們方面，需要對於加在他們身上的責任有一種與這一樣大的瞭解。

無線電廣播履行了，及在履行一種很廣闊與很精確的教育使命，因其使民衆對於國家事件與公衆事務，方這些事件發生時，常常的與直接的明白通曉。無線電廣播因常常的討論關係社會的各種問題，實在發生了許多的作用。這種工作在最近一年半以來，爲大量的增加。總統和他的助手，合衆國的州長與領袖，地方上的官長，都很常的使用無線電。無線電又用以傳達議會的辯論，與各政治集會的討論。演講人如嘉爾丁班 H. V. Kaltenborn，卡爾德 Boake Carter，湯姆斯 Lowell Thomas，甘尼狄 John B. Kennedy，何爾美斯 Georges Holmes，希爾 Edwin C. Hill，威爾 Frédéric W. Wile 諸先生，都用無線電來作政府所爲的改革事業的評論。

國立廣播台的教育組主任，鄧韓 Franklin Dunham 先生，在爲梅尼州的公衆教師的講演中所發的一篇演說詞中，爲下面的表示：『空間的戰勝者，無線電的偉大力量，是在能使我們於那些大事件發生的同一個時候，親聽見這些大事件。麥薩周色州海邊的快艇比賽，教皇從羅馬對在南美洲畢羅愛爾 Buenos-Aires 城開的聖教會議的會員，所做的演說，麥唐那首相在國會中的一篇說詞，羅斯福總統在两院聯合會議中的說話；這些表現的每一種，在其本身都能醒起人們的興趣，及有作用於造就我們的教育。』

用無線電做的關於國家問題的討論，使我們可以聽到政府方面的有名人物，及反政府方面的有名人物的說話。在星期一晚上，因爲我們的談話節目，人可以聽到一位民主黨的首領說話，及屬於共和黨的別一位領袖說話；在星期三晚上，國立無線電講台有不論他們的政治主張的國內有名人物說話。每星期二晚上，有在各州的，各縣的政府專門事業方面得有權威人們的、討論財政問題。力量消散的與管理方法無效能的問題，在以『諸位的政府與諸位本身』的名目，爲大家所曉得的一串播音中，是每星期四晚上的評論的對象。經濟問題在以『在改換中的社會的經濟情形』爲題的談話中討論。星期六晚上，一部分時間專爲『我們美國的學校』播音。星期日下午爲芝加哥大學所組織的各種討論的播音。從一千九百三十三年九月一日至一千九百三十四年十月一日，國立無線電廣播台播送這類的談話共八百七十一次，其中有二百四十九小時八分鐘專給人去聽聯合政府的當事有權人說話。

美國商務部的祕書，狄更生 John Dickinson 先生爲下面的注記：『當這個廣大國家的整個土地的人民，團聚在他們的家中，聽合衆國的總統時時爲他們解釋他的計劃的發展所發出的說詞時，我們有這種印象，覺得眞正民主政治的條件是充分的實現了。全國的人民都現在的聽到他們的首領的聲音，及可以對他給他們的計劃加以思索與回想。』

比在其他別的方面更爲有力量，無線電廣播可以直接的與最有利的款式的，使一般公民在與事件發生的同一時候，明白曉得這些事件。在無線電的發明以前，不論給與我們的消息的價值可以爲怎樣，這些消息常是爲已經屬於過去的事件。由無線電曉得這些事件的千萬人們，可以說是等於親身參與其間的人們的百分之九十五來參加這些事件。人想關於這種參加指出一個例，那麼英國國王當新年元旦對他的廣大國土的一切人民的說詞，是再好沒有的例子。合衆國總統的親切談話，國內政黨首領的宣言，遊戲運動的報告，或選舉所得的結果，及重要事件的總述，一邊發生，一邊傳達出去，都足以證實無線電廣播能給全國人民以參加本國社會，政治與經濟的進化的各種重大表現的情感。

上院議員狄爾 C. C. Dill 先生，當最近在星星納地 Cincinnati 開的國立無線電廣播聯合會會議中說過，照他的意思，無線電廣播可以爲公衆做的事情，是在其報告消息的可能性。有千萬的人，當然從不能在總統進入白宮的那天看見華盛頓；他們或者將永不能親眼看見總統；生活在本國內部的人們，或者從沒有看過潛水艇，戰艦，或整個艦隊；大部分的人不能到紐博Newport旅行，去親看國際遊船比賽。有許多事件繼續不停的生出，而這些事件可以改變我們的習慣和我們的生存條件。無線電廣播的主持人，應以能將重要事件一邊發生一邊傳達出去，看作爲一種特殊權利；他們對於這件事實負有重大的責任。每日的事件本來在近代生活中成爲最富劇情的，充滿矛盾與困難；這些事件對於每一個人，有一種活活的與永久的興趣。無線電成爲激醒聽衆的興趣的，及給他們以讀專爲這些事件寫的文章的好習慣之理想工具。

不止一個國家，因爲不能在各公民間保持一種思想與行爲的公共團體而崩潰了；這些國家所以倒下來，因爲不能將人民聯結在對他們所有的問題，及其解決方法的相同一樣的理解中。例如希臘的共和國，若依然留在城市的界限內，則能長久維持其生存；但當這些共和國發展起來，快要變成大帝國時，便土崩瓦解了。從前所沒有的一個大共和國，合衆國，維持至一百五十年之久；但不是沒有困難，可以到這個地步，這由歷史可以證明。現在，合衆國的一萬二千萬人民，賴有無線電，可在單獨一口聲音的四圍聚集起來，有如從前，雅典城的自由公民，會合在阿克羅波爾 l'Acropole，聽伯利克列斯 Périclès 說話；美國領袖們的事業變爲比較的容易了。這種在公民與政府間的理解精神的傳播，這種公同問題的清楚視影，這種全國追求同一目的的合作，是不是爲無線電可供我們的最大用處之一呢？

參與各種相同娛樂的這件事實，在各公民間造成一種連線，其有效亦不減於追求同一的理想與爲公同的注意。在土地廣大的美國內，因其領土的廣闊與民族的複雜，對於完成其國家的統一，感到種種的困難，無線電廣播，特別是各廣播台間的互相聯絡的制度，在我們看來，是爲國家連合的一個重要因素。無線電的强大聲音，不管一切的阻礙，力能及到最遼遠的地方，及於此造出，或有影響於公衆意見。在一個廣大如合衆國的國家，男子與女人們，因雨雪，山嶺與荒地的關係，常常好幾個月間，與其餘的國民團體分隔的生活着。單單無線電的聲音可以及到他們。無線電使他們得直接的與全國發生關係；使民衆每日都得明白關係他們的政府的行動；關於聯邦的，地方上的，及美國政府的當權者的行動，都因此可使他們得到消息。

林肯 Abraham Lincoln 在這句不朽名言：『民有，民本，民享的政府』所表示的願望，正在實現的途徑中。我們可以永遠使用這樣高貴與這樣有效的一種做作方法，來達到種種不可說出來的目的嗎？

國立廣播台主任，受到斯華斯 M. H. Aylesworth 先生指出，總起來看，無線電廣播的最重大的將來，是在其能使人們得互相理解所有的作用，當麻薩周色省的公民，坐在爐火邊，與加利福尼亞的公民同時，聽合衆國總統說話的聲音，他們不覺得他們不是彼此很接近嗎？某一地方居民的問題，需要，信仰，欲求，以及成見，都可從空中的道路達到其他地方的居民；從這一件事實來看，我們變爲一個更爲統一的國家。或者在人類的全部歷史中，人從沒有同樣的一個機會，能在一種和諧的合作中，將這樣廣大國家的人民連合起來。

從上面所有的各種看法，不應卽斷定，在合衆國所有的帶政治性的播音，在對於政府所留意的各種問題，造成一種思想與行爲一致性。在一民主政體的國家內，政府應求通知消息與人民，但永不能以政府主張勉强一般人民接受。全國人民生活的一切問題的自由討論，對於凡有普遍利益的問題的相反主張的陳述，實爲一個民主政治的生存所必需的條件。民衆政府的形式包含自由的討論；說服與相信，應爲討論的結果。在這種意見的交換中，卽以民衆利益爲號召的專政者，亦應有使自己爲人所聽到，及至後來，自己退出選舉競爭外的可能。

在國內教育的工作中，這是無線電廣播的一種最迫切的義務，要請有名的演說家來，鼓勵對於各種重要問題的自由討論。事實上，沒有人能相信無線電可得有的良好有益的結果，倘若他不同時相信無線電可以使一般大衆提高至某一種知識水平線，足以許他們爲自由的討論，而不至絲毫的有害發生出來。陳述他自己對於無線電廣播在一個民主國家內所有的作用的看法，政府祕書伊克斯先生這樣說：『我們眞正的相信自由，我們要我們的政敵，同我們一樣能享受用無線電與報紙來陳述他們意見的自由。我們不怕肯定的說，無線電廣播，倘若爲一黨的利益或其他不可說的動機所主宰，倘若不履行使民衆明白曉得一切有興趣於認識的社會與經濟的問題的義務，無線電廣播是犯了反神之罪』。

無線電是人可以對公衆意見爲直接的行動的最有力與最有效的工具。這是在那些不與政府中人同一看法的人們，同樣得用無線電使他們的聲音爲人所聽到，而因此，政治教育不至墮落入政治的宣傳中。哈羅爾 W. Harold 先生將無線電廣播事業所有的十分自由的政治顯出來，當他這樣說時：『我可以由無線電聽到許多演說人判斷新經濟計劃，因其過度發達信用制度與貨幣膨脹，別的人又責備這計劃過於不運用信用與膨脹；反對這個計劃爲鮑爾雪維克的輸入品，責備其過於偏袒剛鐵團；攻擊這計劃專爲政府管理銀行之用，責備其沒有實現這種改革；給這計劃的倡議者如從前的十字軍一般，盲目的自投於不可知之中，別一方面，又責他們恇怯無能的執行，不敢如工業民主同盟一樣，前進至經驗所可及的邊緣。」

不論那一位公民，想聽一種對於有普遍利害的問題的討論，都可以因有無線電而得到。美國民衆決然無疑的是消息最靈通的；他們更興趣於重要的問題，及比從前爲更能發見政治的下層黑幕。他們要那些他們以爲特別能使他們認識看事物的款式的人們，或政治家，或著作家，或新聞記者，來爲他們說話；但爲他們所要求的，第一是得有第一手的消息知識。更爲有知識，人民變爲更富批評力，更有所要求。一切的機關，都應通力合作來發達個人對於地方團體與對於全國的個人責任心的情感。在這一方面來看，無線電廣播是在一發號施令的地位；其動作有重大的社會的反響。

無線電廣播可很有效的有力於公衆的利益，因其能幫助公民爲清楚明白的思想，爲一更廣大的理解精神，及發展他們的判斷力。

無線電廣播在政治生活佔首要的地位；或者無線電且促進了一種節奏，而這種節奏，不與在立法與選擧制度的事體上所必要的判斷的發展，相爲比例。但無線電廣播特殊適應爲公正無私的消息的傳播，及可以將政治問題的各種不同形色，直送到選擧人的家中。所以這很明白，無線電在政治的領域內，將繼續爲一種極端重要的作用。而因此便產生重大的變化。一大羣的政治家，自久遠以來，卽以種種手段來騙選擧人，在他們跟前炫耀種種假僞與稚氣的觀點，而將爲辯論之重要點的最要緊的經濟問題躲過不提。重大的羣衆集會，造出一種不負責的空氣，發生種種無味的討論。但現在則不同，無線電許全國人，可以說，都在國民大會的門邊聽着，想在集會中除開民衆，只許代表人，輪流在會相遇的政府人員，及言論機關的有力的代表加入，現在竟變爲不可能的事。播音機是野心家的每日的敵人，是毫不容情的欺騙手段的告發者。從前政治家與民衆鼓動者的演說的成功，四分之三都由於他們從他們的姿勢與他們的聲音，所取得的千零一種的效力，姿勢與聲音是很有效的工具，當他們對一大羣迷失在羣衆中的人們說話，及演說人眼對眼的向他們演說時。無線電廣播則相反，使政治的討論簡短，直接，簡單與精確；無線電順利一種新型的政治家出現，這類政治家主張他的原則可由其本身得到人的信用，而無需求助於感情方得維持。

無線電廣播正在國內的某某部分醞釀種種重大的變化，在這些地方內，或因習慣，或因一種諒解，美國兩大政黨之一黨，可以說是專利了這些地方的政治表現。敵黨有時且不能在此說話，發表主張。無線電重新豎立一種合法的比例；許兩政黨都可以陳述他們的觀點，他們的主張。使這些地方的獨佔性消滅，及造成一種新的國家統一，誰都可以預先見到無線電的良好效果。

但這不僅那些政治宣傳家，用無線電爲美國人民以政治教育。其他的團體與機關亦有大部分力量使民衆對於與政府發生交涉，或一國的，或國際的各種問題，有明白的意識。由這些團體與私人所送的播音，對於政府的活動，政策與組織明白顯露；這些播音使美國的政治生活的重要點現出來，醒起那些人的想像與維持他們的興趣，他們在各州的首府中，及各地方的團體內，對於在華盛頓對付解決的各種問題，加以思索回想。

六　無線電廣播與國際理解精神的宣傳

不論其爲好或爲壞，無線電廣播，從其本性上論，便命定要在國際的關係中，行使一種不停的增長的作用。無線電的瞬間卽刻的及可以處處發生的影響力，使其爲特別的效力。但無線電不過是一位言詞的，聲音的與音樂的傳達的經理者；所以，播音所有的價值，看所傳播的材料的性質與人用以傳播的款式而定。因其技術的完善，無線電以其常是變化的，常是有力的波浪圍繞世界；無線電成爲可以說是一種沒有限制的力量的工具。

倘若人承認和平的，善意的情感與諒解的精神，是人類的主要特性，則無線電將爲與應是，一種建設的力量，將在各國之間產出理解，同情心，相互尊敬，及在民族之間，發達善意的與和平的情感。

運用不良，或爲不可說的目的之用，無線電廣播對於國際間的理解與善意，將爲一種危害，無線電廣播可以爲國際間諒解的差人，等於其可爲民族間的怨恨與激怒的使者。無線電廣播能傳播猜忌與低下的情感，等於其能傳播善意與高尙的情感。倘若人用來作宣傳的工具，無線電要變爲一種國際間誤解的原素。

教育會國際聯合會總祕書湯姆斯 Augustus O. Thomas 博士，在一篇由國立廣播台的無線電波發出，對全國的演說中，爲下面的宣言：

『我以爲無線電是我們可以用來消滅種族的，國家的與宗教的偏見的最有效的一種工具；想傳播世界的文化，想創造一種人類社會的新概念，在這個新社會中，一切的民族如同國人一樣，互相諒解的生活着，無線電亦爲最有效的工具。與我們對我們的隣人所表示的尊視與善意，使我們爲好公民一樣，由經濟的關係，旅行，速度航線，無線電與文化所連合的國家，應各個和平生活在地球上。

相互尊敬最是主要，倘若人想各民族保持他們各個的權利。人應藉助於凡人所可有的方法，將這個各民族交相扶助的觀念印在人們心中；使人們瞭解凡國家都是平等的與自由的，享有不可破壞的權利的；又這些國家同爲全世界團體的部分，應該在各國間通力合作；這些國家所享的權利在每一國家有選擇一種政府形式的自由；將其天賦的資源開發的權利；發展商業，教人民要愛國家與爲國家盡力的權利；但又要使他們瞭解國家在人類社會中應親愛近隣的相處，正如各個公民生活在本國土地內一樣。因其借了光之翼，飛在世界上面，而使處處都可聽見，無線電，照安格爾Norman Angell爵士的說法，有使世界上各國在飛機於下次大戰爲一種飛行襲擊之前，宣言世界和平的一切必須的性質。』

看到有因語言不同的種種困難，我們又不能有過於發達的想像，想到各不同國家的責任代表，有一天，自由的與很坦白的，用無線電爲關於國際關係的問題的討論。人可以廣播各國有名的學者或文人所發的談話；人又可發達民族間的相互瞭解，廣播他們所特別喜歡的音樂，以及凡可以由聲音傳出的他們的知識與美術生活的其他表現；這樣得使他們爲世界文化的團結一致的分子。無線電播音給聽者以普遍世界的情感，及或能使造成一種世界的意識，卡內基國際和平基金會祕書斯各脫 James Brown Scott 博士指出，『在國際播音中發出的善意的文告，可以拿來替代過度爲國家主義宣傳的播音，這些播音在過去曾引起各民族的很容易激起敵觀的怨恨情感。各國的人民都能由無線電聽到與瞭解隣國人民的聲音，他們更能重視他們本國的公衆意見的首領們所發出的宣言的價値，當這些首領極力求引起誤會的情感時。』總言之，人類通都相似；倘若無線電得給我們的人民以其他民族的理想的一種確切觀念，及給其他民族以我們的理想的一種公當意見，則無線電將有大貢獻於消滅種種因各民族間相互瞭解的缺乏而有的誤會情感。

自技術方面的情形允許時，美國國立廣播台與哥倫比亞廣播台卽派代表到外國，商議與組織由外國的無線電波發出，要到合衆國來重播送的那些廣播節目的接替事件。哥倫比亞廣播台因爲這個目的而設立『公衆事務處國際廣播委員會』。同樣，國立廣播台則有一個『參議會』。因爲傳播的容易的發展，國際廣播節目的接替數目日見漸加。例如，至一千九百三十四年八月三十一日爲止所做的接替，國立廣播台收到與再由本國的電波送出去，從四十一個國家選出的二百五十六種節目；在哥倫比亞廣播台方面，當相等的時間內，收到與重播送了九十八種節目。在這些數目內，沒有包括外國有名的旅行者到美國來，由無線電所做的談話；這些談話都是關於外國的與國際關係的。在上面所舉的數目內，又沒有包含由特別廣播台所組織的那些播音。在這一類的廣播台，可以舉出屬於學校的廣播台，在國際這一方面的播音表示很大的活動。如佛羅利德大學廣播台，W. R. U. F.，在美洲內部事務學院的主持下播送出一串的節目。這些節目是應中美國家的想望而播送的。伊奧華大學廣播台，W. S. U. I.，以及許多其他的廣播台，播送外國語文的功課，旅行遊記，關於外國的知識及由外國名人到美國來所做的談話。

自一千九百二十四年以來，汎美洲連合會從華盛頓廣播一串美洲拉丁民族國家的音樂演奏。這些音樂的廣播，遍及合衆國的全國領土，使美國人民更能看出美洲拉丁民族國家對於文明的貢獻。這些音樂演奏又由短波播送出去，使全美洲大陸都可以聽見，同時又許每一美洲拉丁民族國家能欣賞其姊妹行的國家所有的音樂上的產物。

斯各脫博士，對於這些播音有下面的表示：「由華盛頓汎美洲連合會所發出，美洲拉丁民族國家的音樂節目的廣播，及這些國家的美術家在合衆國居住，來參加這些音樂的表現，決然無疑的，在西半球的各民族間，造出善意瞭解的情感。』但是想確切的決定這些播音對於各民族間瞭解精神的發展所有的影響，似爲困難。

汎美洲聯合會主任羅威 L. S. Rowe 博士宣說：『國家元首與其他著名政治家的文告的廣播，使人對於他們所代表的政府的目的與活動，生出一種較良好的理解。更有，則使人認識文化知識的進步的那些節目的常常交換，或關於音樂演奏，文學談話，或其他精神上的表示，對於國際理解精神的發展，有同樣重大的部分的貢獻。

鄧韓先生指出，『民族間的理解精神，賴有無線電廣播而獲得重大的進步，這不單由於無線電許在不同的國家間組織講演的交換，而且相等與或是更普遍通俗的，因爲無線電可爲各民族與各國家所組織，而使人認識其生活與其性格的節目的交換。』

那些最盡力於發展國際播音的人們，將最先的認出，不管其所得結果的重要，這些結果仍不過是利用無線電廣播在國際親接大路中所走的第一步。合衆國有如一座鎔爐，在這爐內鎔鑄無數國籍的人。在其良好公民間，有許多人求曉得他們本來國家的消息，仍只藉助於郵局與報紙；無線電廣播的主持人有特權與便利，許他們得聽到由舊世界的藝術家所演奏與唱出的他們祖國的音樂；許他們得聽到祖國領袖們的談話，參加祖國的重要公衆表現。因有在短波無線電技術中所完成的重大進步，現在變爲直可以使世界最遠僻的所在都能聽到政治家的與著作家的宣言；凡我們全體都可參與不論發生在世界上那一處的文化的表現與文學的事件。

倘若對於美國人民現在所有關於國際關係問題與外國人民生活情形的知識，得爲一種深邃的研究；顧計到他們對於外國人的潛在情感與態度，及發見最有效的方法，根據這些態度與這種程度的知識，來造出對其他民族的一種闊大的，容忍的與人道的瞭解；這樣，如普賴西 Maurice T. Price 博士所指出，人就可以系統方法的來組織加在無線電廣播身上的使命。不管在日漸堅實的基礎上，組織將含有國際性的事件，由規定的廣播發出去的民族間瞭解精神的傳播，有怎樣的重要，似乎攻擊各種偏見，各種現成的思想，各種不見在表面上的態度，更爲必須。於此人可廣播那些國際性的節目，有充分的價值，足以使聽者對於外國人民的生活情形得到一種深邃的知識，及瞭解他們的所有的偏見與他們所有的禁忌。

結論

大家神奇由無線電話所完成的物質上的進步，但人更要熱心於這個交通的新工具，能在很少的時間內，變爲美國人民的生活的一種十分重要與十分有力的原素。無線電大量的廣播各種消息；教育人民與娛樂人民（同時有對於廣告播音的常有讓與）；戰勝空間的飛來，直達我們的收音機中。無線電決然無疑是最民衆化的。從文化知識的觀點來看，無線電的影響，雖然對於這是可有某種的保留，但普通上論，是很有利的。凡致力於無線電廣播的發展的人，都願意的承認，無線電，這是當然的，對於教育與文化知識養成的方面，還沒有盡其可盡的力量。無線電廣播的主持人，當常常看自己如人類智慧所統治的地方的開路先鋒。他們大致上顧計到，使人認識過去的豐富，刺激人們的創造能力，建築一種尚未人知的變動精神的新的文明，無線電是人類所可有的一種實行的偉大工具。

無線電是一個國家的文明的一種重要因素，同時又是這個國家所達到的文明程度的表記。人從沒有能想像到這麼一個方法，能以這類的快速與效力明照全國的智慧，激醒全國的情感。人估計無線電廣播在美國，規則的達到一千八百萬的家庭。若作爲廣告的工具，無線電在影響力上看，只能讓報紙一着；無線電廣告已經有其著名人物，及既將他們放在人人可見的榮耀所在。千百萬的兒童，在無線電前面，得到他們的情緒的日常滋養料；那些希望與恐懼的情感，在他們看來比他們在看電影或讀小說所感到的那些情感，更爲眞實；有時且同於在他們個人的活動中他們的敏感力的反應。無線電是凡政府中人，自大總統起，想對於公衆意見有所作爲而使用的工具。無線電的聲音是宗教與慈善事業的一個有力助手；無線電不僅對於文化知識的外面表現，如發音與讀法，發生一種影響，而且又可以將格言，警句普遍化，及產出因時決定一民族的禮俗，在某一時代於其中進化的條件的那些態度。不論其願意與否，無線電不能逃避加在教育家身上的那些責任。一直至產生和平或戰爭的因素，亦沒有不部分的與無線電廣播有關。

關於無線電廣播所有的影響問題，在合衆國所表出的意見度數，從熱誠的讚詞起，一直至極端不滿意的表示止都有。很爲明白，教育家與公衆意見的首領們，還沒有利用一切無線電可能有的資源。這亦是很確定，即在無線電廣播的主持人方面，也沒有充分的請求他們的合作。無線電廣播獲得不止一個值得注意的結果；無線電廣播將獲得更多的結果，當人得更確切的界定其事業工作時。本報告的作者的意思是，想達到這個結果，必要那些節目的編製人，與教育家和公衆意見的指導人合作，爲種種的研究與種種系統的試驗。

人想得無線電所有的影響的最好證據，將芝加哥大學，奧格班 W. F. Ogburn博士關於近代的發明對社會的影響的研究（原註）引數段在這裏，再好沒有了。

（原註）參看：Ogburn 著的：The Influence of invention and discovery, Recent Social Trends 叢著，紐約 Mc. Graw-Hill 書局出版，一九三三年，卷一，153—156頁。

無線電廣播與無線電報所得的結果

1. 統一作用與廣播力量

因有公同的刺激，羣衆的和同性增長。

在文化知識方面的地方差別，漸漸變爲輕淡。

城市的美術與音樂的知識，深入村間與鄉野。

城市居民的生活習慣，在鄉村的居民漸漸成爲熟習。

社會階級與經濟團體的區別，漸漸的消滅。

偏僻地方的居民，得常常曉得世界的大事。

沒有受教育的人，特異的擴大了他們的知識的眼界。

變異作用的減少，因爲有選擇，產出一種較大的和一性，及減少種種不定的嘗試。

傳播很廣的語文的知識的發展。

念讀法的通常標準化，及土音俗話的減少。

幫助字的正確發音，特別是外國字的發音。

發展民族間，例如合衆國與加拿大間的文化知識的交換。

2. 消遣與娛樂作用

爲消遣與娛樂的一個新原素。

大有助於人們對於音樂的欣賞。

給人們以很常有的機會，得有表現自己的益處。

奬勵最好唱片的出產。

扶助女性低音的使用，而捨棄女性高音。

由無線電廣播的作用，聲音的擴張放大，減少求助於强大人聲的需要。

獎勵無線電戲劇的出產，在這類劇中只有少數的人物及很少的演員。

使古老的歌謠，至少在相當的時期內，得到人的歡迎與重視。

使音樂的國際性更爲明白易見。

爲殘廢人，爲盲人，爲患部分的聾啞的人，爲住在孤僻地方的人，獲得消遣娛樂。

由於感化制度所有的改革，無線電得放入監獄中。

增長了人們對於遊戲運動的興趣，有如人普通所承認。

輕微的獎勵了跳舞與私家集會。

給在火車，在輪船與在汽車的旅客以消遣娛樂。

3. 教育作用

學校播送其常規的課程。

無線電廣播順利扶助了成年人的教育。

用在語言的教授上很爲成功。

引起書籍購買的輕微增加。

爲初等教育的一種補助工具。

其對於衞生的談話，發達了一種漸漸改善生活條件的運動。

用來播送對於日常事件的討論。

順利了關於國際關係的問題的討論。

幫助了發動某種改革。

政府當事人，時常用無線電使人認識他們的職務的活動。

許多爲家庭母親播送的談話，對於家事管理，保育嬰兒，等的談話。

用無線電做的關於新出書籍的批評，使成年人對於書籍有一種選擇，及醒起他們的興趣。

使社會中的其他階級與大學界中人相接近。

減輕在受學校教育的父母與子女之間可以有的教育差別。

爲研究團體獲得討論的題材。

拿出新的教育方法來：有名人物做的談話與講演。

有助於發展民衆對於電學的知識。

造成一個新階級：無線電愛好者的階級。

*　　　　*　　　　*

參考書目

1 Ayles-Worth, Merlin H.: Radio as a Means of Public Enlightenment. New-York, National Broadcasting Company. Radio City 1934. 6pp. Washington D. C.

2 Communications Act. of 1934 (Public No. 416-73 d. Congress) Washington D. C. Government Printing Office 1934. 46pp.

3 Dunham, Franklin: Telling the World par Radio. New-York,

National Broadcasting Company. Radio City 1934. 8pp.

4 Elwood, John: We the People. New-York. National Broadcasting Company, Radio City. 1922. 12pp.

5 Koon, Cline: Some Public Service Broadcasting. Chicago, The Unversity of Chicago Press; 1934. 35pp

6 Paley, William S. - Radio as a Cultural Force. New York, Columbia Broadcasting System, 485, Madison Avenue, 1934. 29pp.

7 Report of the Adivisory Council of the Nation Broadcasting Company New York, National Broadcasting Company, Radio City, 1927, 1928, 1933, 1934, 4 vols.

8 Tyler, Tracy F. Editor Radioas a Cultural Agency. Washington. National Committee on Education by Radio, 1201, Sixteenth Street, N. W. 1934. 150pp.

9 Tyson, Levering and Waller, Judith: The Future of Radio and Educationol Broadcasting. Chicago. The Unversity of Chicago Press. 1934. 32pp.

馬鐵孫 英國無線電廣播處講演組名譽主任

人對於無線電廣播的教育與養成的作用寫得很多，說得很多。這一方面的誇大的過自期許，別一方面的相等過量的批評，大體上是或爲有成見的觀察的，或爲對於本題的知識不足的結果。凡是想立定播音的確切價值，或想批評其效果的嘗試，必然的根據在一種不完全的經驗上。對於無線電廣播的教育作用，想做一種科學的研究，在要能顧計到屬於不同的社會環境及不同的知識養成，一切年齡與一切國家的聽者的意見，情感，喜歡與禁忌；又要這些資料能以最大的保證收集起來。

爲這樣的一種研究，將永爲不可能。但人可收集得種種有趣味的指示，將那些各國專門爲無線電廣播研究，可在他們的經驗中，與大多數的聽者發生關係的人們，所得經驗的結果比較相對來看時。

重新再做這些試驗時，人卽得發見，無線電廣播在其中最有效的有助於普通文化知識的發展，及使其成功的主要理由顯出來的那些道路。不過，重要的是，不要看不見這些普遍的觀察，不能使我們免去爲系統的有秩序的研究。世界文化合作學院或者以爲有益，爲完足其研求起見，將有一天使人曉得各國人士在教育與心理學方面，爲求決定無線電廣播，對於一般羣衆，或其中某類人的影響所做的研究工作；同時又當指出，做這些研究所用的方法。

本篇是作者個人以英國無線電廣播處講演組主任資的格，在英國無線電廣播的一部分所獲得的經驗的果實。其中陳述的意見，都是消息報告的，對於日常政治與經濟事件的觀點交換的，對於出版書籍，戲劇，電影，等的批評報告的，詩歌與散文作品的念讀的，對於各種不同題材的談話的日常所爲的實際的結果。同時，這些意思又是從個人在兩年間，對於教育的無線電廣播所做的一種研求得來。在本文所看到的普通原則，根據在這些資料與後期的研究上，當然要反映出這些研究的特點。

當人想顧計到無線電廣播對於大衆所有的影響，或提示這一類性質的研究與觀察題目，第一要根據這個原則——根本的原則，雖常爲人所不顧，——即無線電廣播爲在播音人與聽播音人之間的一種合作。倘若廣播節目不爲大衆所興趣，則節目雖然在紙上看來，編製得十分好，播送這些節目絲毫沒有利益與用處。所以聽播音的所在，不論其可以產生什麼，應當爲我們個人志願的所在。倘若廣播節目沒有某某方面觸及聽者所興趣的，與節目的性質不是使聽者喜歡的，則對於決定凡聽者所應聽的廣播節目的法則，絲毫沒有用。

有時，我們看到某某無線電廣播的主持者，特別使他們一星期的節目中，有一大部分的時間專屬於教育的廣播；因此人規定的分派關於這類講談的種種刊物。這些事實決然無疑的表證出廣播節目的主任的好意；但人要顧到，能決定這些播音，在那一種程度內，爲大衆所聽，及大衆對於這些播音，感到怎樣滿足的那一天，人方能指示這些廣播的特殊好處。

總之，在播音室的人員與在收音機前的人們之間，不應有所隔絕。廣播節目的主任們，漸漸的相信兩者間打通的必要。大衆是常常相同一樣嗎？拿來編定良好節目的資材，在很大的範圍內，或者可在聽衆因他們日常的經驗所提示的回想，意思，批評與估量找到。但同時又要加說，這不是常常在那些最容易得有他們的印像的人們身上，人可以找到最好的提示。

又有別一個公理，與前一個一樣明白，也同前一個一樣，常爲對於教育的無線電廣播最有興趣的人們所不顧：卽想出與製定節目時，應顧到這些節目僅單單爲五官之一種所覺到。無線電攝影，看來還有些時候不能實際使用，現只能如有聲電影使人聽到某種聲音，但非一切聲音一般，給人眼睛以由影像所提示的很有限的人形的大致輪廓而已。但我們習慣於由視官接收種種的思想與暗示，而這在我們，是不容易使我們顧計到，從聽官覺知，到視官覺知的歷程中所有的變化。我們很能顧計到，思想在紙上呈現給我們的款式，顧計到我們把握由我們看見在舞台上的一藝員所演出的劇中情節的款式。倘若人除開我們可以因日常行事的錯誤不定的嘗試中，所得有的種種發見，我們對於聽官，當其單獨作用時，對於成年與對於兒童所可有的神祕影響，實在是比較的少有所知。聽官的心理反應，心理聯想，這種感官所有的配置，持久性與注意延長性，及由耳朵所覺到的印像，用以喚起視官覺知的歷程，我們曉得什麼呢？

人過於常看無線電廣播如一位簡單的講演者，他在上面說話，將可以印在一張紙上，或在講堂內教的，送到遠方去。相反，無線電廣播是傳達思想的一種新方式；這個方式有其所特有的限制與特有的可能；對於播音的人，與對於聽播音的人一樣，有其問題與有其技術。

民衆的想像力，看無線電廣播爲上天的發明，特別答應近代生活的需要而有的東西。教育家，社會學家，則不常常加入爲這種意見。許多深思的人要問，無線電廣播是否幫助發達我們時代的種種較不順利的趨向，而沒有幫助解決這個時代所留意的種種問題。無線電廣播，從多人看來，如宣傳凡庸俗的，找求凡迎合人的，凡膚淺劣陋的趨向的動力。卽當他們在好的方面看無線電時，他們仍責備無線電傳播現成的意見，過於脫略的知識，機械化的音樂，及一種容易獲得的文化知識。這些批評多少是暴烈一點，及因對近代生活所下的批評的人們所持的態度而異其對象；但無線電廣播的危險仍是很爲眞實與明白。一件事實主宰着這種爭論：不論我們願意與否，私人生活與社會生活，國家生活與國際生活的條件，快速的與無可奈何的轉變；卽使無線電廣播從現在至將來，都啞默無聲，這些變化一樣的產生出來。

大衆對於這些問題的意思，普通是實際方面的。批評家，熱誠者亦一樣，所採取的唯一態度，應是一種建設的態度：這要他們去找求在那種範圍內發見這種新的傳達方法，賴一種堅持與明白指導的努力，可以幫助滿足我們的最逼切的要求。

這些逼切的要求是什麼呢？卽於顧計審察這些要求時，人發見無線電廣播可在這些方面給人的用處。不怕重複數說那些明白的眞理，人許我們指出這些用處的數種。

第一，在一國內部的社會上各階級間，及在國際方面的各國家間，人隨處都發見一種恐懼與疑忌的情感。人求減輕這些情感，或使其消滅，或設法防備的唯一事實，便證明這些情感的存在。說缺乏信心，大部分由於愚昧或由於知識的不完全，是一種很普通的常語。爲我們所不熟習，在我們與在外國的觀點的不瞭解，在個人與在羣衆的思想的，及別人生活情形的愚昧無知。這裏就是最適宜於猜忌與敵視情感開發的心理環境。

在這種不安上面，又加上別一種，與前一種很相近的不安；這是，在社會上很爲廣播，在個人與在搆成社會的各團體相同的，無力與不足的情感。人在各種不同的環境中，得到現在的種種困難變爲不可解決的印像；

覺得某種力量在我們現時的組織中不能加以訓練。一方面，人看見面前是一羣紛亂的羣衆，由不識字的人，無知識的民衆，或半教育的人民所組織，沒有習慣於思想，及可以說不能適應近代生活情形的不停變化。這些羣衆特別容易爲感情上的言詞所搖動；容易被衝亂，被恐嚇，受疑弄。所以，堅決的肯定特別的能對民衆發生深刻印像，而賦有統制性格與據有簡單政治原則的人物，很容易使民衆爲他們的獵物。他方面，在智識分子，亦覺得爲要他們消化的知識的常常增長的發達所充塞。凡專門家都被顧計到這點。例如，單單在生物學方面，單單一年內，在世界上所有的出版物的數目，便約有一千二百本的書籍，六千種小册或論文。倘若，卽在單獨一門科學內，想明白一切所有的，都變爲不可能，則想曉得在最廣大範圍內所成就的進步，及因而得有科學運動的意義與各門學問間的關係，當然是更爲困難了。

所以，人乃想到要找求一種新的教育形式，一種新的社會，經濟與政治生活的組織。人實際的看到，關於界定求達到的理想與引導理想的方法時，有一種很大的意見歧異，同時又一種一樣大的煩難不安。但這些嘗試的工作所有的興趣，很爲明白；種種試驗，不論其在有限的範圍及廣大的田地所做的，隨處都爲濃厚的注意所跟着。這些不同問題的解決，爲一個根本首要的問題所控制；自由與權威的，個人的與社會的相對價值的，個人的與國家的義務的問題。是要個性隨處對平常標準化作用讓步嗎？法律規程終於要消滅一切在行爲中與在美術神來中的個人始創力嗎？人類的全體幸福是連結於成串的生產，消費，及在所有的動作範圍內，都是這樣嗎？

我們且承認上面所說的需要與問題處處都是一樣。這些需要與問題，在時間與地方的特別逼切情形中，表現出來。相傳的教授與教育的，思想的傳達的，學問的傳播的方法，許我們以充分的速度，達到我們所找求的結果嗎？對於我們拿來在大學與學校中，給與人人以一種充分堅實的教育所可有的經濟資源，與教育人員的數目，我們能有所期待嗎？是相反而要我們去找尋，不是替代，是補足那些決然有效，但過於緩慢的相傳方法的法子嗎？時間是催促我們，空間則嚇倒我們。經濟的因素給我們以找尋新法子的衝動。辛勤的造成一種社會機搆，能完全的在孤立的國家運行的，民族與社會，現在忽然的與不可免的與外國人民發生關係；人要這些民族與社會在十年或二十年的空間內，完成一種進化，在他們的概念中與在他們的習慣中來看，其重要類似於他們要拿數千百年的時間去做的那種進化。於此又要加說，最感到民衆教育的需要的那些地方，是廣闊與貧窮的。這些地方的居民，想要給他們以一種完全教育是可能，是要期待於陸地與空中交通很發達了，隨處都有學校了，人能給他們以有相當必要的知識的教師了嗎？所以，這是絕對的要找求與遼闊的土地爲連續與廣大的關係的方法。

對於很明白的事物再加述說，毫沒有用處。總要能明白巧妙的使用，無線電廣播，從其本質上論，是給我們對着這些問題的大多數都可以使用的一種方法。舉些實際的例，便可爲此中最好的證明。

第一，先審察從愚昧無知與不相瞭解得來的恐懼與猜疑的表示。無線電廣播是屬於打破界限的限制的一種活動；航空飛行，爲消滅流行病與傳染病而有的大規模的近代宣傳事業亦是一樣。最麻胡的聽者，亦終於在其完全活潑動作的實際中，把捉到巴黎，柏林，以及其他較不爲人所知的地方；他再不看這些地方如地圖上的簡單的一點。自有無線電起，電波能進入處處的事實，使無線電廣播的主持者，爲避電波相衝突與爲節目的交換起見，在他們間要有互相的諒解。這點又可以一大部分說明，許多的國家在無線電廣播節目中，現代語文的課程佔有很大地位的理由。在這些不同的各方面，人可以完成這種良好工作；人且得以造成一種在無線電廣播事業間的自然而親切的連合。但是，既經完成的，不過代表凡可以做的一小部分。

旅行或者仍是認識與瞭解外國與其人民的最良好與最靠得住的方法。但要緊的是，在旅行中，人眞正能與所訪問的國家的人民發生關係；不論人或已經有點曉得人於旅行時可觀察到的種種思想和事實，及人對於所旅行的國家的語文有相當的知識。因爲利用國際式的旅館來旅行各國的遊人，不留心與外國人民發生關係，很可以回到本國來，比從前更堅固的守着自己的成見。

但在大部分的人，旅行應於經濟的條件中實行。現在有種種的組織，目的在爲學校青年，學生，工會會員，屬於同一職業的男女，簡單的個人的往來交換。這些組織使旅行者得與別一國的人民發生關係，而參加他們的家庭生活；參與他們的遊戲運動，加入他們所興趣的事物。無線電廣播的主持者可以通知民衆以這些給他們旅行的機會；對於這點，主持者亦以值得稱讚的熱心來使用無線電。在某某國家，且依外國聽者的想望，時時組織放送用各種文字的旅行談話。但這些談話過常於爲旅館與運輸事業的廣告。不過在激起人旅行興趣，與指示人以外國人民生活情形的方面，對於廣播節目是一塊充滿希望的田地。各種類的時事，若加以明白見識的選擇，且伴有充分的說明，使人得以瞭解其完全的內涵，用無線電播送可以發生很強的印像。空間的距離，卽在今日世界旣日漸變小的時候，仍然有某一種魔力。一位旅行的新聞記者，帶了播音機，爲諸位講說上海或利奧德耶尼羅 Rio de Jaueiro 的情形，對於歐洲的聽衆，比在伯利斯社 Bristol 或漢堡，記述其本處生活情形的記者，發生一種更浪漫神奇的印像。想要這些創舉事情得以發達，絕對的要人給新聞記者以最大的方便，及人要爲不停重複的試驗。

講演者的人格於此有一種很大的重要。人很可以在不爲人所曉得的人們間，同於在某某有聲名的人們間，找到許多的講演者，能以講談或談話的形式，發出使聽衆的大多數都能懂得，關於外國人民的生存條件與文明的活潑生動的概述。

在各國中，人都可以舉出這類由外國的有名人物所做的講談的許多例子。或者人沒有充分的去找求發見，及請能將他們的經驗，與在各國相同階級的人們的經驗相比較的簡單男女公民，在無線電播音機前說話。在英國，人組織有在農人間，咖啡館侍者間，工人間，家庭主婦間，等的這類講談。這些講談想得到成功，需要一種基本的工作與一種繁難的預備，要有多數的複習；但結果可以爲十分使人滿足高興。

這亦要求助於一位深曉他講的題目，與曉得引攝聽衆的注意的講演人，對於聽衆所屬的社會環境不論是怎樣，人最能給他們以所看到的事物的印像，及使他得到爲他們所不知的人民與國家的美和特色。

出版物，劇本與電影的批評報告，在某一範圍內，亦可能有助於發達批評意識與文學作品的理解。一國的與國際的各種表現與各種重大的運動比賽，可以說，供給無線電播音對於一般大衆都很有興趣的無盡材料。

但是，明白的說，存在各國間的種種禁忌，不僅以對於各國的生活情形，與各國的各有機關的相互愚昧無知，爲唯一的原因。存在各國間的政治經濟利益的衝突，外交政策的衝突，那是不能不知的事。無線電廣播可於此爲那一種作用呢？

在這一點上，意見與實際分別不同。我們於此看到有相反的兩派。一派的意思，以爲應將凡關於本國或國際方面的政治討論，不列在廣播節目之內；別一派則相反，以爲這些問題的討論，若以求明白瞭解的善意精神來播送，可大大的有助於這些問題的解決。這兩種趨向都有種種的大困難。一個政府可以將這些爭論的問題從無線電廣播節目除開，製爲定法；但這種態度不妨礙政府爲種種在國際方面有嚴重結果的帶宣傳性的政府宣言。爲妨止這些意外，世界文化合作學院受國聯大會與評議會的委託，預備製定一種契約，可以隨時的由各國政府簽字。這種契約，倘若被採用了，幾乎是不可免的，其結果將爲限制與抑止用無線電爲出現在各國間的爭執的一切明白質直的討論。沒有人反對，因有必須互相遵守的條約義務，要禁止某種有系統方法的文告的無線電廣播，因這類廣播專在給與別一國的人民，可以成爲和平的威脅，引起叛變或有害於國際間的良好諒解；但這是一種錯誤，而可以有不好嚴重的結果，倘若要使各國政府對於這點負起責任來。經驗已經證明，國際精神的養成，可以因從一般大衆的想望而做的關於國際關係的陳述和討論，得到大大的發達（原註）

（原註）或者作者沒有充分的顧到這件事實，卽由世界文化合作學院所召集的專家委員會所製定的契約，僅在限制煽動別一國的人民爲反於國家內部的和平或反於國家領土的安全的播音（第一條）及禁止爲戰爭的煽動的廣播（第二條）。別一方面，各簽約國家要在各自的領土內，特別在發生恐慌變化的時期內，廣播關於國際關係的經過檢查的確實消息（第四條）。在第五條，各簽約國正是在要給種種便利，與能使人更認識其他民族的文明與生活情形的播音。別方面，人又要各簽約國，當國際關係緊張的時期中，用有指示性質的播音，在自己領土內放送，爲一種公同的行爲，使這種緊張情形鬆弛（至關於通訊消息方面，各簽約國，不是對於每個通訊消息的價值，是發出通

訊消息的來源，要加以監督檢查）（第三條）（世界文化合作學院註）。

美國與英國的講演人，在這一範圍內特別能幹，且又帶有最善意的情感，可以對他們的同國人盡上面指出的義務，而以民族的相互理解爲出發的根據，用完全客觀的說法，爲他們簡單的說明外國目前所有的種種問題。在最近數年間，人漸漸注意到，要派担任定期傳達消息，或當情形許可時，播送種種講談給他們的同國人的通信員到外國去。這些講演者，不是爲一家大報館，或一個報業團的利益與政治主張盡力的通信員。他們的宣言所必然有的力量，强迫他們要爲最嚴格的確實。動人心目的新聞，不能放在一位代表他的國家，與明白加在自己身上的責任的講演者所留意的事件範圍中。

倘若這些講演人所代表的政府受了條約的限制，要詳細的檢查凡關於各强國的講談與消息，則他們的工作將變爲不可能。這有絕大的重要，卽眞誠與有身分的通信員，對於他們使命的執行，須得有最大的自由，在他們本國政府的當權者方面，與在他們通信所在的地方執政者方面一樣。人可以反對，謂凡討論，不論其出於一種極端禮貌的精神，但若牽及使感情發動的問題時，是危險的，而且是不智的。人可以答覆這個反對，謂不使大衆對於這些問題有所知曉，讓無知的羣衆爲一切狂忘意見的輕易獵物，或可以更爲危險。在國際關係中所用的民主式的磋商的方法，爲一種我們今日尙不能知其一切祕密的學問與藝術。這種方法在開明的民治精神中，比在茫然無知的民衆前，看來應更能成功。而想找出一種工具，對於完成這種敎育工作，比無線電廣播有更多的可能性的，怕是很困難的了。

在相同的意思方面，對於一個無私的與客觀的，自由採取其消息於凡有信用的通信社，而不單單倚賴政府的通信機關的消息報告處，當然要引起人注意到有這種報告處的重要性。所以，在某某國家的人來看，播送到外國去的消息，成爲要在可以受檢查的官式報告之外的其他來源，採取他們的消息報告的唯一方法。而因這個理由，在某某國家中，看到聽外國廣播節目如違法的一般。這一類的禁止可以增加倍多；僥倖的是這些禁條不容易使人遵守罷了。消息與講談的選擇和陳述，又需要有一個特別能幹與道德價值很高的辦事人員的團體組織。

在本篇開首所指出的第二個紛亂的原素，是無力和不能解決現在問題的情感；這種情感表現在受教育的人們，同於在無知識的人們。所謂教育，在其嚴格的意義上講，不爲我們現在探討的對象。但我們要記住，學校的無線電廣播，可以擴大講堂中普通課程的景像視野；能使兒童與公衆事件及與指導他們的人，發生更直接的關係；無線電又是外國課文的教授的一種無足以比的助手。無線電廣播又可以拿來補充成年人在初期教育所有的缺憾。這種教育作用，看來可以下面三種款式發生：第一，使歷史現出如一種常在進行，連合過去與現在，一切民族與一切國家的人的進化，一種在其中，不論其在那一處現出與不論其論到那一個時代，同樣的政治與經濟的因素，必產生同樣的結果的進化。認識歷史的成年人，或關於他們本國的過去歷史，或正在他們眼底造的而爲他們所參加，各有各的力量的這部分歷史，他們的數目，應爲無限的有限制。無線電廣播可以使人普通對於歷史所有的概念爲某一種的擴大。

倘若給社會上的一切階級的男女，以歷史上的大事件的一種概念是必需，那麼使他們瞭解爲他們所倚靠，與似是宰制着他們的經濟力量是什麼，亦甚必要的了。經濟科學在學校中全不講授；又說出關於這種科學的一定法則，亦是不可能；但我們可以有空時來說明這種科學的大原則和方法，所用的辭彙，我們目前看到的經濟現象的因果；凡有國際信託關係，偶然漲落政策的東西；人都很可以對這些題目給與確切的概略，舉例子說明；想做到這點，找一位有才能，沒有成見，能陳述他的意思，使廣大的聽衆，兒童或成年，都懂得的人，便够了。

教育的無線電廣播又可以發生一種重要的作用，因其一方面引起人的客觀意義，別一方面激發人的批評精神。那些對於我們的情感能力有作用的刺激物是衆多與變化的；但要我們以大公無私去觀察事實的刺激物則不多。在民主政體的國家內，因爲大公無私去估量事實有逼切的需要，無線電廣播應藉助於這種大公無私的審察事實方法。但健全的分別辨析精神的天稟，更爲需要。人性本有的懶惰，人類智慧原來的情性，使人容易隨便接受一黨，一政府，一報紙的一切主張如聖經福音的眞理。因爲無線電廣播正是能提倡在聽者的這種被動性，廣播的主持人，應更特別的利用無線電所可有的資源，來激醒思想和引起人的批評精神。這些觀點不僅對於純粹學院式的題目的講談適用，而且又得施行於規定聽者的生存條件，他的生活與職業的日常事務的問題的敍述。人對於關涉政治問題的，或表明少數的不普及的意見的播音，表示疑懼；人極力說這些播音所有的危險。經驗證明，倘若人小心將這種事業付託與有高度道德價値，能機智的將其完成的人們，這些疑懼並非眞的存在。這樣一種的講談，可以發生出種種的抗議；但人看到，這些抗議慣例是來自兩極端的黨派，結果便互相中和了。外則聽者全不受限制，一定要聽使他們不高興的播音；倘若他們要聽這些播音，他們便是獲得了幫助他們治理他們自己的容忍精神。

在教育的廣播節目的效果中間，有一種可以發生一種很大的社會反響。因於現在所有的廣大的失業，資財很有限的千百萬的男女，不管他們的意思而有了許多的空時；而繼我們而來的人們，享受多量的時間，不一定要將這些時間去工作，以保障他們生活的安全。人已經在英國與其他國家利用無線電廣播來對失業工人，各俱樂部與其他團體的會員，提示出種種可以使他們發生興趣的事業與題材，及爲他獲得一種健全的消遣娛樂。這種作用可以發展起來，因其能刺激個人的努力與創作的精神，及使這些空時至少變爲與當工作的時間一樣的有趣與變化。

我們不於此說及音樂，美術與文學：這些東西同樣的爲無線電廣播節目的主要原素，要爲別的文章的研究對象。但我們要看到，這些精神有雙層的重要：藝術不知有界限，藝術堅强的將不同的民族聯結在公同的情感中；由經濟方面的困難所造成，不停的長成的對事務上的留意，使一種不是純粹實用的生活理想的喚起，更爲必須。音樂有一種特殊的親接天稟，因其能超越由不同的語文所造出的界限。無線電廣播，同樣的給人以可以說是唯一的，使大衆有對於詩歌和散文的名作的入門知識的可能性。印刷術不一定是使人欣賞一種文學作品之美的最有效的方法。有許多人，不得瞭解他們所讀的東西，而詩歌的美和意指常爲他們所捉不到。無線電廣播將文字的聲響顯露出來，而因此對於言說與文字發生一種更有效的影響。這裏篇幅有限，使我們對於這一點不能詳論；但這點實值得爲深長的研究。

但若爲西方文明的長久時期所陶冶的民族，當不能完全瞭解近代世界及適應這個世界；則問題更爲嚴重了，若論到那些地方與那些人民，從社會與經濟的觀點來看，他們直至現在當生活在故步自封的情形中，而對於他們，人要他們在數十年間，完成一種進化，相類於其他各處於數百年間所成就的一種進化。這裏便是無線電廣播的最重要的問題；直至現在，人們尚不加以留意。這種新的教授方式的主要價值，是能及到不識字的人們。不曉得讀的人，總可以曉得聽。凡可以爲個人顧計的人們，都能爲諸位說，流行病與飢荒，農業與牧畜中所用的古老方法，是多少的遲延了印度，非洲及其他地方的進步。這些人亦相同的曉得，無線電廣播對於這些人民可能做的事業。不幸，人的與金錢的情形，不許對於這種環境爲立刻的救濟治療。但無線電廣播，在人尚沒有相當觀念的比例程度中，可以在相距很遠的地方的居民間，得建立一種連線與保持在他們間的種種一定的關係，克服猜嫌，激起興趣與滋養這些相互關係的情感。從技術的與節目的觀點去做的試驗，許人得明白看出，人在一村落中裝一簡單的收音機，使居民曉得爲相當的使用時，所可得到的種種良好結果。

第一項當做的事情，是在收集人可以在印度，在俄國，在巴力斯坦，在埃及及各處所做的試驗中可得到的一切指示資料。世界文化合作學院盡了這一種上面說過的義務，因其使人注意到，無線電廣播給文明人使用的這個工具，因此便得對於所謂原始人，盡種種由他們文明的接觸，所引起的突然變化所遭遇到的責任。

質實的人，對於他們自己的無能，較有識的人爲不明白；有識的人，十分顧慮到他們所不曉得的人類知識的衆多。人時常說到，過度的專門化爲近代教育的缺點之一；卽專門家自身亦很困難曉得，在他們所專門的學術中，所有的一切情形。能達到一種綜合的希望，似還遼遠。無線電廣播在我們看來，很可以如一種人可以放過的消遣工具。這對於現在廣播節目的一大羣，決然無疑的是眞；但人便能因此而肯定，現在所達到的方法與知識水平線，足以代表求達到的理想嗎？人曉得，廣播節目是必然的要轉變的；爲無線電廣播事業所採取的主要思想，亦在無窮的比例中有種種的變化；不過普通的趨向，是以能爲最大多數的人所可享受爲原則；但亦時時加入性質是僅使某某有限的一部分人喜歡的廣播題目。

將類似的政策，或者在將來便不足用了。即最少有方法系統的聽者，良好音樂的節目除外，亦似乎開始覺得無線電廣播有變爲無甚意味的趨勢，雖則在某某國家，廣播節目的知識水平線，提到與一般大衆的現在教育所許可的高度，亦不能免。

由能幹的人對於研究工作，出版書籍，劇本，所做的報告，對於本國的與國際的政治事件與經濟問題的批評，很受某一類人的歡迎，因爲他們以職業關係，少有空時留意不與他們的職業有關係的問題；這是明白證實的事實。赫胥樂 Julien Huxley 教授最近花三個月的時間，向各科學研究機關，做一種個人的研究，及爲英國廣播台的聽衆陳述在這些研究間的關係和社會的需要。他對我們說，他的這些講談——這些講談既印成單行本發售——目的在爲觀點與估量的交換，所謂交換，不僅僅在爲這些講談所主要注意的無線電討論團體 wireless discus ion Groups 方面，而且同樣的在他的有一種專門科學訓練的同事方面。由一樣有材的人物，在英國農業與工業方面所做的類似研求，得到相同的結論。但因聽衆的數目爲不停的增加，不久給與超過一種或且兩種的普通節目，都不夠了。這是一件事件——人常忘記加以注意——聽衆的數目愈增加，給與特殊節目以相當位置，變爲愈必須。這些需要不能完全的滿足，——因爲無線電廣播在長波與中波的空間所可有的波長，甚爲有限——通信方面的，商業與海洋方面的，政府方面的，國際的需要方面的種種法定上的必需，亦使其很受限制。

從一切的需求上論，應當給無線電廣播可使用的波長以更大量的數目。這種需求已經以逼切的款式使人感到。人得做到這點，或讓與一大部分長波或中波，或則借助於短波，而且借助於尙未使用與分配的最短波。似乎有了這一類的處理，可能使各國的專門家都得由無線電來互相交接。在一大部分工作的人，或者尤其是在智識的工作者，要聽這一個廣播台約一刻鐘，又要聽那一個廣播台約半小時，這樣很可以激動人，而引起注意力的嚴重消耗。這些人所以對無線電廣播能發生興趣，因其能給他們以在書本中或其他各處所找不到的實質的東西。建築家，工程師，科學家，哲學家，歷史家，經濟家，醫生，藥劑師，倘若人許他們以相當機會，使用專爲他們保留的波長，便可以交換意見，討論某種工作，比較所得的結果。這是一個問題，世界文化合作學院，可與無線電交通的負責機關，國際無線電廣播聯合會，學術團體與職業聯合會，相合作而加以研究的。倘若無線電廣播可有助於根據古代生活與思想方法的普遍考察，以求發見新的方法，則其所遵的途徑，大約是在我們剛指出的這一意義中。

照大部分思想家的意見，爲我們這個時代所留意的大問題之一，是調和自由與權威，調和個人自由與社會生活的需要。在無線電廣播的範圍內，這個問題的款式，便爲調和廣播節目的內容與對於無線電廣播事業所有的統制種類。將無線電廣播用以統一思想與意見，用以造成爲某一人或某一政治主張發生熱烈讚許的情感，在世界上的國家有不少的例。無線電廣播是可以在某一時間，對於贊成或反對某某主張或某某人物，爲一種强大宣傳的一種無比的工具。不停的無線電的宣傳，以不巧妙的款式做的，眞的是要變爲使人麻煩的，而因此所得的，適與所求的結果相反。當有氣魄的宣傳者能顧慮到這點時，曉得人家對於他們的呼喊與他們的直接刺激，很容易給與充耳不聞，他們乃替代以他們可引入在一切的廣播節目中的間接與巧妙的刺激，從音樂跳舞的播音起，至爲兒童播送的節目止，常是有這種相同的目的存在。

在大多數的盎格魯撒遜人及在其他的人，對於使完全一致的，限制，而且禁止自由討論的趨勢，都是冷淡不同情的；這種趨勢在他們看來，是一種錯誤，一種虛空的嘗試。自由討論的權利，在英國，從數世紀來，爲民治精神在其上發達的土地，且又沒有什麼足證明這種政府的形式，既經完了其存在的時代。從這一觀點，無線電廣播可以供民治政府的使用，相等的能爲一人專制或多數執政的政府形式之用。倘若少數人，因使他們的理由爲合法的提出來，有轉變爲多數的權利是眞，那麼播音機在他們是最好的決鬬場。這個指示在這裏說出，爲這種交通的新方式所特有的一種特質，卽能達到大衆。附在無線電廣播的特殊權利，是其聽衆的廣大；但無線電實際上是在兩人之間，建立一種親密的接觸，及根本的成立一種合作，在這種合作中，講演台的效力，表演台的效力，另有一最小部分的作用。無線電的聽者很少團聚在一齊，最常的是他們二三人在家庭中一齊的聽。所以這很容易，而且當然的對他們說話，像人單對一個人說話，而非對一大羣聽衆說話，要以安靜與深思有度的款式，詳述他的思想。無線電廣播，實際上，是扶助了個人人格的發展，因其在廣播機前的講演人與家中火爐邊的聽者之間，造成一種親密的空氣。

但是，想使無線電廣播不阻礙個人的思索回想，及不單單用以擴大一切現成的主張與其所可有的一切危險的範圍，無線電應當爲一種自由的講壇，人可在其中涉及最大多數的可能題目，及可爲完全有獨立意見的將其論述。這種救濟看來是過度；但教育家，從蘇格拉底起，都承認，是在觀點的交換中，在討論中，在思想和事實的批評考察中，爲眞正教育之所在。

但還有不足的地方；又要對於無線電廣播所有的別一個大危險，找到一種救濟方法。這種思想的傳達方式是片面的。思想的被動的接受，當然對於人智是一種很平常的訓練。但無線電廣播的主持者，可以在某種情形中，找到與他們的聽者發生一種自動的合作的方法。圖書館中人可以加入他們的努力，使無線電的聽者閱讀關於在播音機前所講的問題的書籍；同樣，博物館管理處亦可以請愛聽無線電的人去參觀各種的展覽，或參與特別爲他們組織的有人領導的參觀。最重要的，是要講演人與他的聽衆發生關係，或直接的，或由別人居間的，及使他們明瞭關心於他們對問題的研究與討論的參加行爲。這樣的一種做法，在無線電廣播的主持人方面，必致有重大的消費，而且需要很多的時間。且這種做法又要不平常的才能。

但組織品質第一流的無線電廣播的需要，是沒有什麼更值得而可加以反對的。這個原則當漸漸的爲人所承認。

廣播節目的自由，於此自由表示其意見的權利，需要一種允許與提倡這種精神的無線電廣播組織。在某某國家，無線電廣播現在成爲一種國家的事業，完全由官府人員監督，指導和管理。在這樣的一種制度中，廣播節目時常是預先編定，講演稿受檢查，因此得順利某一種主張，與禁止其他的主張。但人又看到在某某國家內，有一種一樣明顯的趨向，在將無線電廣播的事業超出於政府的權力之外，而僅僅保存一種担任指導和管理的中央機關。且舉一個例，成立英國無線電廣播之主要的原則，是在大衆普通的利益中，及爲無線電廣播工作的良好進行起見，在政府方面與在無線電廣播主持人方面一樣，寧可使主持人負自己行爲的責任，政府不直接的加入凡可以因在國內或在外國的廣播節目問題而引起的討論；倘若政府直接的施以檢查，那麼這些爭執便必不可免的發生出來。

這一種觀察使人發生某種的疑慮，卽各國政府關於廣播的眞實性與合時性，要負責任的那種國際契約，是否有用於無線電廣播與和平的利益，人實在想曉得。在大部分的政府機關中，人持一種小心謹慎的態度；至獨立自主的無線電廣播事業的主持人，他們自己亦只有靠着政府的善意和情面，頗有理由來求避免種種微妙的情形。倘若一國政府要遵守那些所擬出的契約的條件，那便在廣播節目及與其有關的各種提示中，含有或可以引起政府檢查的干涉；這種干涉的結果，是使無線電事務的進行，本來需要有十分的柔性的，更爲遲緩與更爲複雜，及限制了經始創作的精神。關於無線電廣播的事體的責任，應加在主持人的身上。單單由於經驗，人方得顧計到，凡可以在無線電面前說的，實在不致於有衝撞任何人的危險。最常有的是，說出事物的款式，與所說出的話有同等的重要。分開責任，減輕關於無線電廣播方面的責任，等於阻抑無線電廣播事業方面的責任心的發展，這正與國際契約所擬達到的目的相反。

卽使無線電廣播成爲完全或部分獨立自主的機關，照英國或斯堪的那維亞各國所採取的原則和制度的例，想維持一種自由討論的政策，仍不是一種容易的事業。這種政策需要一種常常的小心注意。廣播節目編製的主任們，有不致使大衆爲偏見者與取巧者所擾害的義務。這個責任必要他們做一種選擇，及爲一種正當的選擇，不論他們所採取的路線爲怎樣，他們常要受人批評。世界文化合作學院，爲研究關於無線電廣播可有助於和平運動的諒解所需要的條件，而召集的專家委員會，卽這樣的指出，是在節目編製委員會的主任們方面，同於在實行機關的人員方面，要選擇有很高價値的人們，方可得到在這一方面的最好的保障。想使無線電廣播可以向着本篇所指出的路線進行，根本要點是在主持人曉得將創作與瞭解的精神，連結在責任心上面；爲勇氣，智慧與忠實的證據榜樣。

人許我們以結論的款式，提出一羣可以研究與其他觀點交換的對象的問題。這些問題的解決，或者能便利教育的無線電廣播的發展。

1. 在許多的情形中，最初使人認識已經發表的，或則很容易在無線電廣播事業方面得到的參考資料，將有方便處，倘若廣播事業是受獎勵爲這一方面的活動的話。國際無線電廣播連合會所有的力量，不允許其完成這種事業所可有的一切要求。實際上，尙沒有專以收集關於教育的無線電廣播的消息報告爲事業的國際機關。或者可以設立一種包含世界文化合作學院的與國際無線電廣播聯合會的代表的常在委員會。這個委員會的使命在搜集，倘若可能，在刊布種種的調查報告，指出消息材料的來源，而研究者可以在其中找到對於有關係他們的種種問題的參考指示。此中的問題可以有下列的數種：

(a)關於無線電廣播對於各種各色的聽者所發生的影響的研究。在美國和在英國，人給爲這類研求的有才能的人以相當的津貼；相類的研求亦同樣的與教員，圖書館員和各種團體的合作做成。直至現在，似乎這些研求的結果，還沒有見在特殊的出版物中。

（b）一方面是在無線電廣播的組織者與講演人之間，別方面是在組織者與聽衆之間的合作的試驗；這些試驗的進行，或有，或無教育方面的人員，出版期刊，電影，圖書館、博物館，青年的團體，各種職業團體，等等的幫助合作。

（c）應用在教育播音的無線電廣播的技術。熱心於提倡教育播音的人們，常常沒有充分的顧慮到，找出能激醒大衆的興趣的呈現與開出事物之新形式的需要。這不是在拿隨便與容易的方法來使用，這是在發見適應於這種思想廣播的新方法合宜形式。

（d）每日時事的評論，不論其關於消息報告，政治的播音，或在本國方面與國際方面所爭執的問題的討論。

（e）爲不識字的與散居在原始情形中的民衆而組織的播音嘗試。直至現在，人還沒有收集在印度鄉村做的試驗，在埃及，巴力斯坦與其他各處的無線電廣播組織所獲得的很珍貴的種種材料與指示；人亦沒有在別的國家，使其認識這些試驗的結果，而鼓勵其爲類似的嘗試。人可以專爲此事設一個附屬委員會，担任收集凡關於這些播音的技術和節目；留意對於語言不同的地方與對於氣候不同的所在都適宜的那類收音機；小心用在公同團體中的收音機型式，用本地語言做的播音的嘗試，等等。人亦無須再說這類收集搜羅的工作所有的重大價値。

2. 在技術方面給與教育的無線電廣播聯合會的便利，同樣的應爲研究的與和合動作的對象。人可以給担任無線電交通規則的編製的機關，以種種精確的指示勸告，以求獲得補助的長波與中波波度的讓與，及爲補足平常普通節目起見做的研究與試驗得到便利。想做到這點，除得國際無線電廣播聯合會的合作外，一定還要得到科學機關，各種教育的和職業的聯合會的幫助。

3. 使人認識凡人可對各種不同的無線電廣播組織收集的參考材料，特別是研究各國的在無線電廣播事業與各國政府之間的所有關係，亦同樣的有利。在這一類的意思方面，人或可以有機會，根據各國政府所爲的觀察及由國際無線電廣播聯合會的居間所拿出的，或來自其他泉源的無線電廣播主持人的意見，來修正關於無線電廣播的國際契約。

人得以肯定，一種合理的無線電廣播的組織可以下面兩種款式促進一種良好的國際瞭解，及順利和平運動：幫助超越由種族，距離與語言不同的差別所生出的阻礙——反面消極的作用——及——正面積極的作用——刺激人們和合在美術作品，文學，音樂之美的相同情感中；總言之，使人對於凡人類活動的表現發生興趣。

羅格 巴黎大學教授，無線電聽者普通聯合會管理委員會副會長，巴黎鐵塔無線電聯合會管理委員會會員。

人對我們說，教育的無線電廣播必然要碰到一個失敗；這種廣播遭遇到一個可以說是無法超越的阻礙，這是：一般無線電聽衆對於知識的好奇心的缺乏。

一般羣衆眞是完全缺乏對於知識的留意嗎？我不敢這樣的確定。我所很曉得的，是無線電廣播的聽衆，人不能視之如性質一樣的聽衆，或這聽衆的一部分，已爲人以過度教訓性質的形式表出的，或蒙上一種特殊教育性質的播音所厭倦了。但人不能說羣衆是缺乏好奇心。我以爲無線電廣播的第一種義務是在激發這些潛在的好奇心，尤其是在使這些好奇心確定出來。我很相信一大部分的羣衆沒有想明白宇宙如何搆成的心思；不需要明白有意識的玄學；但若有一天人對他們說：科學的結果所有的問題，相似於玄學的問題，——可用與上不同的文字來說——羣衆的好奇心便醒起來了；又若人找到方法，使他們得以簡單而非專門的，直接可以捉到的款式，懂得物質搆造問題的興趣，他們一定非常關心，相同於較有專門知識的羣衆。

我又要說，已經有定向的羣衆，在我看來，不是最有興趣的；已經曉得某種問題所以成立的羣衆，當然也曉得找到其解決的種種方式。在我看來是有興趣的，是在使好奇心仍爲潛伏與非意識情形中的人心中發生出來；使好奇心從潛在的力量變爲實際的動作。這點我以爲是可做到的，但要提出這些問題來的學者或文人留心記住，他們在這裏做的，是一種基本初等的教育。

所以，這不是在爲便利起見組織從學校推出來的課程。從大學推廣的課程，實際是爲一般沒有物質上的能力去聽大學課程的人們而設，但這些人已經多少有能收穫這些課程所得果實的力量了。這類聽者當然有趣味，但他們已經要自己去找求人不能給與他們的知識資料了。試看一位對於維多雨果Victor Hugo的作品，例如天討集Les Châtiments，發生興趣的人。倘若這個人很能懂得一種大學中的功課的了，他自然常要去讀一篇關於雨果的文章，而無線電廣播於此不過將可以印入的知識原素更加廣播罷了。使我發生興趣的人，是他從沒有意思讀關於雨果的文章或天討集，在他看來，這些作品是屬於過去的，再不使他發生興趣的東西。但若有一天，我可以用無線電對他這樣說：你曉得，某句在你記憶中的詩，是雨果的天討集中的一句詩，你只能重將這句詩放在作者寫成的那個時候，方懂得這句詩的意義。你曉得維多雨果是誰嗎？爲什麼他寫一本書用這樣一種凶暴殘酷的題目呢？這是當某某各種的環境，而這些環境可在別的時候和在別的國家又生出來的，所以他這樣做。別一方面，因爲作者感到讓一國的自由存在的必要，等等……由是我便得激醒他的不能獨自激醒的好奇心。倘若我所對的人，是一位已經有中等的或頗高的初等教育的人，他已經曉得什麼是天討集，我無需再對他講授一功課，我給他的是一種補助的知識，於此我是告知他，我不是教育他。

教育，是什麼呢？教育不是知識的積聚，教育是好奇心的激醒。我要激醒人尙沒有的那種好奇心。大學推廣的課程，是使不能進大學的人到大學來，及將大學送到他們家去的一種方法。利用無線電廣播的教育，是使全國人都得參與其本身沒有普及的力量的，或科學研究或美術發達的用處的方法。這是初等教育——用作基本教育之意義中的初等教育的一種補足，爲我們所願意給與。在這一種意義中，卽在受教育的人們，仍有一種初等教育可做。倘若我不是一位科學家，我必然的要承認，在科學方面，我僅有一種初等教育；我有科學的某種知識，但這些知識是原始的；我從我的初等與中等教育所受到的科學知識，從所得的結果來看，是一種基本的知識，使我們於工作時要同時去增加求知的東西。這種基本教育，對於問題不深入，僅不過使我們對於科學的基本原素得以入門而已；我們聽過了他學的功課，但沒有激醒我們對於物質組織的注意；但這是人現在可於其上激醒我們的好奇心的一個問題了。

無線電所可做的，不是大學的推廣，是好奇心的激發。想做到這點，我們需要——名字不常爲人所歡迎的——許多偉大的通俗化教育家。在法國從前有過許多的偉大的通俗化教育家，那是一千八百四十八年時代的人們，他們繼他們的十八世紀的偉大前驅者之後，來施行民衆的教育，在使民衆歸附第三共和國。在一千八百四十八年前後，人實在做了我要稱爲全國教育，法國人民教育的事業。無線電今日可做的，就是當時人先由沿門叫賣的小册子，繼由一册一册印的大叢書所做的，這些書籍：法國史，普通地理，天文學，當我們的祖父時代，家家都可以找到；現在的人如佛蘭馬利安 Flammarion，一位偉大的國家通俗化教育家，就是從這一派傳下來的繼承者。就是這一類通俗化教育家爲我們的播音機所需要。

僅僅由於好奇心的激發，人便明白的提高了民衆的心理水平線，因爲，沒有使他們離開他們的環境，讓他們仍在他們的工作中，仍在他們的日常生活中，人總得使他們從這種物質的現實對於他們所有的羈束解放出來。這不是在造就有文憑的人才，這是在將國民的與人類的教育知識，得爲仍在他們的工作中，不至有擾亂，亦不至有過量的人們所接受。反過來，若以我們剛說過的精神去審察，則無線電廣播的作用，在我來看是重要的；當然其中有條件，卽這種通俗化的工作要做得很好。

這種工作應當付託他們的學問很超出於他們所教授的人們去做，他們同時又可以完全顧計到他們的聽衆的品質。

由這種樣式去做，通俗化作用將有一種很大的用處，卽對於已經受教育的人們亦然。複雜的科學眞理，歷史的知識，或則藝術的微妙觀點的良好敍述，對於學者，文人，或美術家，和對於凡科學的，文學的或美術的專門學問都外行的人們，一樣有用。一種簡潔與明白與眞正哲學的各種眞理，或各種科學事實的陳述，是一種人人都可以聽來有益處的陳述。照我的意思，沒有什麼能比將人認識的事物，爲一種清楚良好的概述，爲更有用。這樣，你爲不認識某種事物或學術的人工作、同時你又爲認識這事物或學問的人的清楚明白工作。不是從上面，人要把科學放下去，人要將科學放在一般定能瞭解，但不曉得的聰明人的知識水平線上；不應當從一種預先擬定的教授開始，應當毫無定見，如見沒字的黑板一般的去開始。這是同時又困難又美好的事業。這就是我們對於一般大衆的教育工作應當設永不致於說明得過分。報告者不應單單爲每日思想與時事的述評，他且要。爲什麼呢？有什麼便利呢！這就要人去加以說明的了。人在播音機前，於預算表的一章的，或應用於預算表的一款的，現在應用於預算表的全部疊積投票，指人爲整個數目的投票，但人不討論這個數目的原素。人應用於所報告的事件，卽僅有很模糊的概念。拿前面所舉的例來看，預算表的所用的名詞加以簡單的說明。連帶的說及，這是很常的因報告人本身，對得，但還有呢！……不幸過於常爲報告人所犯的錯誤，是不在先的將其中表』，疊積投票是什麼意指。這是什麼意思呢？誰曉得？知識中人或者曉衆以在下議院的支出預算表的疊積投票消息；人先要爲我們說『支出預算本的概念。且舉一個例，請看人怎樣將政治的消息拿出來。假定人要告大，是人於此假定已經有許多的獲得的概念；實則人永不至過度說明那些基

這些指示適用於一切的問題。人可以對大部分的廣播所下的最大責備想的要點。

將這些思想與事實附在各種原則上，及附在爲這種表示所搆成的更普遍的事件上；這樣，可以說是他將其放在思想和事實的運動潮流中。所以，在可能的範圍內，要一個廣播台有一位相同的報告者，他可以注意來聽他報告的羣衆，使他們對於相類的事件，他可以請他們去參考以前他已經有過的說明。

這不是在給他們的知識不能得益的聽某種講演的人們以一種高等教育，這是在給只有一種初等教育的人們以普通教育的原素。他們的教育卽因講授人的才能，講說的材料與思想的性質而定。所以初次教育所生出的結果是他們的先生對於所說的很重視，及使人懂得其價値，內容，可敬。不論他的教授的目的是什麼，——教授一詞是用最普通所用的意義——，曉得教授的人，對人指出他所教授的興趣，內容，將自已的全部心血與全部力量都教在其中，這樣的人，單單由這一點來看，已經是一位教育家。他不告知人，無線電不告知人，無線電不是爲告知而有的，但他教育人。我們常常看見許多人，他們不完全聽着一位講演人的陳述，他們不能聽懂一切他的推論，他的推理方法，他們對於他剛纔說出的思想雖僅不完全的捉到，但他們爲這個思想所動，而留在其光明的力量中。

種種思想要由某一類人討論或立定，方有良好結果，他們尊敬思想，他們有那種不是神祕的，是人性的，眞正爲人類精神唯一偉大的信仰。做到這點，他們就已經做了教育家的工作。當人對我們說：現在這一代人不是智慧的，我就要問，其中原因是不是部分的因於在前的各代人，沒有常常給智慧以其所應得的地位。這亦很爲可能，卽在我們說爲沒有智慧的一代之前的那一代，我們的這一代，讚美力量，運動，戲弄智慧的事物，美術的好奇心，文學的特異點，——我可怎樣說呢？——又戲弄有時是侮辱人的文字與美術的新聞目錄，這一代對於精神之美愈不表示愛情，我要說，我們這一代對於自己的工作在這一點是失敗了。或者人沒有充分的對靑年人指出，留意精神上的事物所可有的興趣，而這些事物亦與其他的事物一樣，是快樂的泉源。既經讚美了工業的與運動的價值及應用科學的價值以後，我們這一代人不是於此表示有些罪過嗎？所以，要在相對方面下一種相比的分量，方得平衡，要讚美智慧的價值，指出良好自由的人心，除了生活他們的人的生活，與幫助人生活人的生活以外，沒有別的目的，他們以智慧的和美術的性質的事業爲自己的事業，及指出，人能改進他的智慧情形，方得過他的人的日子。

這些觀察點，很可與上面對於初等教育所說過的觀察點相調和。初等教育一詞，在這裏意指籠罩科學與人類生活條件的基本原則。因此，沒有什麼可以反對人用無線電使一般大衆與文學的著名傑作相熟習；正相反，正因爲這些作品表示了在人類中最根本的東西，所以成爲傑作，也卽由此，這些作品可以爲簡單的人所瞭解，同於爲有教育的人所懂得。要緊的是，人要留心在廣播的前面，先有一種充分確定和專門的淺顯預備的講談，以引起聽衆對於爲這些作品之主動的大問題的注意。我們拿拉辛尼Racine

的作品，譬如費德爾Phèdre爲例。人要先將這篇劇本中的主要思想顯示出來，人要這樣對聽衆說：這是一種表示愛情的命定力量的作品。這種意旨在這裏是以傳統的形式表示出來，我們或可以別的款式表示出來，但劇情就是這樣：愛情捉住一個人，不管他怎樣的爭持，他亦不能抵抗，或者由於他沒有充分的意志。這些情感是以現時代的款式，當瞭解傳統文學的人們表出；但要曉得，不是全體聽衆都是學者，都認得神話；不是人人都深邃於文學；有許多的人完全沒有宮庭的教育；但這不是一個理由，這本戲劇不能爲他們所瞭解。想使這本戲在現時代的人心中重新活起來，對於其中人物的性格給與相當的說明，指出其有一種心靈的人性布置，而不是舞台劇本的布置，卽夠了。總言之，在顯露出作品的凡人性的興趣來。能這樣做去，這篇劇本自能爲現代的大衆所理解。再舉別一個例，演憤世者Misanthrope時，人指出這篇劇本的强大的人性興趣；阿爾洗斯提的心與雪利曼尼的，不曉得她是愛或是不愛的心。人使聽衆看出，劇中人物是限在某一年齡的一類人：憤世者裏面的人物，脚色是少年人；情節發現在少年人之間與某一類世界的人之間。要對於這類世界加以說明；這是有身分的人，因而有時髦社交的需要和習慣；這是還沒有懷疑現世精神的少年人；其中沒有一人是懷疑現世的，阿爾洗斯提不是，他深信愛情是不能分割，不含有限制和讓與的整個物事；雪利曼尼亦不是，在她來看，保持她漂亮婦人與有識婦人的地位的需要，是根本主要的事物。人可以使聽者瞭解這些作品；一切作品都可以這種款式使人把捉到，要緊的是，人不可以表示博學的，要以輕描淡寫的態度加以說明。倘若人是做一種功課，功課要使人厭倦。無線電的聽衆只能用耳朵聽，他們只能聽到字句與高下聲音，他們不能有連結羣衆和演說家的姿勢，態度，同情的氣概；靜聽是極端使人疲倦的，因爲這要我們以單獨一種感官覺知平常要我們以整個複雜的感官方得把捉的東西。所以人不能說得很久；要簡短，但要說明。

我上面所說的，對於歷史教育，亦一樣的適用。對於歷史教育亦一樣，要給一般大衆以種種主要的事實；使大衆懂得這些事實的意指與其內涵。這不是在講一種歷史課程，照人沒有時間加以詳述的事實與年代的相續講下去，亦不是在將歷史裝進人心中；這是在喚起各種事件所包含的教訓；總言之，在以過去照明現在。例如由民主政治的歷史，說明現在的民主政治，及其所遭遇到的困難，是一種基本的事物，可與說明一件美術作品一樣容易。但講一種歷史課程，那就不是此中的問題所在了。當然沒有什麼可以阻止人時時爲一種對於全體綜合的廣播；這本來是一種很適應於現在個人的留意的教授。但人總常有許多困難使羣衆注意於一種唯獨是聽官的教授，一種規律的教授。倘若這種羣衆有些空時，他們情願晚上到學校去或賣一本書看。這樣他們可以學得更好。人可以無線電給羣衆的，不是一種繼續的教授，是某一類事物，隨便在什麼時候，關於現時所有的事件，使他們都能把捉到其來源與其內涵，因而有人討論一種思想，一個機關，一件事情的時候，他們於此都有明白清楚的概念。例如，人這樣說：人應當保持共和政治的機關，是不夠的；人還要加以定義，說這些機關是代表什麽，意指什麽，指出這些機關是某某社會生活，某某社會組織的必需條件。

以其爲一種很長久，很闊大的繼續教授，那不如利用一切可有的環境，來講述，我可以說是，對於過去的『觀照』，及因此而使人懂得現在。一國的歷史是一種相續，一種進步；代表人對之要固結一致的，如將來爲現在所要固結一致的一般，及人不能對之如一塊沒字的黑板一般的整個的過去。人要在自己的鏡中照着自己；歷史是人類在其中得明白自己是什麽，明白自己的可能力量，自己的價值的鏡子。這樣來看歷史，歷史教育是在爲往後的探測，這些探測的本性則在說明現在。那些繼續久長的課程，人則看不出有這種可能性；但這不是說人應禁止凡總觀全體的講述。例如遇到一個對於十八世紀的展覽會，人很可以用無線電，至多不過一刻鐘，廣播關於這個時代的文明的不同方面的種種講談，同時留心喚起這個時代的實際生活是怎樣的種種具體的表現。這不是關於十八世紀的各種課程，是關於十八世紀的各種談話，應當由播音機放送出來。

實際上，廣義的教育家有一種過常於爲教授的趨向。人很可以不一定要一律的方法系統的教育人。教育家在播音機前應利用機會，將他的教授附結在一件性質能使聽衆發生興趣的具體事實上。他先注意於使聽衆覺到這件事實的重要及其對於日常生活的反響，然後他供給事實以說明。聽者於此要發生興趣，因他得瞭解這件事實；他對自己這樣說：我懂得了，凡事實有其理由，一切在世間都相因連貫起來。所以稱爲智慧，意思是說，能於直接在諸位面前看見的之外，看到別的事物。自此以後，聽者覺得自己是聰明智慧，他感到一種合法的滿足；他信服了，他聽諸位說話了。

這兩種觀點：教授與教育，且又不相排斥。例如人很可以組織放送簿記的，現代語文的課程，做學校的與校外的無線電廣播。這種於一定的時候放送的規律教授，當然有一種很大的用處，及可以爲某一類羣衆所傾聽。在這類意思的一方面，人可以相等的先許人播送大學的某種課程，及更普通一點，播送大學推廣的課程。人又可以不是爲兒童，是爲成年，組織放送一種我們法國著名古典戲劇的文學和詩歌的早談，同時使這類早談將各種名作拿出來有一種次序，一種相續，一種進展。但這些播音是對誰放送呢？是對中等的或高級初等教育的學生放送，而不是對一般大衆，因爲大衆需要獲得人類教育知識的基本原素。又要說，這些都是教授的課程，不是爲一般大衆的教育的講談，因爲對於大衆是在提高普通知識的水平線，激刺他們回想的能力，及人應使他們在聚精費神爲每日事件的留意中，得有一種對於人生，對於自己的人的價値的更好瞭解。

想達到這個目的，知識報告拿出來時要有某一種次序。設計這一類集團報告，可有兩種款式。物質的集團是在將一日的事件，由無線電日報爲述評，這種無線電日報晚上發出，以分欄的款式將日間的新聞爲一種總括，如有內政欄，外交欄，文學，美術，運動，雜類，各欄。人可以將這類批評報告在某一日間增多，例如當政治有一種特殊動作的時候。早晨發出關於晚間事件的一版，中午出一版，晚上又出在晚上七點後送到的各通信社的述評的一版。在這每日四樣的按時的集團報告之前，一般公民自然要對於本國的生活與世界的生活加以思索。而且這就有一種價值。在每日的四個時候，他們自己說道：不單是我們的酒的銷售，或我們的家畜的養育，或我們的帳目簿記，或我們的詩的印刷，值得留心。每日的四個時候，人都使他們想到，自己以外還有一個公共生活。但這不是在有方法系統的集團報告。人更可以再進一步：試將一日的形色重新結搆出來；因而顯出這些事件所含有，可以發展在各民族間與在社會各不同階級間的瞭解精神，與團結一致的心理的教訓。

既經每日的爲時事報告，而將其加以可能有的說明，關於某一事件，人可以要聽者去參考每星期末所有的述評，因此得顯出這件事實在全體綜合的說明中所有的內涵和意指。

對於每日時事的教育的述評以外，又有消息本身的價值問題。第一有直接消息的問題，很微妙而且很危險的，尤其當內部或國際間有變化時。這些直接的消息很爲需要，但要緊的是，以可能的力量對於發出的時間加以管理統制。外則，直接的，每日的消息，應給全世界人以他們是生活於同一的跳動，他們生活於公同的生存條件的印像。某一天有事情發生在巴黎，里昂，波爾多，馬賽，倫敦，或紐約，最好是使全法國，使全世界，卽在事情發生的那時或那刻，通通都感到。拿一件最近的事件爲例，明明白白，我在比利時國王亞爾培第一之死的消息所感到的，是有某一種人類的偉大，這個消息，到早晨三點方曉得，由報紙宣布是太遲了，因此不能使人人同時得到這個消息，但自早上八點起，我們法國的廣播台將這消息播送出去，由是全法國得與比利時一樣，同時曉得這消息。

誰不在這裏看見有些偉大的事物？一件事實發生，不管其是好是壞，能使全世界曉得，再沒有所謂隔離，再沒有所謂空間，再沒有所謂交通的困難；人人都可於同一個時候或痛苦或快樂。外則要加上一種必需，當一件災禍，一種顯明的衝突到來，人要採取快捷的決定處置時，必要這種決定處置，不爲發刊，印刷，電報或電話輸送的必需時間所延誤。我盡力的打電話告訴在柏林或在倫敦的一個消息，但在電話線的別一端，不是常有人在那裏等着。至用無線電廣播，則我將消息通知了人人。別一方面，假定一個不眞新聞放入報紙中，直接的消息於是有一種主要的關係，但要緊的是，這種消息不是平常的，與時常帶通訊社通訊的謎性的，要這種消息由認得問題本身的人，爲不認得的人而寫出來。我們常是回到相同的結論，要加以說明。譬如我說：某國國會決定了某某事件，我從簡單的拿出通訊社的公式來，很是可能，我的聽衆絲毫不懂。簡言之，這不是在爲日錄，爲說話報，這要是一種說明的消息報告。

由這一點，卽可以許我們顧到一位眞正報告者所需要的特質。報告者要有一位新聞記者的特長，他曉得在什麼地方找到消息，又要，尤其要他有這種神怪的熱情，這種教育家的主要品德。想做到這點，全不需求助於科學界或文學界的有名人物；得到在智慧與道德方面有良好品質的人們的合作，是必要的與足夠的。發言者應有優良特質，即在平凡種類的談話亦然；我們有演員，他們是爲很簡單的人們而有的演員，但他們亦相同的有一種良好的形態。在教育的消息方面，我們已經說過，人應求助於普通知識很豐富的人們，他們能使大衆懂得，同時又能主宰自己所講的東西；這些人能打動大衆，有使明白與使確切的精神，曉得明白的解釋能使人發生興趣的事物。這些是教育學家嗎？不是，是有明白與確切的心的人，是曉得以熱誠來說他們曉得的事物，及曉得激醒大衆的潛在興趣的人，有如一位博學與善意的對話者，在一種親密的談話中所做的一般。

但以上對於無線電廣播的教育作用的注意點，不能使我們看不見無線電的娛樂作用。除了拿空時爲教育目的的利用外，又有娛樂，有消遣，亦是合理的，而且應當的，不能爲人們所忽略。但在這一方面，仍是因其性質而定。一種遊戲，從人的養育的觀點來看，可以沒有絲毫的重要，但仍要有一種良好的形態。人可以爲怪異的，但不能爲粗鄙的。偉大藝術家可以爲種種出奇的誇示，快速的描繪，可以爲不論那一種東西，這都不使我們厭煩；使我厭煩的是一位平常的人來對我說種種咬牙嚼舌的故事，或粗鄙庸俗的蠢語。對於音樂亦是一樣；不應排斥跳舞的音樂；或爵士音樂；總有人喜歡這類音樂的；我們要爲折衷派；一邊給我以正式的音樂，一邊又給我以輕易的音樂；毫沒有不好我只看見有許多便利處。需要有爲人人的，與爲人人所懂得的消遣；不過這種消遣要健全的；而粗鄙則決然不是健全。

無線電廣播的文化教育作用

一三八

比德列華格納　文學博士

無線電廣播與大衆的音樂教育

在凡爲歐洲音樂的勢力所及的國家，音樂生活分爲好幾層。所謂『音樂生活』我們在這裏第一是指『正式音樂』的演奏，這種音樂在普通的法則上是音樂史的對象，及在過去的音樂名作以外，包含足與過去相比較的現在的作品。這是職業音樂家和特殊音樂家的領域，單單他們方有照藝術的法則以演出名作的能力。這類演奏，以種種不同的公衆音樂會的形式，及有一漸漸少的部分，以在私人團體間做的『室內』音樂的形式，爲特殊來聽這種音樂的聽衆舉行。在某一程度內，音樂戲劇，特別是歌舞劇，屬於這類音樂。這種高等的界域，直至現在都爲音樂生活的唯一重要的，是由少數屬於『知識階級』的人所組成，這少數人的重要性，在各國因歷史條件與國家特性而表出不同。從與全體人民的關係上看，無論怎樣，這是主要從城市居民間所選出的最少數。

與這音樂生活的中心最相隣的一層，是因想一齊做口唱的或器具的音樂而組織種種團體的那些音樂愛好者，他們吸引他們的家族和他們的朋友爲他們的聽衆。然他們的技術能力，和他們的精神發展的程度，及照他們拿來的音樂目的，宗教的或僅在聚會的簡單目的，他們多少是與上層相近；這類音樂特別在某某國家發達，只由其特出的人才方眞正得與最上層相接。這層的主要羣衆，爲凡活動的參加所謂民衆音樂運動的人所組成，一直至最下的層次，無論如何，再不能有所謂『藝術』問題的所在。

最後的一層，在人數上論，決然是最重要，包括那些階級的人，他們沒有明白意識的喜歡音樂，他們不過偶然受所謂民衆音樂的傳染，因而來聽；所謂民衆音樂——眞正的民間歌謠與良好的軍樂隊外——由藝術音樂的渣滓廢物所合成。

想瞭解我們現在音樂生活的情形，我們不要不看到在上面指出的最後兩層，在一切的國家內，都代表絕對的大多數。

即由這個觀點，對於無線電的進入音樂生活中，應加以審察和估量。這是在娛樂的目的中，對於聽覺印像可爲幾乎無限制的廣播的最新技術工具，無線電自從成立起，自然與音樂結最密切的關係，及留給音樂以主要的地位，不論在什麼時候，在什麼地方，這個地位總佔全部節目的一半和四分之三。由此，音樂同時對一切階級的人而發，這與實際相反，因其預先擬定這些階級中人的需要和接受能力，爲一種幾乎不分的同一性。

由於音樂在廣播節目中所佔的主要地位，及由於組織從正午至半夜的每日播音的必要，無線電突然使人產生出一種新的與廣大的音樂需要。人於是逼不得已，要在凡有音樂的地方，卽加以採取。因而無線電廣播乃至於利用已經存在的音樂演奏唱片。結果，無線電第一不過是担任純粹是分配作用的簡單居間者。廣播節目亦不過是反映出音樂生活的各種不同原素的影子，關於不同音樂作品的演奏的因素，和關於不同音樂的聽者一樣，都從節目中反映出來。無線電的同時性與和一性，必然的要在節目中給差異性以相當的位置，因爲節目是續續的對不同種類的聽衆而發的，力求給每一類聽衆的最大數量與不論在那一個時候，以他們習慣所要的音樂。

對於音樂演出的機體的一切部分，無線電廣播都變爲一種新的運用物，而因在音樂生活中所有一切變動的表示，結果爲供與求之間的一種不平衡，且部分的爲已有的機構的動搖，無線電更受人歡迎。用無線電的傳播，卽在對於音樂演奏與歌劇表演最有資格的組織，亦成爲一種幾乎必不可少的物質的支撑。很要緊在各國做一種深的研求，以發見種種材料，可以許人確定在那一種程度內，無線電廣播已經補償了公衆音樂生活的預算表。

每日每時的對於音樂的重大需要，使無線電廣播事業的主持人，要將自己的節目與其他機關的演奏獨立不相關係；他們要確保有爲自己所專有的演奏工具（樂隊，歌隊，絃索家，等）。因此而以一種純粹『機械的』款式，產出一種補助的需要，因爲直至現在，唯獨音樂生活表現的機關，方得有這些演奏工具，現在則這種補助的需要，在很大的程度內與在最前面，卽使職業的音樂家獲得利益，他們看見無線電廣播使他們的物質情形改善了。

這在曉得，無線電廣播，是否不效的與久長款式的，使公衆音樂生活的預先存在的各種形式進化。問題剛是拿出來，但全未得解決。初時人可以這樣想，因其超越空間，由是而不受地方的量和質的限制，無線電廣播削弱了，及在只有一定的工具的小地方內，完全消除了許多音樂生活的原素，因爲音樂生活對於偉大音樂作品的演奏，根據在演奏者與聽衆的相互作用上面。關於這點，部分的一方面，因聽衆與演奏人的直接的，可見的接觸而定，別方面，又要看『人事往來關係』的方面，在音樂演奏與歌劇表演的現在形式下，這不能加以輕視，實爲必不可少的條件。別一方面，理論上是完全在可能的範圍中，卽那些直至現在都與偉大音樂不相干，和離開公衆音樂生活中心的階級，正由於無線電廣播而得誘至於參加種種已經存在的演奏形式。那種在進行中定然是已經開始的發展，在上面指出兩個方向中，將取那一種形式呢？人只能由精確的觀察，和特殊比較的研究將其確定出來，這種工作，因其不單對於將來的音樂教育的重要，而且對於將來的普通精神教育，亦有重大關係，人應不遲延的去開始做作。

在『機關組織』的形色下，來考究這些問題，我們已經將這個中心和根本問題顯出來，卽大衆的教育的問題。無線電廣播的決然的重要在這一點，卽因無線電而產生出對供給民衆的娛樂的性質和內容，要負責任的種種機關；這些中心機關，同時又有能影響羣衆與能鎔鑄羣衆的最强有力的工具。卽單單從這一個觀點，無線電廣播有一種普通文化教育的興趣。此中的意指是，在無線電廣播與其教育事業來看，實際上單單這些大多數羣衆方算事；卽絕對大多數的人，照我們前面的表示，在各國中都是屬於最後兩種的音樂聽衆的，方算事。在無線電廣播，數量的分量是有絕對的決定力的；其特殊的性格使其得有普遍性；因此，判斷其音樂的作用，先不要審察無線電對於公衆音樂生活的已有機關所爲的便利或損害，第一要看，由第一次與農民和工人羣衆所立定的接觸，所必有的需要與可能。

無線電廣播，突然間使這些羣衆與文化知識的各種最高表現接觸，他們對於這些表現僅人云亦云的曉得，而且由於偶然的，同時又是機械的款式聽到。因爲對於音樂演奏和歌劇表演已經有相當的格式，無線電廣播自開始，卽的音樂的廣大需要，及爲充滿節目起見，要將這些最高表現的音樂與民衆娛樂的音樂一齊播送；但播送很少的數量，因人曉得羣衆不能欣賞這些作品。這對於無線電廣播的教育作用，同時對於音樂從藝術上看的命運，有一種決然的重要，卽在曉得，及在那一類條件中，人可以將這種機械的與偶然的接觸，成功爲一種更有內在根據的關係，一種參加分據，一種相互瞭解（『瞭解』在這裏不是指美術的和智慧的內容全部的吸收），由此而含在音樂中的我們文化的精神和道德價值，得對羣衆發生影響，及一直至日常生活，都有光明的作用。

教育應當從日常生活開始。凡想引羣衆向着音樂的傑作的努力都是空的，倘若人不能提高我們每日所聽到，卽所謂消遣音樂的水平線。在音樂中和在一切其他的事物一樣，是習慣，亦卽是數量，決定欣賞事物性質的能力。人照自己習慣所聽到的東西來判斷某某是新鮮，是不結實。普通以『民衆音樂』爲標幟的音樂，是一類音樂的商品，照一定模型，連續一串的製出來，與酒類飲料及最粗俗的『愛情』表現相比並行的東西。這種音樂的工業出品得阻塞一切既有的古代民衆音樂的泉源，及在各國造出一種一律，柔媚與淫蕩的音樂空氣，而羣衆完全浸溺於其中。有創作性的爵士音樂的廣播，決然無疑的帶有一種洗清康健的作用。但爵士音樂亦和其他種類的音樂一樣，爲羣衆的需求所改變了，及以最少價值的摹做形式供給他們；這類結果的生出，已經有部分的是由於這件事實，卽中常的『跳舞樂隊』，普通不是在爵士音樂所求於其演奏者的需要的高度。

因有無線電廣播，爲反對沒有價值的音樂的爭鬬，作大規模的運動，現在是第一次變爲可能。無線電廣播，卽對於每日的娛樂消遣的音樂亦然，不限於一少數的演奏人員。無線電，因此得避免要去使用一種已經成爲民衆音樂之衰壞的主要原因的曲譜之必要；卽不要爲小樂隊，或且爲二三演奏人的團體的歌劇音樂和短歌劇音樂的抄寫。無線電廣播應該定爲根本的法則，卽這些反藝術的摹倣，這些過常濫用『幻想』一詞的可恨的投機者，若旣經見在其他樂隊的節目中，則不能再由自己的樂隊播送，亦不能將其轉播。對於相隣的，同樣可厭的抄寫的一類音樂，亦當加以相當的處置：如專爲某類性質一樣的樂器之用而作的音樂，銅樂器樂隊，曼德林的，六絃琴的，手拉琴的樂隊，等。因無線電廣播使這些民衆音樂的代表的合作——除歌唱隊外，這種音樂是最爲重要——要隨無線電爲這些音樂所立的條件的遵守而定，因此得使廣播節目純淨化；無線電且可以擬出種種模型來，使生出競爭心，因此可以很大的效力對羣衆的藝術趣味起一種作用。這種作用多依靠於主持無線電廣播人物的知識與精力，他們可以將付託他們的藝術趣味的普遍判斷變爲有效，使大衆遵循。

人要於此反對，謂在這類民衆音樂中，沒有別的，尤其是沒有再好一點的東西。事實上，倘若人從現在通行爲無線電用的娛樂音樂中，除開一切第三，第四，第五手的沒有價值的仿作，大堆的『描寫樂譜』，『全國曲譜』，陳腐樂譜，以及類似的其他浮淺的音樂，人可以看到有不少的娛樂的音樂存在。人不懂爲什麼無線電廣播不試播送這類音樂。這裏有『定做樂譜』的廣大範圍，特別要請有才的青年樂譜作家來做。相類的事業，又給樂譜作家以最好的機會，得與一般民衆相接觸，及在自身方面可以遇到很順利的歡迎，因爲在他們中間，表示一戰勝藝術的孤立性的强烈趨向，這種藝術的孤立性漸漸成爲不宏麗，由是而打破了人可以稱爲『音樂家的自治區』的情境。而留心於保持現在狀况的團體要反對，謂羣衆正是要我們在這裏攻擊的那類音樂，這個理據在我們很熟習，在電影的領域內人過常的說到了。倘若人想認眞的爲一般民衆的教育，人要打破一切關係人的抵抗力；因爲這是在日用的音樂領土上，爲這種教育的開始點。這又很要緊，時時用無線電廣播下一種直接的攻擊，及對聽衆指出，由比較作用及以講談形式，在『商品音樂』與良好音樂之間所有的差異。但這種方法遇到很大的困難，因爲所攻擊的製作者和商人，我們稱之爲作曲家和出版者，要以一切的手段來防禦，他們且可用法律的手段來自衛，因爲他們的經濟利益由此受到了損失。

因有這種對於現代有才音樂作家的請求製譜，無線電廣播得與普通現代音樂的產品相接觸。這種接觸對於無線電廣播，從別一觀點來看，亦是必須。無線電廣播主要根據在現實性上面。此中的意指是，無線電要有試爲各種試驗的勇氣。此中的意指又是『無線電廣播』與『演奏節目表』兩詞是矛盾的。音樂播送也特別變爲活潑現在的，而因其注意附結於現實性，乃表示其有一種意義。由此，音樂節目可以及應有，一種現做急就性。因在一切的領域內，不信常常的表出現在生活的一片，無線電廣播不能忽略現代音樂與其代表作家。現在應用這一名句：『生人為死者所制』於我們的音樂生活的其他機關上，或者是在其他各處沒有這樣合理的了。無線電廣播則在許多方面，不至如現代音樂在歌劇與音樂演奏中所遭到的困難，受相同程度的限制。無線電所冒的危險比較是小得多，及其在羣衆面前已經獲得的信仰亦頗大，許其得將在別處則非有保留不得讚許的種種大胆的表現，播送而受歡迎。矛盾是一種積極的力量，與常比冷淡為可取。更有，無線電廣播處在這種很優越的地位，無論在什麼時候，可直接的對固執不馴的聽者加以說明。這類說明正可以有種種教育的可能性。由聽衆所表出的不贊許，也可以造成一種接觸，可以拿來為外部工作之用。從紛亂不一致的時代的音樂來論，人不能期待其有『和諧』，亦不能要求其產出『和一』。將其拿出來討論，這便是弄明白現代生活的節奏而得瞭解意識，及這就是所謂『現實性』全體的高深意義。

從這種對於青年作曲家的請求作曲，或者要產生出一類與無線電廣播的特殊條件相適應的新音樂。全部已有的音樂，受制於某一種演奏的技術，及多少明白定出的時髦目的。由作曲選擇的表現方法，形式，動力，總言之，凡音樂作品的風格，因演奏的外界條件而定，而這些條件又決定於時代的整個社會的機構。卽因這個理由，古代音樂的演奏常常遭到種種重大困難，及我們大家都感覺到，將原來爲敎堂作的音樂移植於音樂會的廳中，這種風格所造成的或大或小的錯處。單從這一個觀點來看，已有音樂無線電的播音，在某一程度內，已經被判爲不足的材料。單單要人能造出一種新音樂，內容與形式一樣，完全適應於新的演奏工具，卽爲無線電所特有的音樂，這樣，無線電廣播方能超越分開簡單機械的居間者與獨立藝術的工具之距離。這個問題已經開始顯出來，爲無線電廣播的美術主任與爲良好的作曲家所看到：一本新近出版的書，由何尼智 Arthur Honegger 與拉郞德 Carlos Larronde 兩人合作，已經頗明白的指示出，這種新的音樂將爲那一類形色。這類爲無線電廣播而作的嘗試作品，舊一點而我們可以舉來作例的，是布列希 Bert Brecht 與魏利 Kurt Weill 兩人合作的『林德柏飛行曲』。我們又順便的指出，在形式與美學的問題外，純粹音樂學的問題亦有很重要的關係作用，及可以使平常發音的方式爲完全的轉變，引出種種新的樂器與新的音度；（布桑尼 Busoni 已經這樣的感覺到）。用電的方法的音的產生，正因其在無線電廣播上，有一種特別的重要性，其價值，卽近似的，人亦尙未能加以估量。

從上面的論述來看，很明白的，日常音樂的性質的改善，因下面兩種目的而有一種極大的重要性；普通『音樂意義』的激醒與『質』的情感的漸進教育。這兩種目的只能在一種普遍良好的音樂空氣中方能生出。這兩種目的初時是無意識的產生。在其對於聽者的作用中，無線電廣播有種種的可能方法去發達辨識能力，使這種能力從有意至無意。在這裏對無線電開出一塊從前所未有的教育的試驗的園地；從單獨一位講演人的講演起，至兩三人的對話，至劇情的情節（述記），使人得與音樂的根本原素相親熟的東西爲止，都可以試驗。人可以無須乎怕那些『愚笨的』問題，正是這些問題使人進步。特別有重要關係的，是要使音樂與凡人類活動的其他方面有一種常加密切的關係；使其不要如爲一小羣人，單單自然方得使他們適應的獨佔者，亦不要使其如直飛入雲中的『偉大藝術』，或一種職業的閉關隔絕的區域，要使其爲人類生活的一種基本的與必需的表現。在爲探測一切可能的工作的創作事業中，及在專心爲這些完全特殊工作的教育學家的養成中，卽爲專屬於一般大衆的教育無線電廣播的一切嘗試的主要價值與活動地域之所在。當然，這種教育包含對於音樂大師的研究，有如現在通行所做的樣式；要認識他們的生活，這不待說的，要認識他們的作品所由出的環境的歷史方面，社會方面與國民方面的特性。

因有這些一切努力，人可以漸漸的獲得在羣衆中醒起的，不是被除外的情感，卽這種偉大藝術亦含有關涉及他們的事物的情感。卽單單這樣，人方能得到，馬路上跑走的人，當他們的收音機發出交響樂時，不至於打斷他的機關。

就是在這種對音樂傑作的預備和入門中，更甚於在其播音中，爲無線電廣播的重要性所在。從上面所指出的動因來看，廣播只能爲一種趨時的東西。例如交響樂的全體演奏，要佔整個晚上，當然不與無線電廣播的特殊需要相合。至於歌劇的播音，『缺憾』之點更是顯然。人可拿播音與一般電影家所做的相比較，他們將要演的片子中幾段截下來作廣告映出，要觀者去看全片。無線電廣播在這方面的『宣傳』作用，實際說，亦不應加以輕視。試一求看戲的人是否因無線電的播音的影響而增加，亦甚有用處。但不要忘記，使羣衆遠開戲院的經濟的和社會的界限，狹小的使這種宣傳的作用受限制。從一切的理由上看，人疑惑那些過去的音樂名作，在無線電廣播節目中，很難保持一種比直至現在所保有的更大的位置。

人於此不能完全不提到，自有無線電播來卽有的，尤其是一般明白有識的藝術家所提出的一種反對。無線電廣播使一切種類的音樂都能以最容易的款式爲人所聽到。人可以轉音樂的龍頭，如轉自來水的龍頭一般，或如轉電燈的捩機一般。由此而有輕視的危險；音樂的『非常』性由是而輭化了，而帶我們出『家常』之外的力量也減退了。本來，現代普通容易有失掉莊嚴，典重，或正經或歡喜的，例外的意義的危險。這是無須手爭的，卽無線電廣播不單露出這種趨向，而且使其加强。莊嚴的意義，眞的說，所根據的泉源是在很遠於無線電的人類生活的地方。但人總要一問，在無線電廣播中，於『家常』與典重之間，於娛樂與莊嚴之間，是否可相等的爲一種更大的差別作用。在這個問題上，又密切的附上求戰勝內在於無線電廣播的雙重性質的別一危險的種種嘗試；無線電，一方面造出一種全世界的聽衆，但同時生出聽者個人的孤獨，及反於音樂本性的聽衆的『單元化』。人可以舉一羣聽者爲例，他們請廣播處，傳達在旣經將演奏在公衆廳中的音樂廣播後的常是公衆的讚許：他們便這樣感覺到更爲『現在』。這完全是其特點。當然人留意這些微妙的問題，但我們還沒有充分的原素，足以判斷由無線電廣播引起的新『團體』形式的種種嘗試，是否已經有相當的成功。

這樣一種廣大範圍的教育節目，與無線電廣播本身一樣，是超出國家範圍的，在試驗的繼續交換的方法中，定然要有一種規律，因爲這是關於一種沒有模型存在的事物的試驗，又或者需要一種國際間的分工，隨各國對於某種所有的最順利的情形而定其工作。因爲想對於各國所做的嘗試，與孤獨得到的結果，有一種卽很膚淺的全體觀念，亦十分困難，這便指出，在這一方面，還沒有一種充分的國際合作。如今日所有的各國廣播節目的定期交換，雖然很可稱讚，但仍不能應教育上的要求。正因爲關涉於羣衆的音樂教育的，是在討論所用的方法，工作的計劃及每日節目的問題。所以，在由世界文化合作的機關所供結的框架中，負廣播節目的音樂部分的責任人員及其他專家，能定期的遇見以交換他們的意見，實爲十分可祝望的事。

達維斯 英國無線電廣播處『中央音樂參議委員會』委員

無線電廣播與無線電聽者對於音樂名作的入門

1. 無線電對於羣衆於音樂的興趣，於音樂的理解及於音樂的入門所有的影響，看來在這一類事體中，不單是無限，而且是唯一的。此中最重要的地方，是由於音樂只能於使人聽到方得存在的這件事實。文學的作品可以由書籍傳播；這些作品可以爲人人所得到，可以爲凡能讀書的人所瞭解。至於音樂，除專家外，可以說根本便不是在紙上的東西，亦不像一個房子，可以看作存在建築家的圖樣或一張完全的大圖畫中。現在一切都變了——在歷史中沒有前例的事實——音樂因有無線電可以廣播，可以使處處都聽到。當收音機再加完全，而播音亦將相同的盡善時——這不過是時間的問題——在世界上將再不見有一個地方，要靠自己所有的方式，來聽到與欣賞表演盡善盡美的好音樂了。人普通的看到，音樂當時代之流中，受多少的不便，被僞化，被限制，與受不正的解釋呢？但音樂作品的演奏，實在是規定了這些作品的情形。

我們今日親見一件對於音樂從沒有這樣的利便的絕大奇績。人現在可以力所能及的最良好的演奏，爲人人廣播我們所有的最完全的音樂作品。但在無線電達到音樂的黃金時代以前，無線電應將演奏人傳入自己的法庭中。對於這種可以說是唯一的大事的性質略加伸論，或爲有用。無線電可以或分別的或連接的廣播：文字，音樂及當某類現象生出時的聲音。這三種播音可以爲最高程度的娛樂物，及有一種教育的價值。從不同地方發出，而同時達到的聲音的廣播，從尼亞加拉瀑布，從風暴的音響，從火車站的叫號，或從家畜園的嘈嘈，等所有的聲音，由無線電播送出去，都可以爲印入和激醒大衆的想像的唯一機會。但不是音樂，也不是重出的聲音，是不裝飾而發出的語言，爲無線電交通的最强有力的原素。凡文學的，詩歌的與戲劇的藝術，都可以恰如其分際的，在這些發出的語文中表現出來。有件與趣的事要加以注意的是，倘若這些不同的藝術產品，特別是詩歌，是直至現在，都不如音樂一般，在高度聲音的表演中，爲大多數人所欣賞；現在則不同了，無線電對於大衆的文學興趣的養成所有的影響，可與其對音樂方面所有的影響相比。事實上亦正是這樣，至少在某一範圍內。在廣播的音樂與語言間，又有一個別的比較點。倘若有天，人得使大衆對於音樂的根本原理有充分的入門知識，這樣自然也能覺察一種無聲計數的和聲，而可以瞭解一種在心上念讀的詩歌了。無線電本身由此對於自己的命運有一種很深沉的變化。這本來很確定，唯有這種新發明，可使大衆的聽覺記憶對於和聲，有這樣熟習的程度，他們因此，（像他們於念讀時覺察聲音一樣）可以大致的，成爲能欣賞估量，一種在紙上無聲計數的和音的性質。

人許我們對於人可期待於無線電攝影，（當其能得相當的完善時），關於大衆對美術品和自然景像之美的興趣與瞭解力的發達，略加論述。例如，倘若因有無線電攝影而變爲可能，人人都得親眼每年十二次看見兩半球的最美建築物；大衆對於建築所表示的興味，他們的美學的判斷，雖則人給他們對於這些著名作品之美的入門知識很少量，必大大的改進。我們又假定，人可以在銀幕上將最著名的大自然的景象，帶顏色和動作，盡善美的映出來，則對於自然界的作品中所含有的美的意義之養成，必生出一種結果，可與在音樂方面因有無線電廣播所得的結果相比較。現在，倍多文與其他大作曲家的交響樂和樂譜，都可以使凡有良好收音機的人，不止一次，而且多數機會的聽到與欣賞。

2. 由無線電使大衆對於音樂知識的養成與入門，爲我們論述的需要起見，可於下面的四方面加以討論：

a. 著名音樂大師的傑作的播送；

b. 近代音樂作品的播送；

c. 對於關涉音樂的種種題目的解說講談；

d. 特別爲音樂的教授之用的播送。

對於這些不同之點，希望人不要看不見而有所忘記，理由是因爲主宰收音機的種種條件，及我們在上面說過的，音樂在大多數人來看，只存在於其被人聽到時，及音樂只能於音度與和聲的相續過程中，方被人捉到。換句話說，構成音樂作品的每一音度與每一和聲，只當彼此相續中，而非在同時，方得爲人所覺知，因而其中的每一音度與每一和聲必立卽消滅，要接在後面的音度與和聲發出。人由此便可以想到，時常的重複演奏及聽覺記憶的練習，對於聽者所有的重要性。

a. 著名音樂大師的傑作的播送。

在無線電未發明以前，人早就將圖畫，雕刻，裝飾與工業美術的傑作，收藏與保存在公衆博物館與私人家中。凡美術，凡美之最崇高俊偉的表現，音樂與文學除外，都這樣的保存了，及爲對美術有興趣的羣衆陳列出來，使他們得以靜觀，得以享受。別一方面，爲人生之反映的文學名著，以及科學大作，美術書籍，文學書籍，都漸漸的放在圖書館，爲大衆所得閱覽。單單音樂，還沒有一定的『國立博物館』，可將其所有的傑作當一年中隨時給大衆觀看。在無線電發明的不久之前，——雖則這是似乎想不到的，——我們有幾個人，由於我們的熱心，想到至少在倫敦。有一天能成立一種音樂的國立博物館的可能；指定一個地方、城中最卑微的工人，倘若他願意，都可以到這裏來聽到最美的樂曲，這些樂曲全爲他的意思及由於藝術之愛，不是由於奢華或虛榮的精神，盡美盡善的定期演奏（我們假定這些演奏藝員由政府給與相當報酬）。我們當時草定的這個計劃，在我們現在看來，既是一個很遼遠的夢了。

現在，因爲有無線電，這個夢決然的實現了，而且是一種容易的執行；不單對於倫敦城，而且對於所有的城市，鄉村，一直至在鄉間的最遠的田莊；同時等着，——這很可以希望的——在全世界都可以實現這個夢。本文的作者，對於這點要表示他的驚異，因他看見，即在倫敦市，只有每星期二十分鐘（下午六點三十分至六點五十分）給與以『音樂基本會』爲名的播音，及見到那種任意割裂大師的作品，以便恰好塡滿可許有的時間的可惡習慣。這種事情當然要改變。但由此可以看到，大衆與政府中人，注意及無線電所可有的職務，及其可有的影響，實在是遲慢的無數表示中之一。現在可能的田地擴大了，各廣播台間的合作進步了；定期播送的歐洲的音樂演奏，爲什麼在使全世界的人，對於音樂發生興趣與瞭解音樂所盡的力量上，不爲一種重要的進步呢？誰也不疑惑，我們大家對於音樂，都可以領會。最近有一位印度人，聽到一首英國的全美老調，說他覺得這有一種相同的愛，因音樂的完美露出十分的美，同時又因其簡單，使人人是他本國的山間的一首歌曲。倘若人每天給一小時爲普通認是大家稱讚之對象的各派音樂傑作的整個廣播，人便由此得供給一切聽者，以同樣又是使人心接近的一原素之美學享樂的一定泉源。有這樣名譽的音樂作品，應由一個由特別有專門學問的人所組織的委員會選擇。有天，人總要設法成立這種委員會，及指定會中的委員。原則上，委員應於各國的有名人才中選取。這種委員會的組織，當然是不容易，但對於這點得到相互諒解，亦並非不可能。委員會的工作，倘若只限於受上層的指導與監督，爲作品的選擇，作品的演奏，使這些傑作每年有定期的廣播，則不至於十分艱難。委員會又可很有益的時時組織發出一種諮詢文字。委員會的工作，關於選擇近代作曲家的作品時，或者變爲微妙一點。由是而到我們要論述的第二點。

b. 近代音樂作品的播送。

很爲朋白，爲各國之明哲所表現的『新與舊』的原則，特別要爲無線電廣播事業的負責人，對於記在他們表上的音樂譜名的選擇的指導。這在他們實在是一種對音樂與對聽者的義務，要播送在每一年中所作的最好樂曲，與常應在無線電節目中的典型音樂的傑作一般。這兩種必有的趨向，可以且應當健全的相互瞭解。在實行上，人過常於使這兩種趨向相反對，這實在不好。大部分這由於兩方面的信徒，雖則都具很純正的想望，但不幸的，他們對於各方的理由有了一種不眞的觀念，因爲這一方面是過於固守的保守精神的犧牲者，而別一方面則爲過度的激烈主張的犧牲者。這種虛空的反對，使冷淡的人與使不思索的人一樣，互相譏笑他們敵人的位置的輭弱。這種不是和諧的心情，當然在對於音樂眞正有天稟的人是不見有的。播音處的音樂應爲融合折中的，及對於凡表現在音樂的範圍內的一切趣味，一切趨向，總要是健全的，都有相當的位置。例如在倫敦最著名的當事人都同意，認廣播台應爲一種音樂的『國家博物院』National Gallery與『布靈頓陳列所』Burlington Houser，廣播台要播送一位巴克 Bach 的特色作品，（或比較不重要的大師，如蒲雪爾 Purcell 的作品）或一位爲大衆所不知，但爲委員會所重視，以爲値得廣播的一位近代有才作曲家的作品。（原註）

（原註）這是很爲自然，當聽者慣於聽一類音樂，而人常不合時的，及與在前的沒有關係的，爲他們廣播一首完全異樣的樂曲，則典型音樂的與近代音樂的愛好者之間的相反

性，表現得更爲明白（從聽者給我們的通信可以證明）。在音樂的範圍內，所有的領土，雖不大過於文學的領土，但決然一樣的廣大。可以說，在世界上有這樣多的居民，便有這樣多的好曲樂；通都值得聽。但當人向我們要播送在我們青年時唱的古老歌曲時，也許人弄錯了這種歌的可以是不良的價值，人不過因此想起過去的好時光而已。當我們青年時所得的印像，有喚起不是現實，但視爲神聖的記念的天禀力量。當一位有教育的人，從他兒童時所曉得的一段天眞歌詞，或一短篇趣劇而引起他從前的紀念，他很能留意到，這篇東西的眞正價值，而不要求人將其用無線電播送出去。不幸，直至現在，對於音樂還沒有普通的批評標準存在，使我們得阻止人以不良音樂厭煩大衆。人所要論及的這種地位，在某某方面很爲徵妙。聽者對於爲他們所熟習的古老事物，正因其有古舊親切的形態，而使他們愛戀的所表示的同情，爲別一種聽者對於凡新鮮與未有的事物，卽由於其有新異和奇怪性質，而喜歡所感到的過分需要的不情抵抗。所以現在仍要在兩方面都有讓步。在這一類和在那一類聽者一樣，他們的趣味可以變爲比較融合折中一點，結果便可以相一致，因爲古代和近代音樂，都由於其能在聽者激起直接的情緒，而爲大家所追求，所讚美，總要這些音樂充滿生命，各有其充分力量，足以引起聽者的讚美，及爲人人獲得健全的滿足快樂，自然要爲人人長久所聽了。

倘若人除開那些人不管一切，總要新鮮的時是過分的需要外，人可以在一般的聽者見到，有對於凡『剛健與新鮮』事物的一種眞誠與品質良好的欲望；這種健全的趨向，決然無疑的可由無線電來發達與指導。在音樂上，天才的創作性可由兩種款式表現出來。有如著名政治家的例，他想以一個神來的重要和有特性的觀念，印在他的國人心上，他用一種最簡單與一切人都可瞭解的文字來表示，致力於近代音樂的有才作曲家亦然，他使用古老的形式，倘若這些形式得以表達新的情感。只是當既有的形式露出無能的時候，他方爲自然由他思想中引出來的那些新方法的使用。人看見，在這種情形中，所謂始創，所謂更新，不見有何刺目的性質（莫查爾Mozart 爲他用絃索樂器演奏的樂曲 qua'uor en do Majur 所作的著名引子，供給我們以一個例。這篇引子，幾乎當一個世紀內，成爲他的最忠實的學生的苦悶原因）。所以，這是決然無疑的，無線電有一種義務，要以一種可能的完全款式，常常將近代的樂曲廣播。這種必要盡的義務，僅能略差於爲熱愛典型音樂的聽者，而播送典型音樂的名作的義務。

這要求助於像一類我們在前面提到的國立的或國際的專家委員會，明白是必需。這些專家要實際的將他們的時間，來做必須博學研求和高深研究的工作。使他們不單在判斷一種音樂作品的價値，還要担保演奏是很完善。偉大的音樂作品，近代的和古代的一樣，需要强有力的工具。古代的音樂名作所以能感動我們，只因藝術家於看着作者的筆下流出的墨水剛𢸃乾了的樂譜演奏時，帶來整個的情緒將其演出來。近代的音樂名作所以使我們眞正的熱誠，只因在我們看來，這些作品常是存在，不過等着被發見而已。總之，專家委員會的工作，對於音樂有一種最大的重要性；對於作曲家和對於聽者都有很大的好處。

c. 對於音樂的解說講談。

因爲有兩大類音樂的存在，所以有兩種相應的講談要由無線電來做。直至現在，這兩類題材不能淸楚的界定，亦不能加以區別。凡對於這種工作費了些時間的人都曉得，對於這些演奏有興趣的人數（他們且終於熱愛的來聽），多多超過於規律的聽者人數。明辨有識的欣賞一首性質良好的樂曲的天稟，似乎比於音樂演奏時傾聽着一首音樂的容易性，更爲普遍。這兩種才能的第一種因於第二種，但兩種都根據於經驗。本文的作者據這件確定事實，可以引擧許多他從屬於最不同階級的勤來聽者寫來的信。略一思索，卽足以使我們覺到，這是很有根據的事實。我們的眼睛可於好幾次看一幅美麗圖畫，一種山水風景，或其他的美術品，因而得固定其特性，重振其記憶，或覺察以前所未見的細節，但在耳朵則不能再聽第二次的連續送到耳邊的過去的聲音。很爲明白，此中要有的無線電廣播的講談，必要爲這一類的講談，卽在爲聽覺之敎育的，及使耳朵於音樂演奏時，習慣於和把捉到一首音樂的根本原素的，自然同時又要讓聽者自由照自己樣式去聽。

人許作者對於其他兩點加以論述，因這兩點的顯著性，由他九年間不斷的在播音機前的經驗，更爲顯示出來。第一，大衆在估量好音樂的藝術中所獲得的經驗，直至現在，都過於有限，不能造成一種特殊情形。這很是自然，因爲人若想到一首聽者所喜歡的交響樂，要聽多少次他方敢說他認得這首交響樂與他的圖畫或他心愛的詩一般；這圖畫與這篇詩他可以隨他的喜歡，在面前靜心的欣賞，不限時刻。至一首音樂的廣播，對於聽者，他們是愛聽而又能欣賞的，不單爲上面所指出的事實所阻礙，卽音樂的演奏是照聲音相續的方式發出的，後一聲來，前一聲便消滅；而且在給與大衆聽與重聽同一樂曲的機會間，又有很大的不稱比例，並不均等。

第二種要指出的阻礙，或者是比較的難接觸到。人可以將其爲如下的說明：在視覺的覺知觸到你的美，獻給你的眼線的美麗形式（這裏的意思是指理想點線，體積和顏色的關係與會合，是指由眼睛與爲智慧在一種神奇的視覺中所覺知的這些不同原素的綜合），普通是當我們的整個生活中，卽在自然界中環繞我們。爲聽官所覺知的美術作品，情形則完全異樣了。例如，一個人可沿着兩旁種有高大楊樹的大道而散步，而在燦爛的陽光下讚美這些樹，可以進一個博物館在一位大美術家的名作，譬如喜歡將楊樹畫在畫上的畫家何比馬 Hobbema 的作品之前驚奇讚歎。但一位喜歡音樂的人，走進一個音樂會中，聽一位大師的音樂，他就不能這樣停留，聽到在大自然中有一種與這音樂相關係的美的樂曲，許他得將其喚起，完全像眼睛可看見的形式所有的情形一般。

當然人可以想出一種根本爲聽官所覺知的作品，而其美則從理想的和諧點線，及從組成一種在時間中是完全和一的整個之種種關係的和聲產出，完全像人可以想出一種專爲在環繞我們的框架中，而靜觀的有形的美術作品一般。但這很確定，卽作曲家與聽衆沒有像畫家和他的讚美者一樣，有爲他們所熟習的相類的神思形式。沒有什麽能超越這件粗犅事實。

所以，使無限廣大的羣衆，能聽到良好音樂的無線電，同樣廣播種種關於音樂的講談及引起對於搆成這些音樂美術形式之美的意見交換，實很合理。這些講談自然在某一種程度內，能補償爲作曲家與聽衆所公有的比較原素的缺憾。

這些對於音樂的講談所有的危險，來自見地不清的講談者，他讓完全個人對於某種估量與愛好的問題的意見，引入在自己的講談中。卽使有最良好的想望，但想阻止我們個人的缺點不僞化他人的印像，仍是很困難。使不要跌入這種錯誤中的最好方法，是在講談中加入許多的實地說明。講談人必要有一整個的天稟，使他得演奏一段樂曲，同時又能有才情的講論（在某種情形中，又要謙虛的講論）。又要他例外能把捉到音樂在其一切形式下之美（捉到和諧之流與調和之枝一般）。一位有這類天稟的講談人，似乎不至於聽衆前演說，他比較喜歡與聽衆談話，像和他們互相交換各人的印像一般。他力求以使他的讚美爲可傳達的款式去估量作品；糾正聽者對於某種音樂，或反對，或贊成的偏見，而沒有將自己的成見傳給他們。因有這些講談，適合我們所感到的需要，或者在將來有位歐几里德 Euclide 出來，能以簡單的陳述說明音樂本身是什麼，而使大衆得以聰明的款式，在音樂的複雜多數的表現下，估量與欣賞音樂。

d. 特爲音樂教授之用的廣播。

直至現在所獲得的經驗，准許我們相信，因爲有無線電，將有一天，可以在廣大的程度上，及以一種相續的款式，組織一種特是對於音樂的性質與演奏的藝術的教授。現在既證明，這一類課程可以有眞是使人驚奇的結果，總要在講演人與學校教師之間，在播音機前的教師與外面的教師之間，有一種完全和禮貌的通力合作。當然人可以舉能自己教育自己的學生作例，他們孤獨的在收音機前聽，因而獲得相當的結果。但普通上，學生應該在一位指導他們的教師面前去聽。若這位教師和他的學生這樣合成一體，親密的與在播音處的教師合作，所得的結果眞是驚人。我們可以用一本音樂教本（這書自九年以來，卽每學期在倫敦出版，專爲聽這些課程的學校之用）卽能發見，由無線電與學校中教師合作所有的音樂教授的課程，應當指向的眞正實際的目的是什麽。廣播處的教師，坐在他的鋼琴面前，普通有一位唱歌人幫助，很可以指導課堂中人的努力，而他們是關於下列的數點來聽他的課程：

節奏的練習

整個動作的細節

一音的正確複習

念讀法

音樂語句的分析 Phrasing

看讀

節奏意識的發達

樂曲的製作

後則（亦不是較不重要）學會於聽演奏時集中自己的注意力，卽是說，以聽官來濃烈的『注視』當音樂演奏時的種種音樂的形式（原註）。

（原註）欲知詳細，請看達維斯的 Music Handhook for Teachers，1933——1934。又請看 Broadcast to schools–Music Lessons，學校無線電廣播中央參議會出版。

我們可以結束本文了。由無線電的發明給與世界的最大益處——這件事實是十分明白，使人看來是幾於無聊了——就是音樂自身。但要緊的是，音樂須加小心的選擇，須有相當良好的演奏，要充分的重複播送相同的樂曲，使聽這些播音的大部分聽衆，能於此得到很大的滿意。因爲人可以肯定的說，藝術的親歷經驗，對於完美的一切形式，視覺的，聽覺的或想像的形式的靜觀，在其本身就是一種教育。聽無線電廣播的音樂，那便是受自己的教育於無線電。但因有上面所述的理由，這亦一樣的明白，卽開闢廣大的藝術快感的可能領土的無線電，無論在其使人聽到的關於音樂的質與量兩方面，還擬有一種更廣大的工作。關於音樂而伴有實際說明的講談，在現在的機構中，是無線電的自然必有的產品。這種倘完全在孩童時期的講談，剛被看到與實現，找求路子，從這些初次的嘗試中慢慢的浮現出來。

薩波利　威尼斯『地方美術院』美術史教授

無線電廣播與大衆對於美術知識的養成

無線電廣播，或者是最適合於用的工具，直至現在，又決然是我們所可得有的，用來使爲距離和習慣所隔遠的人們接近的最完善的工具，而因此，無線電爲普遍宇宙之意識出現的預備。

世界文化合作學院注意無線電，實甚合理；更進一步，學院力求將於內行專門的人的交接和討論中，加多表示他們的高尙情感的思想和觀察；學院又找尋避免極易變爲禍患的衝突機會與意見差異。學院的努力在求增大各民族間的瞭解，精神道德方面的關係，對於社會問題和事實的自然而然的諒解；這些諒解可以使人設想有最廣大和最高貴的希望。

凡科學的新的征服，在人類歷史中，都不過是一件偶然的事實，爲進步，爲衰落與爲更新而有，倘若這種征服第一在減輕人類公同的困苦；便利思想的接近與利害的調協，使各各不同的國家毫無損害而連結成爲一種强大的人類線網。無線電也一樣，只有這一種應得價值，卽將能獲得可以分派給人們的利益。要使無線電能得到我們可有權利期待的那些結果，我們要看無線電如一種對個人和對民族的道德與美學教育的動力。每一國家都應同時加倍與完善其廣播台。

人還很能想到，在一千九百二十年，無線電廣播還沒有出世，而在歐洲，無線電單在一千九百二十一年方開始呢！所以，不到兩年，人便從稀少愛好者的試驗階段，走至爲發達成公衆機關的通俗的層級。

自其出世之日起，無線電廣播便成爲一個國際問題。

當廣播台增加了數量與力量時，對無線電的需要亦相因的感到增加。

每一國家不能不知自己的隣國所有的情形。在一千九百二十五年三月，十個歐洲的國家派代表到倫敦爲第一次的國際無線電會議，從這一次的會議，遂於同年四月四日，成立國際無線電聯合會，以日內瓦爲會所所在地。同年，聯合會的一個技術委員會爲將電波分配給歐洲各國的研究。這種分配稱爲日內瓦的分配計劃。

一千九百二十六年，成立研究關於節目交換的問題的法律委員會，及文化，美術和社會的接近委員會。一千九百二十九年，原有的聯合會，更名爲『國際無線電廣播聯合會』。同時聯合會章程亦修改了。在國際無線電廣播聯合會的參議會中，各種組織，每國有一位代表列席。聯合會每年在日內瓦開大會一次。聯合會的目的，在於各種不同機關間，成立一種聯線，及集中凡有普遍性質的問題的研究，會中有四個專門委員會，其中之一是研究文化，美術與社會的調協。

在蘇維埃政府的俄國，人民委員會於一千九百二十八年五月，由命令規定，無線電的機關組織，設立四類廣播台；第一類包含其節目以教育目的爲主的廣播台。

現在，歐洲的主要國家走向爲國有的無線電事業。有些國家既經達到了這個目的，將技術的與美術的，或單單美術的指導事業付託於一個由國家監督的公司或機關去執行。

爲一國人民的教育，第一在給人民以一種新的精力，灌輸人民以一種精神的和物質的訓練，使人民看出個人的利益與羣衆的利益得相同一致。

所謂教育，主要是指人類的秩序與提高。分解作用的不安心理，類似狡猾的燒熱，爲那些曉得預防和醫治的人的勤工的，注意的監督所消滅，所克服，對每一個人與對一切的人都很公道。單獨一個强有力的政府，方能造成國家最高的情感，確定得有一切人對國家的尊敬。種種不同的私人經營事業，應該以團體的利益爲目的。雖則在開始的時候，這種必要可以模糊的看來是强制的，但不久便變爲自生的，自然的了；這種必然在其本身有其說服的力量，有其報酬。卽這樣預備好爲國家的鵠的所根據的和一性。

完全道德的理想，想求達到，需要一切的精力，向着唯一的目的而進行；有如在建築物的全體中，不單虛與實的法則要很適當的應用，而且每一裝飾物，不管其爲雕刻的或圖繪的，都要能確定建築物的特性與和諧。

所以，像一個國家如意大利，想達到完全的秩序，無線電廣播爲政府所關心的對象，是很爲自然。人可以說，沒有一天無線電不受這種關心的新表記。

意大利人的性格的同時是動的與合理的活動，露出在這種改善求進的常常研求中。求超過既經有的欲望刺激人心，決定種種美好的創作；而使人可以確說，每一種進步都使其有一種潛伏的新的勝利種子。

法西斯蒂政府成立參加入來了。政府看到無線電廣播的龐大重要性，及其所必有的各種義務。政府第一留意於防止一切不論有意或無意，可能危害公衆安全與公衆道德的過度濫用。所以，政府決定，凡由無線電所通知的消息新聞，都當預先交政府審查與得政府的允許。政府力量不單求在使無線電廣播爲無危害性的，同時且使其爲羣衆的公用物。

談論音樂的播音，不屬於本文作者的意思的範圍。但我們不能完全不說爲總理大臣的意志所取的有益規定，在這種規定中，羅馬皇家歌舞院的表演，以及意大利的最大音樂戲院的表演，如米蘭的 Scala 劇院，那不爾的 San Carlo 劇院的演奏，都可以由無線電播送到全世界。羅馬 Augusteo 交響樂演奏會，由意大利與外國的最有名的樂隊主任們所經營的，亦同樣的得由無線電播送至各處。

這些劇院的管理人，都接受政府所規定的條件；因爲很少的報酬，這些劇院同意爲無線電的廣播，本來這種演奏，卽使以很高的價值，亦難得聽到。自數年以來，不管在意大利那一處的人民，都可以聽到最著名的歌者與絃索家，發見音樂名作的偉大，及震顫於其中所表示的連結一致的理想。在從前，偉大的音樂藝術只是很遲的，而且爲庸凡的演奏者所減削的方得達到各地方內，現在則同時可以使一切的人，不分最有教育的與最爲粗俗的，都得於相同時間與高采烈。

我們特別要於本篇內，討論以無線電的通俗作用，來施行民衆的造形美術的教育問題。在無線電攝影的期待中，單用言談一種工具，是否可能於有距離的限制，而使人瞭解偉大美術品的性質，及其所能脫出的提示嗎？

我們對於這問題的情感是這樣。由古物發掘所弄出的古代世界，在學者們的研究中重新現出，及爲我們重新造出來，不單由於有廣博的學識，同時且因得到想像力的呼喚力量的幫助。整個的城市，如龐壯城與赫久拉嫩城，使全世界興趣的考古學地帶，如這幾年來繁榮在羅馬的脫拉望Trajan市場附近的地帶，寺院，會場，神壇。都在我們眼底顯出其富提示性的形式。各種相當適合的講談，卽對於離文化中心很遠的地方，亦可以用無線電使人認識這些可讚美的發見。人又可以在其科學的權威相等於其陳說的簡單的那些講談中，呼喚起在印度，在埃及，在利比，在希臘與在西西利的考古發掘工作所弄出的作品的歷史或傳說起源；由此而在聽者方面，帶過去的時代的記念，得呼喚起一切事物的古老意義：從這些殘餘遺跡，藝術生長起來，樹立起來。

數千年前的紀念建築物，及基督紀元最初數世紀的紀念建築物，中世紀的宗教與非宗教的建築物，凡文藝復興時所有的建築上的成就，以及近代的也很豐富的建築，都可以豐富我們的知識。這不是在教學的課程中，可以得有位置的美術史的某章或某節，這是我們聽到的有教育性的動人敘述。

時常有特殊價值的建築物，某種文明，某種宗教，或某一歷史時代的代表東西，從歷代將其遮覆，及改變其風格與美的層累結搆中擺脫出來。這些重新發露出的建築物，應該爲羣衆描寫，而使他們得以思想將其佔有。人亦不能忽略保存在雕刻的，圖畫的或應用美術的博物館中的種種名作。

在羅馬用無線電做的某類『美術講談』中，我得有機會敍述我遊歷麥拉克希 Marrakech 城的撒哈拉沙漠中的墳墓，龐壯的『神祕之城』，威尼斯的聖馬可教堂，羅馬的威尼斯宮。或講述這些遊歷，不照一位敍述者或一位講演人所有的常用的習慣方法；我力求在引攝人的對話中，或在活活的縮寫中，將這些事物的面影，爲一人形，爲一美術品之特色的要點，概括的描繪出來。

同樣，無線電播音很可以表現出近代美術家的作品，新的都市，近代的內部陳設，總言之，可以方法系統的爲現代美術的目錄。從國際的與國家的徵求廣告起，直至團體與與個人的展覽會的報告，美術書籍的批評，不論那種美術的研求與獲得，都不應排出在無線電廣播之外。但那些被選來說話的人，於他們所備的題目的特殊知識之外，又要有一種特別的敏感力，及使他們能說出他們的簡短說詞，有如他們是以言詞描摹出來一般的聲音天稟。聲調的輕重，直至於抑揚頓挫，都應顯示出爲美術品的無上生命之源的光影色度來；使人以爲是看見，及幾乎觸到美術品一般，在其特有的大氣中發見出，因爲這些美術品在人心智中，所生出的印像，大部分都由於這種空氣作用。

在造形美術中，最重要的是視官的迷醉；這些美術似爲眼睛搆想出來。但恰好的言詞的喚起，與合宜的音學效力，可以在不同的形式下，使這些美術在一種巧妙醒起的想像力的天空中，很活在的爲我們顯示出來。

有某種生活的常住不動的法則，這些法則從沒有，與永遠不能爲科學的發明所更改。不過我們要承認，無線電廣播爲人類文明盡了很大的義務。

言說對於人心行使主宰的力量，言說宣告種種事件，加以批評，說服人，教化人。言說是自由的與飛逝的，鎖住人心，似爲其力量所懾伏。無線電的談話，現在與將來，都常有一種不停的增加的教育與通俗化作用。在播音機面前，教皇庇佑第十一，『以天爲講壇』，對全體基督教徒說話。總理大臣莫索利尼以英文說他對美國人民的文告，這篇文告有很大的影響。

用那一種款式來發達與完善這種社會和人類的教育工作呢？方法並不缺少。但要將其倍加，將其改善。

對於希望將其瞭解，又若可能，則希望將其解決的，人所有的很微妙的種種問題中，某一類表出精神道德的性質，別一類則表示專門技術的性質。

廣播節目的技術的與美術價值的發展，應當以相同的强度進行，使能達到其最大的效果，與生出全數的力量。

求發見凡可以在某方面由無線電來廣播的事物，實爲必需。

爲消除在播音中的電波干涉現象，與避免廣播的過量堆積，那要好好的監督各廣播台的電波長度的分配。往復音度的與接收强弱的測定，都足阻止聲音抑揚過度的現象，及減少由大氣的擾動所引起的種種阻礙。

求克服擾亂無線電聽者的各種原因，在德國和在奧國，特別活動。

關於裝置方面的新創，有如在汽車上與在火車上的無線電，現在通行於歐洲的，値得我們注意。同樣，由正在飛的飛機所爲而得到成功的播音試驗，亦應爲我們所注意。

否認無線電對於發達興趣的意識，及對於在現代生活的騷擾中，而提高文化的水平線所有的影響力量，實是滑稽與無益。我們旣在上面說過，無線電在意大利，當一季中，將國內最大歌舞院的演奏分配給聽衆。例如羅馬的廣播台，因有强大的播音機，將意大利的音樂與語文之美，傳播到各處去。

大家曉得，『意大利無線電音樂演奏會』的有空樂隊，組織良好，可能演奏不論有任何重要性與不管有那種困難的樂曲。在一次威尼斯的音樂大會中，米蘭的無線電樂隊，因演奏特別困難而未經演奏的音樂作品有名。

交響樂亦可以由無線電廣播。聽者可沒有看見各個音樂家而得估量欣賞，別一方面，無線電使音樂的聲音比使說話的聲音更爲良好。『意大利無線電音樂演奏會』事務處，同時亦留意使羣衆對於『房中音樂』的演奏發生興趣。

無線電的播音，卽對於一位精細的聽者，亦可給與一種情緒與一種美學的快樂，相類於一種聽直接的演奏所獲得者。

對於單獨，愁悶，窮途，疾病，被忘的人，無線電給與一種精神上的救濟，一種人的支撑；無線電使他對於生活有所信賴。

教堂的鐘聲，彌撒禮的舉行，讚聖的歌唱，禮拜日的聖經誦讀，對於病人和對於囚犯，是安慰的泉源。

請各國的著名演說家和著作家，在播音機前說話，人使文化的水平線提高；人教導，人增加對於精神事物的愛；人預備新時代的知識的，道德的，美術的養育；人在聽者激醒一種較和諧的生活的概念。這種教育使命，可於分析人類的偉大傑作之美，可於使羣衆對造形美術有所入門，可於陳述最重要的科學發見中做成。詩歌，是神來和熱情，變化和洩露人類生存的祕密之美。喜劇，不管時間過去，仍是活在，且仍有力量和新鮮，人常喜歡去聽，可與現在的簡短和淸晰的無線電劇本，交互的播送，兩者相合成爲無線電廣播的戲劇節目表。

又有某種法西斯蒂的表現，使我們聽到戰壕中老兵的懷祖國之歌，及聚在意大利各處的歷史名勝場所壯烈的巴利拉 Balilla 進行曲，因此而有的合唱樂隊之美，更可說什麼呢？

無線電向人間宣示訓練，忍耐，信仰。無線電是教育者，即當其不傳播言詞或美術神思之聲音時亦然。例如在意大利各省會中，播送由羅馬的莫索利尼講台發出，關於同一時間執行運動動作的號令，響亮着如一種不是隱藏的，是不可抗拒的呼喊，這呼喊是要人服從，要人順從在其上聽到，爲指揮人的羅馬旗幟所更生的，意大利青年前進之聲的音節。

人又可以對於爲兒童的無線電的放送，期待相同的益處。新時代的人，似乎特別容易從無線電的播音消化接受人生的意義和藝術的意義。人若小心避免純粹是學校經院式的播音，人可以獲得直接立刻的效果。現在的兒童對於機械的科學和對於運動的勇武，比較爲更有興趣。速度和高度引攝很少年的人，似乎帶領他們至一種使人暈眩的音節而向着將來。多數的電影景象，因有色攝影將物體成爲華彩奪目的烟火美景，遂使電影更爲神化與更爲深刻，爲美夢和妙想的養料，很久以來，便已表出這種傾向。

因有無線電，使看出連結各民族的連線，使認識每一國家的超出其他國家的生活情形，因而造成一種廣大的心理上的瞭解精神，是可能嗎？這正是我們的意見。

我們很確定，無線電是一種國際教育的工具。每一民族的理想，現在可沒有假飾的肯定；這些民族的理想，要求其他國家的忠誠支撑，自此以後，再不能對之冷淡，也不能對之敵視。

在流血的敵視精神之上，在暴烈的征服與民族的統制之上，這是現在不許可的了，人類尊嚴的旗幟繼續的昇起，對一切國家確保有一種公同理想的利益。

無線電廣播包含與透入地球上的各處；無線電在我們的動轉星球上，光耀着如一種第二種光亮。無線電加多而不分碎；走遍空間而不減弱。那些自然的原素，轉變爲馴服的傳達物，急急接收高飛上青雲，深潛入海洋，貪得新境界，有如虛渺的阿爾西安 Alcyon，或摩爾加尼仙人一般的聲響的顫動。

人聲與音響，從無線電的觸線上面，飛躍入無限的空間，帶給各各不同的國家以一種新的光榮。這些聲音使世界上的國家接近，使成爲姊妹兄弟，使其同在一種顫動全人類之心的向上的想望中。

無線電廣播與大衆的科學知識入門

龐宜維 奥斯羅大學理學院教授

用無線電來做關於自然科學題目的講演，普通遭遇很重大的困難，因爲，在一方面，這些題目的本身就多少有些是專門性質的，而在別方面，這些題目又必須有實驗的說明。但是，因羣衆需要在這一領域接受一種普通的指引，這一方面的知識對於羣衆有很大的興趣，人在那威，力求給羣衆以關於自然科學的講談。因此，無線電廣播大學委員會，與柏爾眞 Bergen 博物館合作，最近組織了用無線電的每週講演；這些講演幾乎整個是正式節目的一部分。將這七年間在那威所做的試驗結果使人曉得，對於別的國家或很有益。所以本文的作者，根據自己個人的試驗，願意接受來說明他視之如用無線電來做的關於自然科學的講演工作之基礎的那些原理。

最初，要以很確切的款式，曉得人想對之說話的，是那一類大衆。卽在這類大衆中間，常有許多聽者，對於自然科學，絕對不表示若何的興趣，或則沒有欲望，也沒有耐心，在半個鐘頭內，對於必然須要一種整個的精神集中的問題，固定他們的注意力。所以，要緊的是，在從人求達到的大衆的關係上看，將自己的題旨加以恰切的界定。

從這一觀點來看，是大衆所表示的趣味，更甚於他們的科學知識的水平線，爲決定的原素。在對於這些問題有興趣的人們中間，人舉出一大羣不同種類的人。人見到一大羣貪求知識的青年，他們沒有一種普通的科學素養，求於最不同的範圍內擴充他們的知識。人又遇到分散在各處的鄉野居民，其中包括年長的人，他們因爲他們生活在其中的工作和孤獨關係，不能如他們所想望的發達他們的科學知識。別一方面，同時又要顧到社會上受過大學教育的這一類人；不單是正在研究學問的少年，而且是從前的學生，工程師，醫生，教師，學者亦然，因有無線電的講演，可以有機會曉得，在與他們所專門學問相隣的學問中所實現的最近進步。

凡對於科學問題有興趣的這些不同種類的聽者，都應能有益的來聽用無線電做的，關於自然科學的講演。這就是當人想編製節目時所遇到的一種主要的困難。這些講談應簡單與很通俗，足以激醒與足以維持大衆的興趣；及同時，每一講談，從其各個的本身來看，卽使是『從開始而開始』亦應有時候將現代科學的問題弄清楚出來。人又遇到同樣的困難，當人想徹底的討論一個題目，決定於三次或四次一串的講演來說明時；人當然不能曉得，在每講演中所對的聽衆，是否爲相同的羣衆。

很爲明白，對於不論那一種自然科學，想滿足一切這些要求，當然是不可能。所以，講演題目的選擇，對於負責的委員會，是最重要的一種工作。數學，以及在其他科學中的數學問題，因爲其性質專門的關係，要將其除外。同樣，因爲其他的理由（例如因爲實驗的不可能），天文，物理與化學的某一部分，亦除外。以外還有充分的材料足供無線電的講演題目之用；而且關於確切的自然科學，在每一講演中，陳述一個比較有限制的題目，更爲合宜。在這些頗爲艱難的不同領域內，人對於爲普通基礎的原理，當不怕重複的說，一再堅持的說。地質學和生物學，是描寫的科學，大量的與沒有過度困難的，供給爲無線電講演的材料；醫學的問題亦是，爲一種本性卽能使大衆發生興趣的豐富材料。

對於想繼續的聽無線電的科學講演的聽者——他們的人數在那威不停的增加，——可以製出一種長期的計劃，使普通是簡短的各講演組，每種成爲一整個，爲一組繼續講演的整個部分，時間可延長至一個或數個學期，而且可至數年。

爲說明上面所說的話，將在那威組織的，關於自然科學的問題，繼續的延長至三年之久的第一組大學講演，重舉出來，便够了。這些講演的材料分配爲學期的六組，其題目如下：

1. 宇宙與地球（關於星球世界，太陽系統，地球行星，地球的表面大氣，共七次講演）。

2. 能力與物質（關於物理與化學的講演八次）。

3.過去與現在的機體生活（古生物學與普通生物學的講演七次）。

4.植物與動物（從植物學與動物學中選出八次來講）。

5.人類，自然界的原素（進化，搆造方面的和一，內分泌，兩性的決定，人種）。

6.人類，康健與疾病（個人的長成，發育與發達，遺傳，疾病，營養，近代的人口問題）。

以上每一學期組的講演，又分配給某一羣講演人，因爲對於其中的每一問題，委員會求得到一位特別內行的人來講。各組的講演，繼則以上面所列的標題刊布，而這些講演的大部分，在印行時，又加以說明，及部分的增加。聽者和大衆，因此得對於一個由無線電的講演刺激起他們的興趣的問題，重新加以研究。

無線電所做的大學講演應當刊行的原則，要看作很爲重要。這又是確保這些講演有高度價値的一法。又當曉得，由委員會請來參加這些講演的某一組的學者，——這些講演應當通俗，同時又能說出現在科學問題的概要，——是做一種很重要的工作。人不能期待一位學者同意來做這種工作，倘若不同時担保有刊行他的研究結果的權利。

在最近幾年來，無線電做的大學講演，合成爲通俗科學叢刊的一組。大衆對於這些出版物取那一種態度呢？經驗指出，在這一方面，有一種很有興趣的進步。初時，大衆對於這種新出的通俗科學刊物，表示相當的冷淡，繼則對之很爲重視。當無線電講演舉行的那天，聚集起來的許多聽衆團體，及研究會，在這些講演刊行後，可以將他們特別有興趣的題目，成爲討論與新的研究的對象。

無線電的大學委員會，在某種程度內，又更改了擬議與計劃，便以答應大衆的待找求的東西。有如在上面舉出的需時三年的講演組，不是在論到由不同的講演人所講的廣大問題的研究，人不如選取很限定的題目，可以在三四次的講演中，由單獨一位，至多不過兩位的講演人的講述。這些講演的刊行，不是每學期出版，因爲講演的內容包含很廣大的範圍，是以較爲減縮與較爲一致的刊物形式，與講演的各組相關係的印出來。

例如，人可以『科學與實際生活』的普遍題名下，列出下面的各講演組：電氣工業——燃料與金屬——種殖植物的生存條件——實際中的遺傳研究——時間與地點的決定——海洋的探測與氣象預告——醫學與社會。

我們更引以特殊出版物印行的下面各組講演：

——從前和現在的宇宙形容。

——內分泌與其對於生機體的重要。

——物理學方面的新事物。

對於以後數年，人提議組織關於植物學和醫學的各組講演。人想這樣子繼續下去。因有這一種定規的卷軸，各種不同的科學問題，這樣得以通都輪流講到。用這種款式，人得常常的使大衆曉得，在自然科學範圍中，有普遍興趣的各種新發見。

關於講演人的選擇，我們還可以說幾句話。人不至對於這點有過度大的要求。一種通俗的科學講述，充分的適合上面所指出的條件，不單須要關於所講述的材料的第一流知識，而且又要有應能從這些講演獲得益處的，十分不同的關於聽衆的第一等知識。講述的材料應眞材實料的，但不至於高度不消化；題目的敍說應很簡單清楚，但不至於失去其科學的性格。想調和這些需要，對於一位新進者，當然不是容易的事。用電波的路子，將自己的科學研究結果傳達給大衆，是一種充滿責任，使人信託的使命。

彭德　奧斯羅中學教授
那威國立無線電廣播台法文講師

無線電廣播與從發達國際的瞭解上論的現代語文的教授

教育的無線電廣播，是否可以用來宣傳各國家間的瞭解精神呢？

這個問題似是多餘的，因爲凡教育都應自然的向着這個目的，不知有國界與不知有距離的用無線電的教育，更是這樣，以此爲目的。

現在世界成爲特異的渺小。人轉一下機關，人卽被移至別一境界中——或至隣國，或至海外的國家。人得親見到外國人民的，而且在兩極端的人民的生活表現。人聽到一切語文的說話與歌唱。人分得世界上的一切情緒：快樂和痛苦，在災禍面前和在慶節中間一樣。人得聽見亞爾培國王的葬儀，世界運動大會，米蘭 Scala 劇院的歌舞劇，巴黎的演說，日內瓦的會議。又從南極的冰雪中，可傳來貝特探險隊的報告給我們。

傾聽着電波，我們這樣的感覺到，絕沒有如現在這樣，全世界的生存的根本條件，除了各國所特有的風俗和傳習外，都是相同一樣；我們生活在普遍世界文明的時代；我們是密切的互相連結在一起。

那這不是很容易互相瞭解嗎；

可惜不然。歷史在這裏爲我們證明；不管有公同的物質上的與普通文化上的條件存在，國家的個體主義，仍然樹立起很多難以越過的界限。各民族間的相互瞭解，只是慢慢的發達。

所以，凡求宣傳瞭解精神的措置，都應得善意的接受。

用無線電廣播的外國語文的教授，決然無疑的是發達這種精神的最有效的一個方法；不懂一種民族的語文，是對於這民族的瞭解的主要阻礙。

本來，語文不單用以表示個人的一切需要，而且又拿來傳達個人的最深內的情感；語文是人類思想的傳達的工具；是國家最偉大人物的最精微思想的轉運物，是一個民族的凡精神活動，其本能，以及其最高思想的恰合表現。

想對於別一個國家的文明得親密的入門，所以，對於其語文有充分的知識，不至於有很大困難的能瞭解與能讀出，實爲絕對的必需。

現在，在各國內，有頗大多數的人，他們由於他們的教育和在外國的居留，因他們有對於外國語文的知識，得與別的民族發生關係，及看重這些民族。但有這些特殊便利的人數，畢竟是很爲有限，若從沒有得受同樣的教育便利的大衆的比較上看。所以，就是這般大衆，最要緊要使他們對於外國人民的生活，有入門知識，因而使他們能重視估量外國的文明。從這一觀點上看，用無線電廣播的現代語文的教授，於組織一種國際間的合作，如人在本文中所看到的，可以得到大大的順利進行。

第一要緊的是要曉得，教育的無線電廣播不可能，且亦不應當，無論取任何的款式，與學校的教授相競爭。無線電對一較廣大的羣衆而發，而這些人的需要，卽關於外國語文的知識上論，特是在實用方面。

這種教授在兩種不同的形色下表現出來。一部分的聽者——他們毫沒有外國語文的知識——需要一種初級的課程。別一部分聽者，想要總括他們的知識，擴大他們的字彙，對於外國的思想運動有所知曉；他們比較願意聽一種用外國語文做的文學與講演的高級課程。

所以這個問題要從這兩個觀點上去考察。

在使我們不至迷失於只能至爲普通觀察的學院式的討論，人許我們拿一個例來說：拿我這幾年來在奧斯羅用無線電來教授的法文來說。所以我於此陳述我的課程的技術，和我所採取的方法。

A. 初級教授

這種方法是對想學會自己不曉得的一種外國語文的基本原素而發。所以，要以最簡單的形式，教授最習用的文法和字彙，而小心的做一種課程，使他們聽後得以他們所研究的語文來閱讀。

關於將這類基本知識灌輸給聽者時，照我的意思，只有一個方法可用：自教法，但要曉得，這方法是在教員的指導下使用。教員對聽者以這種方法爲模範，高聲指導他們誦讀和練習；他行使助教的職務，及以系統方法剷除各種困難，供給學生以必要的解說。

這些練習常是需要許多的力量，但人永不能以爲是可得到完善。但是，八年的實地試驗，使我深信這種款式的繼續研究達到這個目的：勤工的聽者，卽使他們對於這種語文以前沒有什麼知識，也得流暢的看讀書籍，及當他們讀在他們是新的小說時，得以字典的幫助，便能免除困難，順利的讀下去。

這種初級的教授，若是由與聽者同國的教員來教，當然使聽者更能得益：這些教員比較的能懂得特別爲他們的同國人所感到難於捉到的困難，或關於發音的，或關於一種外國民族的習用語的困難。要讓這些教員有選擇教本與組織他們的課程的完全自由。

教員的工作是雙層的：將外國語文的基本原素，灌輸給他的學生，同時又將他們要學其語文的外國的文明，給他們以一點入門知識。

想獲得這些結果，人可能，人又應當求助於有關係的外國民族，以直覺的材料來代替普通的教授，這些材料人可於外國人身上求得。舉些具體的例，卽足以使人瞭解這樣的一種合作，是很容易組織，而不至有很大的消費。

我們假定我的課程計劃製定了，以及初級課本的內容亦弄好了，從讀音的緒言起，一直至成篇的文字止，都旣規定。爲完足我的用無線電的教授，我應當得到那幾種補助方法呢？

下面就是這些補助方法：

1. 留聲機片的使用，包括以下的數種：

（a）在法國灌音而與所用的課本有關連的讀音的機片。這些機片對於每一種文字應當絕對的相同。我們所提到某某機片只包括有例子說明，各種不同的音組的讀法；這些說明例子應當一次選定，而在世界各處都得通行的使用。

這樣的一種機片的選擇，使教員對於聽者，得將最難發的音，當他以爲有用時，在絕對相同的形式下，爲一再的重複。對於這些功課有興趣的學生，可以買這兩三張必需的機片，拿到自己家裏使用，這樣得以完成他們的發音。

（b）對話的敍事機片，當然是短，以日常生活的某種事件爲材料。這些敍事應以很小心的對話說出來，而同時加入必需的聲音數目，使聽者有一種眞正談話的幻覺。裏面的生字應爲盡量可能的簡單；但最要的一點，是文字應爲嚴格的俗用語。不待說，這些敍事的選擇要以這種有雙重的目的爲主，一方在使聽者呼喚起外國人民的生活的活活表現，別一方則在特別顯出這種人民的特色事物，總言之，在給聽者以現實的幻覺。

人想舉些例子嗎？下面是這一種列舉的表，人還可以隨需要而加上許多其他的表呢：

家庭間的細事：父親回來；祖父母來看，家庭聚餐，同時指出通常在法國餐時所有的菜名。

學校生活，指出學校制度的特點：上課時間的長短，放假的長短，星期四，放假日期……

在城市或在鄉間的散步，常是要指出爲外國人民生活所特有的東西……在戲院，在電影，在音樂會，在市場，在電車中，等處，同時加上關於實際方面的知識……

遊覽紀念建築物，歷史的或其他的……

簡短的習用談話：朋友或熟人的遇見，店鋪中購買什物……

這一組同樣包含有對於日用語句的小課程：禮貌語句，新年拜訪用的套語，慰藉用的言詞，和人通信用的小書本，等……

法國的特殊慣例，指出爲外人所不曉得的要填的形式手續：在稅關，郵政局，進旅館，在餐館定菜，種種手續，同時留心將爲一位旅行者所必需的生字教給聽者。因爲有多數的學生，很想對於這點獲得一種實用的知識。

法國的特殊禮節：國家的和宗教的節日，家庭中的慶節……

短篇故事的選擇，或對話或否，最好是採取歷史的或傳記的材料……

2. 畫片的使用（或照像或圖畫）。這些畫片應爲上面指出的各組及後面的各組的說明。這些畫片用作如教育的文件，插入在各國刊行，載有無線電的廣播節目的雜誌或報紙中。

人必要十分顧到，使用的生字須簡單，及所教的知識內容不複雜。像舉例一般，人許我引一節在我的法文課程中所用的文字：

『在戲院：一位年輕那威女子，安娜，爲巴黎幾蘭先生和幾蘭太太家裏的食宿客人。一天，他們夫婦領她到法蘭西戲院，看塔豆夫 Tartufe。晚上，吃飯時，幾蘭夫人向着她的丈夫問道：

——喂，嘉斯東，你爲我們買到了好位子嗎？

幾蘭先生——買到了，但費了些氣力。買座位不是容易的事情；我在後面整整等了三刻鐘，方纔得到地座第五排的三個座位。

幾蘭太太——你到一家經理處去買，或可以比較容易得到。

幾蘭先生——當然，不過價錢貴得多；因我不願意花無謂的錢，所以我自己到售票處買去。

安娜——我很快樂得去看『莫利哀之家』。

幾蘭夫人——是的，我們時常用這個名字來稱法蘭西戲院。現在不早了，快點動身罷。您穿上一件美麗袍子，小姐，因爲我們隨卽出去。我們領您到一家大街上的餐館去。

安娜——呵，太客氣了。兩位對我太好了。

幾蘭先生——這是我們想使您認識巴黎呢。

他們於八點半到了戲院。查票員收了他們的票，送他們正式的戲單，指給他們的座位，收了她做事應有的小費。

安娜——在我們本國中，人單單自己去找到自己的座位。更有，則人將帽子，而且不能將外衣帶進場中來，如那些在廊座中的人們一般。

幾蘭夫人——他們覺得這樣是方便一點。人在這裏自由一點，或將衣帽留在存放處，或自己拿着。

安娜——請您告訴我那邊的女人說的是什麼。我不太懂得。

幾蘭先生（微笑的）——她們說：『請買驚人的小包』。小姐，這使您奇異嗎？您讓我送給您一包。（他叫前賣者，買了一包，送到年輕女子面前。）

安娜——十分多謝，先生。（把包打開）。呵，甜美的糖呢！

場中響了三下。

幾蘭太太——戲要開場了。您帶了您的眼鏡嗎？

到第一齣完時，他們至休息處。他們讚賞其中的半身雕像與畫像，及和熟人談話。他們在休息時間終了以前回入場中，因爲他們的座位在中間，不願意進去時要人家站起來，覺得不方便。

安娜——請原諒我，我覺得很討厭，正在一齣的表演時，有人進來，如好幾個人就是這樣的一般。在我們國中。人禁止遲來的觀客進門。

幾蘭先生——我以爲您很有理，小姐，這是人在巴黎所有的一種壞習慣。此中的理由，或者是因當人公演一本三四齣的戲時，人常在前面有一種『開場白』；許多人對於這種初次的表演不興趣，所以只到兩齣間休息時方進來。

幾蘭太太——小姐，您聽懂人家在台上所說的話嗎？

安娜——太太，不，我不太懂得。人家說得很快。而且這劇又是詩劇。

幾蘭太太——下一次您在來戲院看表演之前，先好好讀劇本便是。」

人可以看到，在這篇短的敍述中，已經有需要簡短的說明的實用的或有趣的知識，如：莫利哀之家，塔豆夫，戲票經理處，巴黎戲院的進出，大街上的餐館，查票人，驚人的小包，觀客的遲到，開場白的戲。這篇文字，外形極端簡單，對於初學者已經有相當的困難了。

B.　高級課程

1.　讀物

這個課程要緊是爲文學的。最好是選擇各種代表的文字來敎，如：小說，故事，詩歌，歷史，傳記，地理，關於普通知識的短篇的代表作。

這些文字的選擇，應由敎員與他們敎授其語文的外國敎員的合作做成。必須有的註語亦以相同的款式做成，留心於這些註語的確切和豐富，但同時要避免過度炫博處。

選出來的文字，應刊行於數量很多與價錢便宜的書舖中，不論在教授這種語文的那一處，都可以廉價的購到。

2. 講演與談話

在上面指出的文學課程外，又要加上定期的講演與談話，以下面的兩種形式使聽者懂得：

（a）由這種語文所從出的國家的無線電廣播，於一定的時間直接的播送。

（b）將講演與談話灌在唱片上，分派給教授這種語文的各廣播台。讀物本身，至少那些講演或那些談話的報告，都應能相等的爲學生們所得到，人或將其印出來，或將其發表在登載無線電廣播節目的報紙上。

這類課程，比其他各種，更能發展國際間的瞭解精神。這種東西許每一國家以最有效的款式，使別的國家認識自己；將自己的思想，努力，創作，對於現在各大問題的觀點，直接給別的國家看。

不待說，凡國家的與政治的宣傳，要小心的避免。反過來，人不須懼怕大量的利用本國所有的資源；人描出本國在爲全人類的公同工作的，世界文化的發展中所有的職務。

且舉些例子，我們指出人可以給學法文課程的學生參考的幾個題目：笛卡兒 Descartes，巴斯加爾 Pascal，莫利哀 Moliére，柯奈爾 Carneille，路易十四，法國大革命（思想），維多雨果 Victor Hugo，拉馬丁 Lamartine，巴斯德 Pasteur，法布爾 Fabre（昆蟲學家），布拉察 Brazza……法國的大工業，科學發明，近代法國的殖民力量，同時說出關於法國在殖民地方面的文化工作的，確切與淺明的材料。

這個題目表可以隨意的擴大。

在這種意思的同一方面，我們舉一位法國人，北特左先生，給國際聯盟會祕書處的一種願望，在下面來作結：

『人可以組織各種的高級課程，每星期好幾次，在每一國內，及以這一國的語文，播送從各國的典型作家選出的簡單的，很容易瞭解的文章，慢慢的，及以特別正確的發音讀出來。這樣的一種播送是特給那些外國人的，他們有這國語文的基本知識，但沒有實地的練習而希望獲得。這一類播音有確然的重要關係，及其在各國的組織，完全歸在用無線電廣播爲和平宣傳的作用之範圍內。』

誰不附議這種其確當是很明白的動議呢？

3. 商業通信的課程

最後，爲答應一羣很多聽者的實際需要，人應同樣的組織一種商業通信的初級課程。

這種教授的廣狹和方法，要讓這些課程所爲特設的國家的專家去估量，審議。

龐宜　世界文化合作學院院長

國際的節目的廣播

1. 文化合作，在由國際聯盟會所領導的，國際間諒解工作的全體中，以求脫出互相瞭解的與思想接近的原素爲使命。人可能說，文化合作是國際組織的靈魂，給其以各種普遍的定義；是文化合作來掃除堆在地面上的阻礙物，使人得在堅固的地基上建築房屋。

國際聯盟會本身的工作，在現時的紛亂局面中，看來是十分複雜了，但人看到文化合作的工作，其複雜與困難亦不相上下。文化合作想要成功，須得捉到所有一切的機會，聚集可以遇到的一切扶助，求助於一切的忠心善意，以維持或激起一定的精神上的關係，造成使其得以抵抗思想孤立的思想交換的習慣和需要，這種思想孤立，比經濟或財政孤立，更爲深深的逼害和危險。這不是在列舉文化合作所有的建築這文化的關係網線的機會，也不是在說出其特殊的方法與結果；這很明白，教育的留意，應該放在這種抵抗各民族間的，分離和敵視精神的動作程序之最前列。這個教育問題，廣義上論，在現時代，人十分的願意説及羣衆的影響力與種種運動的時代，是主宰一切其他問題的，使人注意的獨一問題；人常看之如將來的，和平的或戰爭的鎖匙。或者又在使人不至絕望，對於這種肯定下一個小小的保留，很爲合宜；爲抵抗不良的教育方法的使用，我們可以一種經過長遠道路方達到的進步觀念，人已經在歷史上的重要時期看見獲得勝利的，得保留有可能有的反應的希望。但又要確保這些觀念在世界上，有充分的安全，留下一種普遍的道德精神主義的堅固原素，而從普遍的款式上看，拿來抵抗不良教育的廣播效果，有方法與有忍耐的，力求保護良好教育。

2. 當人澈底明白教育工作的重要時，爲什麼不看見可以在一切新的廣播方法中，找到的珍貴幫助呢，這些方法由科學使人得運用，尤其是在有不知有限制，也不知有界限的，驚奇便利的無線電廣播中，能得到一種稀有的幫助。從前，我們看見各國都環繞以種種的界限，阻止資本的流出與天然或人造物產的進入，禁止來自外國的工人，且已經在某種情形中，禁止電影，報紙或書籍入口；現在，我們在無線電廣播身上，得到一種立刻交通的工具，能於相同的時刻，以相同事件的新聞，對於在世界上各地方的一切民族，帶來他們的團結心的，他們的弱點的與他們的公同利害的情感。從其本質上論，無線電便是逃出這種時代的法則，這個法則想對於所有一切的交接的便利，增至無限的交換的便利，人立卽找到抵制的方法，拿來保護，防衞，粉飾這種相互認識自己，更可相互瞭解的可能性。而忽然卽看到，這種逼切的需要，要將無線電爲國際教育工作的使用；養成大衆的精神，提高他們的知識水平線，給他們以一種廣大的世界知識，使他們曉得外國人民的情感，他們的歡樂，他們的情緒和他們的痛苦，他們有關於普通生活的東西：於此有多數的使命，無線電廣播在其神祕的力量中，可以很有效力的，及直至現在都想不到的，成功機會來每日的執行。

無線電又有這一種便利，得時常傳達給那些人，他們因懷疑，缺乏好奇心，尤其是缺乏暇時或機會，不能看書，看雜誌或聽講演；但這些人在那些羣衆的普通趨勢中，仍是有相等的作用，這些羣衆常爲人所說到，若得好好的指導，便能指向着順利於他們的工作和他們的繁榮的和平解決方式，而不是向着不結實的與破壞性的冒險事業。

3. 無線電對於文化合作的工作的，及普通上對於國際關係的這種根本的重要，在日內瓦爲人所充分的承認。這種求助於個人的好奇心和理性的新工具的力量本身，又要留心防衞自己，不至冒險進而爲不利於國際間的諒解的使用。別種科學的發明既經轉向於可疑的目的，其中且有多數只供給人爲文化的兵器。在國際的會議中，人過常於討論到報紙的假消息的問題，而使我們對於這點必須加以討論。

在無線電的範圍方面，找出這種可能有的危險的政治例子，很爲容易。一件近來的故事卽足使人感到這點。某一廣播台，想播送一本無線電劇本，不久以前，想於預告之後，對聽衆敍述一架迷失的大型飛機的漫遊。不幸，不是人人都聽到，或懂得廣播台的事先通告。因而有某某聽者，强烈的感覺到，生活在這種他們以爲是眞實的悲劇；於是發生種種的意外，一個小孩因此而未足月的生出來。更有，一家外國報紙，聽到這個播音，以爲其他的報館通信社都以無線電關係而沒有得到這個消息，出一張特刊登載，使整個城市，整個地方，在這被稱爲『齊柏林的悲劇』之前急煞的動情。這一類的消息，好在否認亦來得頗快；不過能使在飛行中接到這個消息的人，都得口口相傳的曉得嗎？或者在歐洲的一角，還有些老實人相信這位飛機駕駛人是死了。我們由此可以想像到，一個人故意不更正的假消息能有的結果；而對於國際關係的所有影響更可以想見了。

又，當人想到由無線電所發出的精神作用時，自然而然現出來的觀念，是在可能的方面製定一種法律，可以應用在這種新的力量上，不阻抑這種力量，而使其爲『精神的解除武裝』之用。在這一點，又比報紙或電影更進一層，能有種種順利的情境。在最近幾年來，無線電漸漸向着有組織的形式進展，使人得預知與得有所作爲。在許多的國家，無線電是國家經管的事業；關於無線電的種種使用，很少能脫開政府的監督，似乎現在的情形是這個樣子，卽大家都求使無線電向着有組織的形式進行，多多少少與現在大多數國家所有的情形相接近。所以，關於無線電，可有爲國際間訂立規約的順利情形，本來，照普通的法則，這類規約在旣經有一種製定的國家的規約的情形中，永不能有訂立的機會的。而且關於這點的領土並非完全新的；倘若在各部與各機關之間，沒有正式的和直接的諒解，但凡興趣於這個問題的人，心裏頭都有已經爲無線電廣播事業，以及在國際無線電廣播聯合會中所直接的與自然的，完成得很美麗和很堅固的諒解工作。關於雙方的眞正調協工作已經過去了，而一個接近的公同中心旣經有了，且使大家滿意的進行着。

人現在還想更進一步，因國際聯盟大會的請求，世界文化合作學院，遵照高深的研究，及藉以革斯達 Arnold Raestad 先生爲主席的專家委員會的幫助，製定一種現在交給各國政府審查的關於無線電廣播的契約計劃。

我不能詳細討論這個計劃。單提到這個計劃主要在一方面，對於可以危害國際間的善意諒解的文件，加以禁止，別一方面，約定對於能使更爲認識世界上各民族的文明與生活情形的播音，保留一個地位，卽足了。這是一件重大事件，應在國際的無線電的進化中開一新紀元，爲以諒解與和平精神所想出的廣播節目的漸次進展之出發點，順利無線電的教育作用的這個大問題的解決。本來，當人關涉到這一類的組織的問題時，能力求將其於已經畫出的範圍中解決，實在是一種珍貴的特別權利。

4. 爲一等的保障，則單有規約還不夠。在契約與規程的框架中，要放入一種活活的材料，而這種工作的最困難的部分尙待完成，這是加在播音節目的組織人身上的工作，對於曉得注意聽者的人，供給他們以一種富攝力與變化的文化養料；顯示出才能來，因爲他們不能求助於强制；聯合教育家的特質，與能好好的做一種通俗化的，長久與變化的工作的特質在一齊。

人應對於這個節目的問題，其製定，其實行，爲一種完全的討論，又要費時間對於這個題目的全體，爲整個的研究。所以，我們只限於這個問題關於國際方面的討論，將無線電廣播的教育作用，讓諸各國作爲內部事務去研究，自然這一點從國際間的接近上看，亦十分重要，因爲聽者幾乎單獨的求助於本國所設立的廣播台，方能獲得他們的每日的新聞報告。但我們亦在可能的範圍內，引用在國家範圍內，從製定廣播節目的觀點所獲得的很完全的經驗，試將其轉移在各民族間的節目交換方面；因而來看，由於諒解和組織，及將在音樂方面所得到的成功加以普通化，是否可能預先看到有一種廣播節目的定規的交通與交換的制度實現。由此，關於外國的消息報告，不是單純的來自間接的路子，來自聽者的本國；而可以比現在所習慣的爲更定規的，求助於直接的泉源，諒解的泉源，若人可以這樣說，卽使各國本身以使認識自己，瞭解自己，相愛自己的想望來說話。

5. 當然，這對於無線電不是一種新的活動形式。又要簡單的提到，例如已經爲國際無線電廣播聯合會所完成的集中力量，卽足以證明對於廣播節目交換的留心既存在，及爲許多有心人士所注意。但是，倘若國際無線電廣播聯合會已經成功以人可以說的相同的關切，對於一切的人，及特殊於相同的瞬間，聯結他們在同一的注意與同一的希望中的重大事件接替了，則其最有規定的這種實現，亦不是沒有相等的得到，尤其是在音樂方面。當然，用這種爲國際語文的音樂與別的國家的交通，是一種無限歡喜的泉源，親接混同的機會，及瞭解心靈的途徑。但此中問題，正在引伸這種已經繁榮的合作，至人類文化的其他表現，至科學，至文學，至分離各民族的深沉誤解所由發生的現在事實的研究。

要承認，在這一方面，人只有部分的創作的事業，只零碎片段的成就。但這些零碎的成就，爲數亦頗不少，這足以證明一塊富可能性的廣大領士，開出在我們面前。或爲貝特在南極冰海內的探險消息，因哥侖比亞廣播台的提倡而接替的播送，爲全世界人士以焦慮的讚美心理聽着；或爲一位人類的造福者，如巴斯德，或爲一位普遍的天才，如葛德的忌日或生辰的紀念的廣播，這種凡關涉於人的方面的東西，沒有什麼人能外異而不顧；既經有好幾次，得到實地的證據，一個國家可以將一件本國的大事，移置於全世界的範圍中，而得到全體一致的同情贊助。有時又爲比較謙卑的，但亦相同明顯的嘗試，既經做過，而且得到成功；例如在同一語文的各國間，爲相同的焦心事件所鼓盪，喜歡將自己對於心中留意的問題的意見，提出來相互對比。在這一類意思的方面，人可以舉出無數的講談的例，這些講談在將某某國家的流行意見使外國曉得，例如英國使美國曉得對於人人心中都有的一內政的問題，或國際關係的問題的意見；或則爲各種特殊的播音，當聖誕的那一天，將散在地球上各處的國家大團體，爲大不列顛帝國構成的分子連結在一種眞正的鏈鎖中。又可以有種種眞正的國際間的討論，很禮貌的發在播音機前，而人便由此得在電波上，計劃出爲將來的和平所根據的，這種思想和心情的接近。

但在這一方向中，要引起一種系統組織的始基，集合種種擬議創始，使其增加倍多，給其以可能實現的確證。

6. 眞是，人又可也問，在許多國家內，是否有一種充分的材料，足以規定的成爲專給外國人聽的國際廣播節目；將這事付給無線電廣播事業的有心人，他們能辨識值得廣播到外國去的重要大事，是不是比較合式點。而且人又不當懼怕在某一國內，最適合於大衆的教育的一部分文告，在別的環境內，也許看不出有什麼興趣來；或者對於相同的事體，付託比較曉得習慣與地方需要的國立廣播台去做，更爲可取一點。各國國有的廣播節目，換過來說，關於教育的與消息的部分漸漸的豐富，足以做成這種工作，至少在理論上，如同日報與期刊足以做的一般。又，若沒有國際報紙的存在是眞的，但不能因此謂，在大衆的每日消息中，沒有種種缺憾，同樣，沒有報紙的經濟的與其他的困難的無線電，至少在部分上，因有這種特異點，亦不應充滿以國家與國家間的直接談話。

實際上，在製定一種國際廣播節目的草案，題材的種類並不缺少。(a)第一種來到人心中的可能有的材料，當人說到我們做過的新聞消息與每日報告時，得由無線電報告供給我們。大家曉得，這種報告隨處都得到很大的成功，而因此而有一種新聞學的新的形式，將爲一國之多方面的生活的所有重大事件，爲每日的敍述與批評。

或者這又是發達在讀者的認識與瞭解興味的最好方法。人不能爲一般大衆，對於無線電，施行學校播音的狹小法則；這不是各種課程能攝引聽衆，攝引聽衆的是，富有一切種類的知識的各種活在的，現實的敍述。這點是十分的眞實，因此有某某大廣播台，如通信社，或大報館一樣，既開始派通訊員到外國去，他們從一個很遼遠的城市，特爲本國人士的希望，廣播一種重要事件的特殊記述。人可以想得到，這種制度將日見發達；但是除開這明白需要多數的金錢，當然不是凡廣播台可以担負外，人仍是跟着現在的錯誤習慣做去，人毫沒有所更張；而利用無線電的種種新的可能，人得到關於遠方重要事件的記述，很珍貴的得與外國生活相接觸；不過，無論通訊員所表出的才能是怎樣，關於這點，人不能認識本地環境的直接表示的情感，與其所有的一切反應，亦正是在這點應加以研究。

（b）在這些其重要性自然是日見增加的消息報告以外，組織相類於各講國廣播台所使人聽到，而人很顯明的名詞稱之爲『生活片段』的無線電談，而因此造成定規的國際間廣播節目的交換，將爲十分的更有興趣與更爲活在。在這種情形中，不是在廣播每天的事實，是使人認識一國當一定的時期內，一星期，一個月，或三個月，隨情形而不同的生活的大概情形。凡與無線電講談的問題熟習的人，曉得這些整個的述評，或者最能使聽者警醒，又可以說，最能挽住聽者的注意力；直可以說，這類定期的總決算，卽對於談說自己的國家的廣播台，亦表示出種種最大的便利。

我們於此，關於一個民族當一個時期內的生活的，綜合的與快速的敍述，得有第一種與境外各國的節目交換的可能。很明白的，對於這些材料的豐富，當爲一種選擇；這又常常可能將每日生活的大事弄明白給人看，這些事件曾引人的注意，曾在本國的報紙中，在政治的或文化的集會中加以討論，曾爲國內某某階級的人，商人，工人，農夫，美術家，學問界或政治界所留意；同時又沒有遺忘各種節目，紀念建築物及各機關建築的成立開幕典禮；以及各種類的許多機會，全國的公衆可以相連在同一的動作內，而爲他們所想不到，他們時常可以將生活在別一國度的人們牽引入這種運動中。

（c）繼爲文化知識的講談的廣大範圍，關於思想的，科學發明的，美術的，歷史的，哲學的討論的廣播，對於實際上使全世界都興趣的一個題目，以一國的立場爲簡捷研究的各種敍述。各國的廣播節目，漸漸爲節目委員會所研究，成爲一切種類的例子的無盡寶藏。眞是將其所論述的題目特殊的廣播到境外去，時常沒有什麼趣味；或由於題目過於特別，或由於這些題目在各國都可以相同的能力加以研究。例如關於世界史的，音樂的，文學的，或科學的重要時期的教訓性的講談，在各國的節目中都有相當的位置，對於這一類教育性的播音，無須乎爲唯一的轉播到外國去的節目。關於國際事體的過度專門化，有時變爲可笑，相等於對同一類事體，爲過度的集中一般；此中的目的，不是在得到單獨一種從德國發出的聲音，纔可以談說華格納或弗列德第二，單獨一種發自美國的聲音，纔可以談說莎士比亞或依利薩伯王后。反過來，在這些定規的國際播音內，將一國對於自己的學者，例如在物理學或在生物學上面所有的組織與研究結果，對於自己的大博物館與美術寶藏的組織，對於自己的文學趨勢，思想派別，對於送到地球上遠方的研究員的研究工作，及對於這些研究員所送回來的報告結果，種種觀點，由這個國家自己來做，一定很有趣味。在一種特殊的刊物中，取出一張這類探險事業的表，人認識其中最有名的與最胆大的，即足以看到人失了使大衆有興趣的題目，而普通最能使人熱烈的無數機會；因爲沒有比關於外國的敍述更爲引動人，而當這些敍述由學者對於自己的研究結果做出時，更有這一種便利，即使人對於爲文明之起源，與世界之命運的各種大問題，起種種的回想。

又聽到各國對於大家公同的，經濟的，財政的與社會的問題，爲定期的陳述自己的觀點，亦有相同的獲得，因爲各國各有特殊的事項，有一種當這恐慌時期很是自然的，不知道自己隣國的，但是相等的種種困難的趨勢。

(d)有如我們既經在上面指出，人將各種公同的表示，可以稱爲特殊大事的紀念典禮的，加入在這些國際的廣播節目內；例如歷代來，記出科學之進步的各種偉大發明的紀念，世界公認的天才或專誠於人類利益的人們的紀念。這要請這些人物或這些發明所從產生的國家來說話；這是那威國來使人瞭解易卜生的力量，來說南森 Nansen 的勇敢與專誠的事業。在這一方面，所有的可能性，比人初次看到的爲大；在這些人心中都有的最偉大的名字以外，又有許多其他的人類進步的工作者，值得人們將他們的事業和他們的努力重提出來講述；消除愚昧無知的機會，因有國際間的合作，並不缺少。

我們最後又指出，當國際會議時，由那些有才能的人物所做的講談與播音，例如當國際聯盟大會時，這類廣播卽已經實行。國際生活富有各種議會，委員會，各種的接觸，足以容易時常的組織種種講談的團體，而對於國際集會的主要參加人，便可以使無線電的聽者，曉得他們的計劃和他們所得到的結果。在相類的意思方面，國際聯盟會在日內瓦的廣播台，已經有一種對於爲國聯主要工作所在的，海外國家的新聞報告；世界文化合作學院，則將學院的博物館辦事處，請各國的著名演說家所做的美術講談，接替轉播到各處去。

7. 所以，設想一種整個的節目很爲容易；實在是沒有什麼新的東西，在所有的提示中。不過爲種種建議是容易的事，但當人要實際執行時，人便碰到最初的種種阻礙；因爲這是當然的，這種整個的國際間廣播節目的交換的組織，很爲微妙，及要斷定於此當遵守的第一條法則，將爲使有經驗與有學問的人，很謙虛的轉向爲實行者，他們以自己的完全信心去爲他們所負責的廣播台，製定豐富與平衡的廣播節目。若是製定一國的播音節目本來既經很爲複雜，以前所有的經驗證明，當人想於同一時候爲好幾個國家工作時，有更多的留意自然更爲必不可少。於此再沒有比國際無線電廣播聯合會，自一千九百二十六年來，拿來預備實行其國際音樂節目的細心，更好的例子。對於這種機搆的技術上的細節，加以詳述，實爲無用；將其中的數目略說，便足以指示其所有的精確。這是在四個月以前，担任做以『國家之夜』爲名的國際的音樂演奏會的國家，既經得到通知了；自這時起，這個國家應任命一位祕書，担任組織這個音樂會。在定期演奏的三個月前，一篇作引子的講談便寫好；這篇講談同時有一張附有說明的，這個國家的音樂與文學的代表作品表。國際無線電廣播聯合會翻譯這篇文字，將翻譯送至那些應於十個星期之前卽先要聽的國家，而當適宜的時候供給報紙以照片，圖畫，更不在說。對於繼『國家之夜』之後的，國際無線電廣播聯合會的歐洲與國際的音樂演奏會，亦取相同的小心留意。

於此得有第一個結論：一種機構應當裝好，亦卽對於這種機構的設立，可爲最有益的加以討論。

8. 一個預先的，好兆頭的指示，實是必須；技術上設備都是有了；在各種類的廣播台以外，在歐洲有一種很進步的無線電話網，使人得爲最完全的接替轉播。這無須列出一個表來，因爲一參看電報聯合會的國際辦事處所製的圖便夠了。全歐洲都爲特殊設立與管理的密接線網所遮覆；在很多的所在，這些線網且可以爲同時的雙重接替；這樣，使兩位各在他們本國中的談話人，可以爲辯論或對話。但這不是說，從這一點上看，一切的問題便沒有了。這些線網需要節目，有如海船要有貨物一般。反過來，使用人希望其費用爲可能的低價錢；在國際新聞事業會議中所爭論，凡關於爲新聞記者便利的問題，不至於不在新的觀點下重現出來；但自此以後，不論怎樣，這些交通的實際工具既經在使用了。

反過來，此中要加以完善的，是文化知識方面的設備。種種原素很幸運的既經有了；這是在各國所有的，或已經有的那些廣播節目委員會，這些會集合定規的合作人，公衆機關的有能力的代表，知識與美術的團體，報館，以及使用無線電人的組織。就是在這些團體中，人得找到，或應找到經驗與實踐；亦是這些團體，於經過與技術家不可少的諒解後，人應當特別注意這點，可以同時要求其將國際間的連線相互連結起來，及製出廣播到外國去的各種節目。

這種在既有的各委員會之間的普遍交通，是否沒有一種中央的組織，而可以本身做就呢？這是第一個問題，當然這可以成立一組兩方面的諒解，有了這些諒解，無線電廣播處便可以直接的發生關係。我們既經說過，在美國與英國間的節目交換；人又可以舉其他的例，譬如波蘭與德國，與英國與法國的節目交換；似乎在各國家間，這事既加談判。當然這是一件人應當慶祝的運動；而在某種情形中，這種運動既經超過在相同語文的國家間之諒解的階段；自然，於此再進一步，造成一種世界上的國家都可以沾光的計劃，更有重要關係了。而在這種情形中，某種辦事諮詢的集中機關，實爲必需。

這個機關是將國際無線電廣播聯合會，對於國際音樂演奏會，以及對於預告三個月間的重大事件，所採取的處置，加以普遍化。聯合會在那種情形中便可以担任這種更繁重的工作呢？有什麼情形人可以對這點預先說的呢？這是要當事人方面去解決的問題；但這很確定，即對於由各國的評議會來担保，廣播到外國去的節目的編製，及各國間的播音時間的分配，繼則對於遵守所立定的規程的執行，必須有一種諒解方可。

所以人可以總括起來，將大致的情形寫在下面：

（a）由一中央廣播節目委員會接受在每一國內所製定，當預告的一定時間，廣播到外國去的節目。某某大國，或可以次數較常一點，例如其節目所需的時間頗爲短促，每星期或每兩星期一次。別的國家可以只按月的接受一次，別的國家又可以求更延長一點。

（b）關於發出這些播音時所用的語文問題，亦應先商得同意；當然這些語文應翻譯爲一兩種很廣播通行的語文，但這樣仍不夠；種種特別的辦法亦應當有，以便爲較不通行的語文的翻譯。因爲此中的問題，不是單在廣播給一般能說外國語文的知識分子，是在給普通一般的聽衆。所以，一種輪轉的辦法應加以研究，使凡參加這種廣播的國家，都得輪流的聽到播送到外國去的播音。

（c）一個中央委員會担任爲各國間，於一定的時候，特爲各國保留的時間的分配。這個委員會又担任人可以說的，管理事務方面的準確；關於接替轉播的必要諒解，於適當的時候節目細節的通知。

這樣圖形的一種計劃，當然要問各位專門的人才去製成。第一次普遍的討論，可以將主要的路線立定，但單有專家的工作，力得將其決定的冨諸實行。

又對於這些事體的諒解與辦法，爲更進一步的研究，必有很重大的關係。當然不能一下子，便達到一種包括世界各國的普遍組織；但是，反過來，在已經訂立的兩方面的契約中，在已經成爲基礎工作的國際間的講談中，很容易加以引伸與加以配置。人想以成立各種團體，在這种集團的每一國，都同意在其關稅的壁壘中打開一個洞，以救濟世界商業的漸次沒落，以順利擴大市場的成立；或者關於無線電事體方面，可以有類似的解決法，集團整個的造成全世界節目交換的建築物。

但是，不論其爲怎樣，沒有比發達超國界的談話與交換觀點，爲更有益的了。求使其於國家的框架中，變爲更精悍有力，無線電的文化教育作用，因使其爲心理精神的進步的，互相親接的與親愛友誼的一個酵母，人既經完成了一件偉大工作；這很爲明顯，卽對於這種工作，無線電廣播的機括，特別能得有種種的方法，與種種有效的工具；而由播音機所發出的人的言詞，現在一直可送至立在兩極端的國家，走入一切的經緯線下，激醒同情的聲音與回響。在世界和平的研求中，應將一個很大的位置留給各民族間的各種對話。

貝羅斯　國際無線電廣播聯合會總祕書

無線電廣播與各民族間的接近（國際無線電廣播聯合會的動作）

國際無線電廣播聯合會，自從一千九百二十五年成立以來，卽集中其注意力於使無線電廣播從各民族間的接近的觀點去看，得有一種重要作用的工具的發展。

在這一條途徑中所做的第一次工作，是在從一千九百二十五年秋起，與國際長途電話交通諮詢委員會發生關係，及要求正經的研究成立一種國際電話線網的問題，這種線網不單可以接替轉播長途的有名說詞，而且可以接替轉播最好的音樂演奏。這種要求得到當時的順利歡迎；這個問題交付去研究——現仍繼續的研究——而使現在歐洲的大部分國家，都以類似的電話線網連結起來。

關於技術方面的問題，既經交付去研究，而國際無線電廣播聯合會集中其注意力於其他的較直接的方法，合作成這種接近。

在一千九百二十六年，聯合會組織以『國家之夜』爲名的廣播。這些夜，每月一次，在由聯合會的會員國的各廣播台，廣播某一國的文學與音樂作品；每一國家都要按次輪流的供給這類廣播以節目。

對於這種規約的實際執行，在日內瓦的聯合會辦事處，在四個月以前，使人曉得指定爲一次國家之夜的對象的國家的名字。這種方式，可以使聯合會的每一會員國，有相當的時機獲得一切必需的原素。

應爲國家之夜的對象的國家，約在實行廣播的四個月之前，指定自己的一位廣播節目委員會的委員，担任爲組織工作的集中，及凡因國家之夜的預備而引起的通信。

繼則，這國的國家節日委員會，至少在國家之夜的定期的三個月以前，將特別爲無線電廣播而預備，由一位有名的人物所寫成，關於其性質能使外國聽者發生興趣的，這個國家的生活的各方面的一篇講談文字，交到日內瓦辦事處。關於這類講談，要避免變爲『旅客導遊』的一類東西，及不要關涉到政治的問題。

與講談的文字同時，節日委員會又應送來一張爲這國天才的一切代表種類的音樂作品表，同時指出，——這些詳確點很爲主要——作者，出版者的名字，樂譜的價錢及演奏所需要的時間。每一樂曲又應爲關於其性質等等的一篇短引的對象。外則，無線電廣播的事務處，又應該供給一張留聲機的唱片表，這些唱片都是關於本國的音樂，本國的通俗民歌與跳舞的；又一張關於本國文化的，及特能容易廣播的文學與戲劇的代表作品表，又若可能，則再一張巡迴到外國去表演的本國藝術家的名字表，或擬於國家之夜的廣播的那個時期，這些藝術家可同時到來某某地方。

這些文件卽刻在日內瓦翻譯成數種必要的文字，及由聯合會辦事處，約於演奏的一定日期的十個星期以前，通知各處。

在決定爲國家之夜的演奏日期的六個星期以前，聯合會辦事處，通知要做這種演奏的國家的無線電廣播事務處，以參加這種表現運動的國家數目，以便這國的無線電廣播事務處，至少在五個星期以前，將圖畫，照片，等等，爲引起對於國家之夜有一種特殊興趣起見，而可以發表在無線電的刊物中，與登載在各報紙中的東西，送給參加的國家。

這種辦法，從經驗顯出其爲十分有效。

國家之夜於一千九百二十六年六月九日，由那威國的廣播節目開始成立。在這個日期與一千九百三十一年十二月九日之間，人組織的相類的國家之夜不下三十四次。最後的一次，是專屬於葡萄牙國的作品的廣播。這組國家之夜的廣播，當每年的夏季則停止。

國家之夜的廣播，爲無數好意的述評的對象。而無線電廣播的主持人，繼續的找求改善他們的方法與他們的技術，於一千九百三十一年，決定利用種種的新方法。

這種決定起因於各種不同的理由，其中數種應當舉出來：1.對於歐洲的電話線網的X數目，所完成的技術上的進步；2.確保有能完美的演奏國家廣播節目的藝術家和音樂家參加的困難。

因爲有第一流價值，由本國的藝術家與音樂家所演奏的，特殊是國家的廣播節目，可以由電話接替轉播到遼遠的國家去，人拿這兩種新創的廣播：『歐洲音樂演奏會』和『國際音樂演奏會』，來替代上面說的國家之夜的廣播。

歐洲音樂演奏會是一種每月一次的廣播，在一定的演奏日期的前一點，及照一種輪流的方法，由一個歐洲的國家組織起來。這種音樂會的藝術價值是第一等的；最好的本國音樂家，及最好的樂隊，都來參加這種廣播。聯合會要各國在這種廣播節目中，引入爲各國文明的特點的樂曲，比播送純粹典型的音樂演奏好一點。用電話線將這些音樂演奏，從播送的國家，接替轉播到各國的廣播台去，是爲聯合會各會員國所必做的義務；自然，其中可有許多的情形，因廣播節目的特殊需要，使其對於這種廣播的參加爲不可能的。

第一次的『歐洲音樂演奏會』，由德國於一千九百三十一年九月三十日播送。到現在，一共有了三十次的演奏播送了。最後一次的『歐洲音樂演奏會』，由瑞典國於一千九百三十四年五月間播送。

當一千九百三十四年，國際無線電廣播聯合會在倫敦開會時，議決不再用『歐洲音樂演奏會』的原來型式，而替代以一種演奏的新形式，這種形式主要在由本國的藝術家演奏本國的作品；至於外國的作品，除非做這音樂會的國家，有對於這些作品的演奏有特殊例外的表演人，則不能演奏。這些新的音樂演奏，開始於一千九百三十四年九月，時間只能至半小時之久。這類新的音樂演奏，從與『歐洲音樂演奏會』的關係上看的一種重要的差異，是每月有二十八次的音樂演奏廣播，而在『歐洲音樂演奏會』的方式中，則每月只有一次。每個國家都每月被請來於某一天，與預先決定的時間，爲一次『國際的音樂演奏』。

但不要以爲無線電廣播的事務處，對於這些提議創舉，因此很爲滿意；恰正相反。國際無線電廣播的技術，以及國家無線電廣播的技術，離一定完成的時候尙遠。當我們寫這篇文字的時候，一個廣播節目主任們的新會議正在預備中。這些主任，與其他各大陸國家的無線電廣播事業的正式代表的合作，重新研究音樂演奏的國際交換所有的問題。他們的注意力，又集在因不是嚴格的屬於音樂範圍的事件的，國際接替轉播所生出的各種問題。

在一千九百三十四年，有視爲適合於國際的接替轉播的播音六百十二次，給與聯合會的會員國家。

對於這些音樂演奏，作者著作權的支給，由執行接替轉播的事務處担負。

除音樂節目的國際交換外，聯合會當技術方面的條件許可時起，又獎勵爲其性質是在發達各民族間的，相互瞭解的各種表示的接替轉播。

在日內瓦的辦事處，每四個月將下一季要舉行的，及從其會員看來是爲對於外國聽者有一種興趣的廣播表示，宣布出來。這些表示，從國家的與國際的體育運動事件起，直至完全的或部分的爲音樂的盛大演奏止，其中包括各種傳統的宗教的與非宗教的儀式，

各當事國的無線電廣播的事務處，普通是担負執行因接替轉播而有的種種形式手續，但在日內瓦的聯合會辦事處，常可以供其會員國的驅使，盡力幫助關於組織方面的工作。

在最近的二十個月期間，對於國際無線電廣播聯合會的會員國，所爲的這類工作，我們可舉出其中的幾種：

一次貝特的南極探險的接替轉播，從他在雪中，在冰中，在南極圈中的工作起，這種轉播由美國的『哥倫比亞無線電廣播台』事務處所組織。

一次比利時國王亞爾培第一的葬儀的接替轉播。

一次羅馬聖彼德教堂的聖門關閉的接替轉播。

一次米蘭的 Scala 歌舞院，初次為馬斯嘉尼 Mascagni 的新歌舞劇『尼瀧』Néron 的廣播演奏的接替轉播。

當這些國際接替轉播的組織開始時，聯合會在日內瓦的辦事處，發行一種定期的報告，指出可有的接替轉播的數目與性質，接受這種轉播的廣播台的數目；從無線電廣播的觀點所得到的良好結果，以及這些接替轉播沒有得到人所期待的答覆的，全部的或部分的不成功的理由。

因為自不久以來，在廣播節目的國際交換的技術中，所得到的極大進步，及這些接替轉播的很常有，人停止將在所有一切的情形中所得到的結果，通知大家，以便專集中注意力於單是特殊例外的接替轉播，或在給與國際的接替轉播之可能的途徑中，開出一個新階段的接替轉播。

自國際無線電廣播聯合會，開始組織長距離的廣播節目的交換以來，種種新的與重要的進步又表現出來了。一定的短波無線電話的交通，可以接替轉播至不論地球上的那一處。隨時登錄廣播節目的比較簡單與有效的方法的發展，又相同的使無線電廣播事業的主持人，不論於什麼時候，可收到各種節目，及將其於最順利的時間，轉播給所有的聽者。

在因這兩種發明而有的，廣大可能性的最新與特色的例子中，我們應舉出：

（a）一千九百三十三年，聖誕節前夜，伯利恆鐘聲的全世界播送。當這一個機會，基督教產生地的一處最神聖地方的鐘聲，傳播其聲音消息到世界上的各處。這件大事是『美國廣播處』與美國『國立廣播台』之間的合作的結果。

（b）一千九百三十四年，聖誕節日，由『帝國交換所』做的廣播，接替轉播到大不列顛帝國的各處及美洲的合衆國。在七十五分鐘的時間內，大不列顛帝國的三十六處不同的地方，其中有二十九處是在邊遠的地方的，都供給這次的廣播節目以材料。

因經緯度不同而有時間差異的關係，這些播音，在某某地方，當然是在對於聽無線電播音人，於不太合式的時間內聽到。爲消除這種不方便起見，英國無線電廣播處用電磁的方法，登錄了這種播音，然後將這種登錄了的典禮播音，於由經驗定爲對於大衆聽者最順利合式的時間內，利用短波與有强大力量的廣播台，轉播到世界上最遠的各處去。

在這種闊大與有這一種複雜性的動作中，當然生出美術方面，財政方面，法律方面與技術方面的某某許多問題，而應爲國際的研究與安排的對象。國際無線電廣播聯合會設立一個機關，特殊的担任這些問題的研究，名爲接替轉播委員會。這個委員會的主席是波蘭無線電廣播事業的總經理，愛米逸克先生 Sigismond de Chamiec。這個委員會與關波阿先生 Dubois

（荷蘭籍）爲主席的接近委員會，爲密切連絡的工作。現在爲這兩個委員會之研究的對象的一個問題，是設立一個中心機關，使因有這樣複雜性的接替轉播而引起的消費，爲公平合理的分配的問題。

國際電話的接替轉播的高度價錢，及找到相等的適合於相距很遠的，各無線電廣播事務處的播音時間的困難，決定聯合會要去相等的研究，將特別爲各國的想望而組織的無線電節目，因使用一種永久登錄的方法，分配廣播到各國去的可能性。

在這一條途徑中所做的第一次實際試驗，是在一千九百三十三年的聖誕節，其時，歐洲的好幾個國家，將爲外國而製的唱片分派給其他的國家。這些唱片包含一篇關於聖誕節的文告，一種鐘聲的音樂演奏，及照傳統習慣而唱的一種應時的唱歌。

因這次經驗而接到的評論，是十分的使人感奮，而賴有特別預備好的唱片的使用，這種試驗，在一千九百三十四年的聖誕節又重做。參加第二次的聖誕節的表示的大多數廣播台，要求將這種表示引伸擴大，而要其相等的包含有來自海外各國的唱片。國際無線電廣播聯合會在下次開會時，要考慮這種引伸擴大，是否可以實現。

後則，國際無線電廣播聯合會，力求發展一種對於文學與戲劇作品的國際的興趣，將（或節本的或特別寫作的）及在各國得到成功的表演的無線電戲劇一覽表，定期分派給與其各會員國家。這類一覽表中所有的記載包含；劇本的名字，作者與譯者的名字，需要演員的數目，劇本演時的長久，可以得到這劇本稿子的所在地址，著作權的保持人的地址，及說明這劇本所以得有成功的種種理由的簡短敍述。

好關係的一定想望，所採取的最初的擬議創舉，爲一種概括說明。人可以反對的說，謂這是取最容易的途徑，而是思想的國際交換，非音樂的國際交換，似爲若不成則沒有其眞正的成功的條件。但不止有一句的諺語，要人對於討論到較繁複的問題之前，先履行各種簡單的工作。無線電廣播事業的經理主任們，因此而得到一個經驗，對於這個經驗，當每一次爲『接近』的事業時，都可以使人想起這事將有可能成就之望。

彭樂善著

廣播戰

董顯光題

廣播戰序

自從無線電廣播術發明以來，因其傳播消息的速迅與普遍，在宣傳方面，就增加了一種有力的工具。尤其在戰時，各國政府的宣揚政策，喚起民衆，以爭取國外同情，暗斥敵人虛妄，利用的工具雖多，其中當以廣播爲最著成效。蓋廣播不受距離的限制，不論遠近，均可以立時到達，更能透過任何堅強的防線，深入敵後。有人說廣播是現代戰爭中的第四條陣線，良有因也。我國廣播事業的發展，雖較稍遲，但年來經各方面的努力，急起直追，已能駕歐美廣播諸先進國的項背。彭樂善同志從事國際傳播工作有年，貢獻甚多，近於公餘，將其平日研究所得，參以實際服務的經驗，著爲此書，論述世界各國廣播事業的情況，以及廣播傳音的技術等，精詳博贍，深入淺出，不僅爲從事廣播工作者之良好參考書籍，且可灌輸一般國民以廣播常識，誠爲不可多得之佳作，故樂書數言，以弁其首。

民國三十一年十二月七日食廬白序於重慶

廣播戰序

二

廣播戰目錄

第一章 無線電波之奇能

近代科學進步，在人類文化上表顯之最偉大現象，莫過於世界各國之競築廣播電臺，天放射之無數無線電波（Radio Waves）。此類無線電波，附有各種語言之演說，各類樂歌之奏唱，吾人一呼一吸，亦充滿其交響之音，如有相當之收聽設備，隨時皆可聆取。

上次大戰期間，交戰國開始使用空軍，戰場由平面一變而為立體。此次大戰之範圍，則更為擴張，除陸海空軍之大規模作戰外，尚有最新奇之兵力一種，從各方面開出防戰，在瀰漫宇宙之「以太」（Ether）中，互爭霸權。此即一般人所稱之廣播戰，而宣傳學家則以「第四陣線」（Fourth Front）名之。其最普遍之特徵，即陸海空軍之作戰有時沉寂，而廣播戰則無時不在極度之緊張進行中。中立無以保，休戰不可能。有人預測此次大戰之最後決定因素，將為聯合國家與軸心國家廣播戰術之運用，非無因焉。

「戰爭之產兒」

美國「紐約時報」廣播副刊編輯主任鄧奈普（Orrin E. Dunlap, Jr.）嘗言：「無線電廣播，乃戰爭之產兒」。誠哉斯言！廣播事業必具之主要條件，均在上次大戰中一一發展成熟。但在實際應用上，並未引起各交戰國之注意，蓋以雙方血戰方酣，彼此僅知無線電報及無線電話爲唯一通訊利器故也。當時，英國海軍總司令部收發軍訊之無線電設備星羅棋佈，出入線路之裝置千頭萬緒，七海上之英國艦隊及其護送之載運軍火糧食商輪，皆賴以獲得進退行止之密令，而從無廣播消息之收聽者，概一明證。

溯有更出人意表者　歷史上第一座廣播電台，乃夭折於戰神之手下。該台設立於一九一三年，原址在比京附近雷根城（Laeken），經數月之試驗播音後，曾於次年三月二十八日正式播送節目一次，遠近收聽情形，頗稱滿意。但不幸是年秋風起時，德軍席捲比土，遂遭毀壞。

無綫電發達簡史

近代無線電發明人之頭銜，德人之以加赫茨（Heinrich Rudolph Hertz），而義人則爭稱馬可尼（Guglielmo Marconi）。但事實上，十九世紀以來許多大科學家皆有重要貢獻，其最後實現，決非一二人之功。一八八八年，赫茨試驗「電磁波」（Electromagnetic(Waves））之播送，創造十五公尺之收錄成績，其收穫雖大，亦不過證明英國物理學家法拉狄（Michael Faraday）及馬克斯威爾（John Maxwell）二氏數十年前科學與數理假定之正確而已。

一八九五年，馬可尼利用法國物理學家布蘭理（Edouard Branly）及俄國教授勃波夫（A

S.Popff）所分別發明之「檢波器」（Detector），在其生地試發電波，而同時通過乃父田莊，收錄成功，打破七年前赫茲之收發紀錄。

一八九九年，馬氏試驗英吉利海峽兩岸之無線電通報，結果圓滿。越二年，復作橫渡大西洋之試驗，亦告成功。

無線電學傳至新大陸後，研究及試驗之進步，大有一日千里之勢。一九零二年，美國無線電技師在費拉得爾菲亞城（Philadelphia）首次試驗無線電話，收發兩點約距一英里，宣告成功。迨一九一五年，美國海軍無線電通訊人員在華盛頓附近試驗無線電話時，西行三千七百英里之巴黎，及東行四千二百英里之檀香山，均可同時聽見，如接本地有線電話之清晰。無線電技之奇能，遂大白於世，而歐美各國政府及社會人士，亦先後認識其重要性矣。

語言之新能力

一言出口，由聲浪而變為無線電波，立刻可飛越高山重洋，從東半球傳至西半球，無微不至，無在不有，國界亦不能限制其行蹤，檢查機關不得扣減其詞句，秘密警察亦難干涉其普遍活動，文盲，學者，居家平民，作戰士兵，行政長官，及納稅商人等，皆可不分知識高低，同樣收聽。

無線電廣播發明之始，歐美各國亘以「斯登脫連」（Stentorian）稱播音人。該字乃古一希臘人名斯登脫（Stentor）之遺聲。按荷馬（Homer）史詩易理雅德（Iliad）內紀載，斯登脫爲公元前一二零零年特羅亞戰（Trojan War）時，希臘軍統帥部之傳令兵，能發巨聲，並次試驗，皆可壓倒壯士五十人之同時呼喊，因而荷馬稱爲銅喉英雄。斯氏嘗被派至特羅亞城（Troy）附近，登高一呼，山搖地撼，攻城希臘軍立刻精神振奮，以一當千云。

另一古希臘青年英雄，亦爲近代廣播家之模範。公元四九零年，波斯王達尼烏（Darius）親率大軍向希臘半島進攻，雅典（Athens）首當其衝，亡國之禍，迫在眉睫。時有阿林匹亞（Olympiad）長跑冠軍費底皮狄思（Pheidippides），自告奮勇，前往鄰國斯巴達（Sparta）求援。費氏快人快腿，在四十八小時內，跋山涉水，不分晝夜，行程百餘哩，即向斯巴達當局呈遞國書，說明來意。既得所請，乃親身返國，報告友邦助戰決於月圓時發兵赴援，未當敵人先頭部隊，時已進至馬拉桑關（Marathon），遠水難期救近火，費氏乃攜矛持盾各一，趕上前線殺敵。既而大獲全勝，希臘文化庶免於滅亡，但雅典市民未有所聞，仍在惶恐無措中苦候捷音，費氏乃以未戰死之身，奔走二十三英里而達首都郊外，不幸志墜而力已盡，遂心臟破裂，倒地而死，臨旁父老僅聞其最後一語：「吾勝矣！國人其速慶祝！」

今日中國抗戰，何異當日獨力担任希臘文明保衛戰之雅典？所不同者，厥爲吾國可有遠超過斯登脫銅喉及費底皮狄思鋼腿合力千萬倍之交通運輸工具，即近代科學賜予人類之無線電波，俾吾人一言一語，立刻發生振奮盟友精神，打擊敵人鬥志之奇能。

短波之重要

廣播乃無線電話之一種，其主要優點，在於一人發音，可收無數人同時聽取之效。最初，無線電之發達限於「長波」(Long Waves)及「中波」(Medium Waves)之收發電碼，其收發範圍，每不逾五百英里以外。繼而「短波」(Short Waves)之研究成功，遠程廣播問題乃得解決。今日通用之短波「波段」(Wave Band)，原被劃爲業餘無線電學家之理論研究範圍，而赤道以內國家因長波中波常受「天電干擾」(Static Interference)關係亦多利用之。迨其功效大顯，甚至較強有力官商電台更爲滿意時，各國職業無線電專家乃自業餘者手中收回，發揚而光大之。由「播送機」(Transmitter)向以太中放出之短波，非如長波中波電台之四向平射，乃似野戰砲用五至三十度斜角，對準敵人陣地開砲之情形。以此法射出之無線電波，可自七十至二百五十英里高空之「伊洪層」(Ionosphere)折回地面，而在萬里以外供人收取。

一九二四年夏，歐美各大無線電公司，計有英國「馬可尼」(Marconis)，德國「德律風根」(Telefunken)，美國「無線電」(RCA)，及法國「無線電報」(Radio Telegraphie)，遣派最著名無線電工程代表，齊集倫敦，討論各種應用無線電波問題。當時，各專家不約而同集中注意力於長波之學理研究，及歐美三洲無線電通報之試驗。第一日會議結果，咸認欲解決歐美二洲間無線電通報問題，非採用「超長波」(Ultra Long Waves) 不可，其「波長」(Wavelength) 須有一萬至二萬公尺，播音機須用數十萬瓦特之電力，而收音機則須大如舞台布景，「天線」(Antenna) 長逹一英里以上。時有獨持異議之美方代表康納德(Frank Conrad) 亦在場，但未發一言。康氏當晚回至旅館，以其隨帶一英尺見方之自造收音機、及聯其助手在四千英里以外之大西洋彼岸發出電碼，一點一劃，清楚無比。翌晨，乃將其全部收音設備攜至會場，當衆表演一次。從此無綫電界，再無超長波之名存在，而遠程發報播音，則惟短波是賴矣。

近年來，各國從事廣播軍備之競爭如風起雲湧，波段之度數，久已不照國際規定。據中央廣播事業管理處總工程師馮簡之說明，現在各國廣播電台所用之波段大致如下：一千公尺以上之無線電波爲長波，一百至一千公尺者爲中波，十至一百公尺者爲短波，十公尺以下者爲「超短波」(Ultra Short Waves)。在廣播戰上，短波實佔最重要之地位，蓋短波之發射，需電力較小，而其射程則特遠。短波之政治應用，始於一九一七年十一月俄國布爾雪維克政府之國際廣播宣傳，時托羅茨基自列甯格勒(當時稱聖彼得堡)首先向西歐各交戰國呼籲停戰。次年春，不列斯脫立脫夫斯克(Brest-Litovsk)俄德停戰談判破裂後，俄境電台乃發動廣播攻勢，鼓動德軍推倒威廉皇帝，而與俄國單獨媾和。

時至今日，短波收發之技術較當年進步不止數十百倍。短波台可利用「定向天綫」(Direc{'onal Antennas)及防止衰弱現象之方法(Anti Fading Devices)，從東半球播音，而能在西半球收聽。我國國際廣播電台(XGOX-XGOY)電力之強，在國內居第二位，但僅就今年一月至六月間之特別廣播節目言，在美國收聽結果之計分至少五次為「五」，意即是項由重慶送至紐約之節目，其強度不亞於紐約本市電台播出之節目。此短波之功也，長波中波無以為之。

美國首次試播情形

美國第一位使用無線電波之總統，即威爾遜。一九一九年七月四日，威氏從歐洲出席巴黎和平會議後返國途中，自其所乘之美國海軍旗艦「華盛頓號」甲板上，發表美國獨立紀念日演說。事前由隨行無線電技術人員，準備將其演說播達國內，後以總統醫官之堅持，已裝就之「傳話器」(Microphone)不能不移置於一面美國國旗之後，蓋恐威氏見而生畏，致礙發言之故。試驗結果，尚稱滿意。屆時威氏臨場，未悉此項準備，自擇地點發言，距傳話器過遠，且係背向而立，致全篇講詞僅得片段播出，其先行端之距離不足一英里，而全體官兵均不克聽聆威氏之聲音，遠在岸上試收之聽衆，自更無所聞矣。

威爾遜在總統任內，已認識廣播將為美國政治上發揮能力之重要工具。惜因普遍使用之時期尚未成熟，致不克充分利用，以展開其偉大政治抱負。一九二三年停戰紀念日，威氏最後一次對美國人民廣播演說，時雖年邁體弱，猶能高聲疾呼，痛斥美國戰後脫離協約國之舉為「懦弱，不名譽，不光榮！」

二十年以後

今日美國情形，與當年已大不相同。美國人民所知目前世界上最有能力之二「R」無他，即「羅斯福」(Roosevelt) 及「無線電」(Radio) 是也。

羅氏首次當選為美國行政元首時，無線電界即加以「廣播總統」(Radio President)之美名。其在歐洲之同業政治家，乃波蘭總統馬西基(Ignace Moscicki)。馬氏為著名無線電技師，曾受波蘭人民之擁戴繼任總統之職，而於一九三九年波蘭戰敗逃至羅馬尼亞京城後，宣佈辭職。

羅斯福之白宮辦公桌上，最引人注目之陳設品，莫如無線電傳話器。如以其為總統大權之象徵視之，則此禿頭麻面之金屬體，較同立於其桌上之墨水瓶更為重要，較其手邊之電話機更迅速，更遠大，更有效，藉傳話器廣播，可不費舉手投足之勢，而向合衆國，西半球，及全世界，作親切之爐邊談話，而發生無可限量之政治作用。

自日本軍閥冒天下之不韙而進攻珍珠港之日起，羅氏廣播之次數日多，效力亦日大。始而動員美國三軍，繼而宣佈對敵作戰。羅氏向美國國會報告日軍侵略美土之廣播時，理直氣野，言短意長，全美人民皆在收音機前靜聽，而其他各國收聽者，估計總數不下二萬萬人，重慶雖在一萬英里以外，亦有「耳」共聞。羅氏演詞原文僅五百字，從頭至尾歷時七分鐘，其速度之特低（羅氏平時廣播，每分鐘爲一百一十至一百三十五字），爲從來所未有。此點適足反映羅氏此次演說之非常重要性，其一字一句，皆在於正告全世界之意義識，美國已當上全面作戰之最前線，不達到毀滅東西侵略國家之目的，決不中止。

「神經戰」

孫武嘗言：「攻心爲上」二千餘年來，戰術之發展雖日新月異，而此中國古訓，仍不失爲各國軍事學家之金科玉律。德人所稱之「神經戰」，與此攻心戰術並論，亦屬恰當。其在此次大戰中之各徵，不外各交戰國之競相利用廣播宣傳而已。

神經戰之運用，中外史冊不乏良好實例。項羽以拔山蓋世之力，與劉邦爭天下，總計七十二戰，從未敗北，但垓下一役，聞得「四面楚歌」，立即不知所措，連呼「虞兮虞兮奈若何」自刎而死。諸葛亮以三寸舌，在戰場上罵死王朗。以空城計，而不折一兵一卒，「嚇」退司馬懿進逼之大軍。歐洲黑暗時代，交戰雙方常以箭頭包纏宣傳品射入敵陣。美國獨立戰爭時代，戰有英軍深夜拾得對方之諷嘲文字，凡其攜以投誠，而面領鈔票七張　並田一所。綜上觀之，可知神經戰，固爲東西各國社會上之老生常談，其在此次大戰中之特殊地位，乃經線電之功，希特勒之別有魔力也。

當今全球進行自熱化神經戰之時，各交戰國廣播電台無所不用其極，唇槍舌劍，隨無線電波而互射，在大氣中以太，常呈飽和之現象。吾人本參戰之經驗，與觀戰之心得，自可認清廣播宣傳之戰略上重要性，而明瞭其射程遠過大砲，其速度超過飛機。宣傳文字之散發，難越檢查關口，第五縱隊之活動，難逃警探網羅，而廣播宣傳，即最堅實之防空洞，亦可隨時透入，最嚴密之封鎖線，亦可自由越過。把握此「新兵器」而善用之，與陸海空軍相配合，斯為全體戰爭時代制勝之道。優勢在所必爭，主動不可或失。

「最先一彈」與「最後一彈」

一九三九年八月三十日，柏林電台忽在夜深人靜時，以希特勒名義廣播一非常消息稱：德國政府，向波蘭提出之解決但澤問題條件，已遭拒絕。此消息一出，和平談判之門立閉。數小時後，德軍開始行動，大戰遂以爆發。

實則納粹廣播所稱已遭拒絕之條件，事前波蘭政府並無所聞，其為希特勒手造之發難口實，毫無疑義。其結果，無異當彈鳴槍，以期先發制人。就歷史而論，蹂躪歐陸第三大國之波蘭，未盈月而敗亡，納粹侵略手段，曷其毒辣耶！

三年以來，軸心國家不斷推進其宣傳攻勢，反侵略國家亦加緊努力於節節反攻。雙方所消耗之電力，放送之無線電波，及人聲樂聲不可以數計。而目前情形，已預示今後廣播戰更將大規模展開。美國參戰之第四日，陸長史汀生上校發表談話，稱「最先一彈」僅是警號，最後一彈，乃能制勝」。吾人可信此次大戰中，聯合國家勝利之日，軸心國家之廣播電台，亦將為被解除侵略武裝之一。一九四零年，希特勒在康邊森林，向法國乞和代表提出立即停止全法電台廣播之要求，亦將為德義日三國向中美英蘇政府乞和時，不得不接受主要條件之一。吾人期待此日之早臨，更可想見四大強國廣播宣傳機構之改絃更張，發出自由和平之角聲，而為結束此次大戰之最後一彈也。

第二章 「英國戰時」

人為社會動物，生而樂羣，老死不相往來之說，無非歷史上一二哲學家對若干特殊社會思想之反感而已，知之者多，行之者無。語言之進化，文字之發明，使人類原始時代之自表方式，逐漸進步，相安範圍，日益擴大。及至留聲機，無線電，相繼出世，人類社會關係之改展，乃竟至不受時地之限制。希伯來（Hebrew）古聖之「萬國交談」（Nation Shall Speak Unto Nation）理想，竟獲實現。三年來，德國空軍雖不斷閃襲英倫，而代表此偉大理想之字句，仍在倫敦西城廣播大廈（Broadcasting House）之牆面上，燦爛如昔。

無線電廣播之利弊

各國廣播事業，至今尚在幼稚時代，惟其利弊，則已十分明顯。無線電發明家馬可尼之手，一面建造梵帝岡（Vatican）電台，以備教皇廣播仁愛和平之用，而另一方面，則協助法西斯政府，興建強大電台於意大利各要地，以供墨索里尼廣播仇恨與戰爭。近代科學界之矛盾，寧有甚於此者？

無線電波之利用，最初偏重於港口與航輪間之通訊。裝備無線電機之船隻，不幸在行駛時遇險，即可發出「求救」(SOS)之信號，呼諸附近船隻，馳往施救，而較遠之岸上電台，亦可收得此項緊急電碼，而同時以更大電力，指揮各種施救工作之進行。一九一二年，作處女航之當代「海上皇后」荷蘭郵船「泰坦尼克號」(Titanic)，自南安普敦(Southampton)開往紐約，中途忽撞冰山，而頃刻沉沒。全船乘客水手二千餘人，被救者達三分之一。此輩逃救之生命，皆無線電之賜也。

歐美各國，利用無線電波，或以防止時疫之流行，或以控制犯罪之蔓延，或以預發天災之警告，或以防護森林之起火，或以保證航空之安全，或以指揮南北極之探險，事半功倍，利莫大焉。及至廣播事業發達，收音技術普遍，大都市播出之教育與娛樂等節目，可送至窮鄉僻壤農家，天主教司鐸之祝禱，基督教牧師之說教，可傳入臥病將死者之耳中。美國無線電公司創辦人及總經理沙諾夫(David Sarnoff)幼年所想見之「貧可自得巨富所不能購取之知識與安慰」，終乃實現。

無線電之功用，如此偉大，以為近代科學文明之桂冠，並非過誇。然而一旦落於希特勒墨索里尼之手，則利沉而弊浮，向來為人類精神之「善鄰」，一變而為國際宣傳爭城爭地之「先鋒」，浩大廣播世界，從而形成戰場矣。

希特勒墨索里尼正式利用廣播

希特勒學畫不成，而躍為德國總理，墨索里尼辦報與畫，而出任義國首相，其唯一秘訣，厥為一種富有神秘性之自我宣傳。前者不明邏輯，而曲解歷史，後者不顧事實，而妄談命運，狂呼亂叫，武斷激昂，果爾對內可以鎮壓反對派，對外竟能嚇退假想敵。

希特勒未得志以前，自慕尼黑至柏林，沿途演說，歷十寒暑。一九二四年，被囚於藍茲堡(Landsberg-am,Lech)獄中，凡八閱月，為興登堡大將軍禁止其喧嘩之最有效時期。但「我的奮鬥」一書，即在此時脫稿而成，為以後納粹黨之政治「聖經」。一九三三年，希特勒奪獲德國政權後，旋即發表戈培爾為其宣傳部部長，從此德國廣播專業與納粹主義，打成一片矣。

同年十一月十日，可謂希特勒正式加入廣播職業之一日。是日 全德電台首次聯播演講廠，擴音機設在柏林近郊西門子電氣工廠內，傳話器裝在該廠最大發電機上。時希特勒站在工人中間，汽笛怒鳴，輪轉機動聲中，演說達四十五分鐘，呼籲全國工人投票，擁護其外交政策。此種實地「舞台廣播」，實為近代政治宣傳方法創一新紀錄。德語雖多喉門小舌成音，非如義語之輕快悅耳，然希特勒扮演得法，其廣播技術較威尼斯宮前舉動較為單純之墨索里尼，可謂是有過之無不及。

德國廣播事業

在邱吉爾首相所稱之「英國眠時」(While Britain Slept)，世界各國表面上太平無事，而希特勒與墨索里尼使趁機而起，致全力完成德義兩國之軍備計劃。

一九一八年，德軍在西線發動最後一次之春季攻勢，當時使用之驚天動地新武器，即「克魯伯兵工廠」所創製之「巨型重砲」(Big Bertha)，其射程竟可自七十五英里以外之陣地，而達巴黎市內。如以該巨砲象徵德國軍事思想，則近代德無與倫比之強大廣播電台，亦足代表納粹黨對於宣傳戰之中心政策。今日德國各地廣播電台，無論其為長波，中波，或短波，均充分含有侵略性之播送電力，凡曾收聽德國廣播節目者，咸所洞悉。

德國廣播事業，原分屬九種不同組織，自由之風，不亞於英美制度。自戈培爾執行宣傳統制後，即成立一中央機關，名「德國廣播總會」(Reichsrundfunkkammer)。三年內，德國

「國家電台」(Deutschlandsender)之電力，竟增至十五萬瓦特，其他各大都市之十餘座電台，亦加強至五萬瓦特以上。民間收聽之提倡，更不遺餘力，各地收音機工廠，奉命製造一種三真空管式「民衆收音機」，價值低廉，無異土產啤酒，雖鄉間貧農，亦可自力購置，且無用以收聽外國廣播之危險，合於政府封鎖敵國廣播宣傳之政策。同時，廣播收音督導員，隨地皆有，凡屬公共場所，均須裝置德國收聽之特製機，遇有重要廣播時，工廠商店，暫停活動，以便員工收聽，汽車交通，亦暫停止，藉免干擾，估計每次柏林播送特別節目時，全國至少有百分之七十五人民，在收音機前靜聽。

戰前，德國廣播，在理論上，專為國內外之德國人民而發出，其對海外之德僑廣播，則期其常聽祖國語言，而保存其國籍及愛國心，以貫澈希特勒「聯合一切日耳曼人而建設大德國」之要求。可是柏林短波電台以十餘種外國語言廣播宣傳，其欲影響他國人民之用意，則甚明顯。

義國廣播事業

墨索里尼之廣播宣傳，由「義國廣播總會」(EIAR)全權辦理。馬可尼生前，曾以全力輔助其發展，尤以加強法西斯短波廣播，為最堪注目。例如羅馬台電力之強大，在戰前執全歐之牛耳，即馬氏之殊功也。

義人咸以地理關係，常喜戶外遊談，偶有回家，罕欲收聽廣播。是以國家廣播組織雖廣大，而民間收音設備，則較歐洲其他各大國爲落後。不過團體收音一項，在義國特別普遍，無論湖畔海邊，頗多有辦之收聽中心，備爲流動羣衆，一面休息，一面收聽廣播。一般廣播宣傳節目，內容似尚注意及聽者之興趣，惟發音室工作人員，則毫無自由可言。義語自拉丁文蛻變而來，素富樂音之詞，而羅馬廣播，往往有聲有色，罕聞乏味，蓋以廣播家之個性既被剝奪，所表現者，固無異於留聲機之轉動故也。

歐洲各國廣播戰之軍備競爭

一九三九年，歐洲各國廣播電台總數逾四百座，而在技術上，國際規定之全歐波段，僅可容一百三十九座電台之同時播音。此種膨脹現象，乃德義發動國際廣播軍備競爭後，各國爲趕效尤之自然結果。在此不幸情形下，苟用同樣波長之電台，彼此限制其電力之輸出，或其間距離在一千英里以外，尚可免互相干擾之情形發生。但不幸在事實上，各國主要電台，均有五萬瓦特以上，而彼此間之距離，至多亦不過數百英里，以致德國之巨砲廣播無忌，橫行一時，各國爭設最強有力之電台，以期壓倒遠近鄰邦之播音，而爭取聽衆。

據日內瓦「國際廣播聯合會」（International Broadcasting Union）之統計，歐洲各國之廣播事業十四年間（一九二六年至一九三九年）電台總數之增加將四倍，總電力之增加約十倍，平均每台電力之增加為二十五倍。其詳細情形，可列表如左：

年代	電台總數	一萬五千瓦特以上電台總數	五萬瓦特以上電台總數	十萬瓦特以上電台總數	總計電力(單位千瓦特)	最高電力(單位千瓦特)	平均電力(單位千瓦特)
1928	183	1	0	0	116	13	1·0
1929	200	7	0	0	432	40	[illegible]·1
1934	253	63	37	15	4,500	500	18·0
1937	342	93	53	31	7,020	500	20·5
1940	463	120	67	48	12,000	500	25·0

莫斯科中央台，為全世界最先增強電力至五十萬瓦特之廣播電台，其所宣佈理由為蘇聯國境遼闊，舍此無以顧全其東西兩部領土上之國民收聽。但論台播音之強度，未必比英德二國之「鑰台」(Key Station)為高，彼等在一九三九年皆為十五萬瓦特之電台，開戰後，曾繼續增強其播送電力，藉以樹立歐陸廣播優勢。

歐洲各國短波廣播情形，根據巴黎「先鋒論壇報」(Herald Tribune)之戰前統計，一九三零年，全歐僅有短波台三座，及至一九三九年，乃增至三百五十座。而國際規定之短波波段分爲歐洲各國部份，僅有二百種不同之波長，其擁擠情形，與當時長波中波情形，毫無二致。是年，歐洲具有五萬瓦特以上電力之短波台，共三十一座，計英國七座（二座爲十萬瓦特電台），德國八座（至少二座爲十萬瓦特電台），義國六座（十萬瓦特電台佔半數），尤以羅馬電台爲世界強力短波台之冠，而一九三六年以後，墨索里尼在阿比西尼亞京城建立之短波台，則可以獨霸非洲。

希特勒戰前之「廣播政策」

希特勒登台數月以後，納粹廣播機構，即開始其侵略性演習。一九三三年夏，奧國邊境附近之慕尼黑十萬瓦特電台，曾攻擊陶爾斐斯（Engelbert Dollfuss）政府，維也納之十二萬瓦特中央台，立即採用干擾方法以資對抗。此後德國抨擊陶氏，未稍休止。一九三四年七月二日，納粹第五縱隊潛入維也納台，向發音室擲一炸彈，閱月二十五日，更分隊襲擊總理辦公廳，及廣播電台，陶氏當被刺死，電台亦有傷數人，而納粹暴徒竟衝至傳話器前，宣稱奧國總理已辭職，新閣即將成立，吞吞吐吐，雜於槍聲中播出，是爲無線電波載送槍聲之第一次。當時，墨索里尼之紙老虎尚未拆穿，故一旦出面干涉，希特勒不能不讓步，而交出代表犯普蘭奈搭（Otto Plannetta），在維也納執行絞刑了事。

此事之發生，明白表現希特勒之侵略陰謀，首在攫取或毀壞其對象之廣播電台。一九三九年九月一日，德軍開始進攻波蘭，德機飛至華沙，投彈主要目標，即該城附近之電台。九月八日，德軍進抵華沙西郊，其隨軍宣傳技術大隊，隨即設立「華沙電台」，開始廣播，以錯亂波蘭人民之聽聞，而打擊其軍民鬥志。當時，波蘭雖已遷都，華沙電台仍不時廣播新聞，守城孤軍，繼續抵抗至九月二十七日，始因彈盡糧絕，而投降。華沙電台廣播員，堅苦守職，每日向西歐各國報告其巷戰消息，尤其向英法二國，籲請速予波蘭有效之援助，誠此次大戰中，可歌可泣之壯舉也。

希特勒或為德國空軍將來作戰之便利計，戰前曾以巨資，鼓勵德國無線電廠家，低價投標，為各鄰邦備置新台。一九三七年，德律風根公司，代其他歐洲國家裝設之強大電台凡十四座，其代希臘裝設之雅典台竟壓倒近東各國，而其同時代保加尼亞裝設之布卡奈斯特台，則居近東第二位。一九四一年被炸毀之南斯拉夫首都中央台，亦為德律風根公司出品。該公司更派推銷員及工程師，前往比屬剛果，葡屬幾亞拿，南美阿根廷，中東阿富汗，遠東暹羅等國，作同樣之經營，英美法荷各國廠家之代表，但見其處處成交，而無力與爭。希特勒之處心積慮，可謂深且遠矣。

墨索里尼之「實彈演習」

一九三五年，墨索里尼吞滅黑種人之唯一獨立國家——阿比西尼亞，其大量施放毒瓦斯之惛無人道行爲，盡人皆知，而其使用更顯優勢之無線電波，則罕爲一般觀察家所注意。

當時，義國具有無線電台二十三座，技術人員一千八百六十二名，專任演員藝人六百五十七名，特約五千名。而阿國僅有小台二座，其在阿京之一座，原爲義國廠家所承造，開戰後，阿政府始將義國職員辭去，而代以瑞典技師，主管機務。情報方面，義軍無線電配備，應有盡有，而阿軍統帥部，得英法僑商之協助，僅備有無線電發報台十座，其簡陋可以想見。阿皇驅其原始時代戰士，以當高度機械化無線電化之法西斯軍，自難幸免敗亡也。

且義國開赴東非作戰之士兵，無往不受羅馬廣播之歡送奮勉，英美廣播機關，雖一再設法自前線取得各種戰訊，借用阿斯瑪拉(Asmara)之義台播出，俾倫敦紐約同時收轉，而墨索里尼不允所請，即無法辦到。墨氏「閉門打啞子」，外間所聞，不過羅馬電台每晚傳出之十五分鐘片面宣傳而已，阿軍英勇抵抗之真象，無從探聽。

墨氏最自得之成就，尚不在此。當其對阿用兵之時，全國廣播電台，早已動員，內而宣傳英雄故事與暴力史績，外而要求殖民地，染指地中海霸權，詆毀國際聯盟之威信，狂呼英國之大廈將崩，虛張聲勢，冀可遂其所欲。羅馬電台，不斷以短波對近東宣傳，半島南端之巴瑞(Bari)電台，每晚以中波向地中海沿岸「播射」，用阿拉伯語及方言，鼓勵回教民族反英，同時派出特務人員，攜帶收音機，分往回教國家，半賣半送，俾以遊牧爲生之阿拉伯人，可在其長夜聚談之咖啡店中，順便收聽義國電台播送之新聞，演辭，及朗誦可蘭(Koran)

經典，奏唱鄉土樂歌等專家傳播節目。某晚，羅馬台阿拉伯語廣播宣稱：「英帝國已頻於崩潰，英海軍艦隊陳腐不堪，無異博物院古董。艾登之輩，不過倫敦政界小醜而已」。另有一次，巴理台捏造外約但阿區(Trans'Jordania)阿拉伯人亞謀叛變之謠言，而煽動各地回民反抗英人統治。同晚，米蘭(Milan)電台以阿拉伯語報告云：「英國當局，宜各自當心，因其在巴勒斯坦(Palestine)所實行之政策，已引起全世界回教徒之惡感故也」。

此種「信口開河」之廣播，居然可以達到離間英阿關係之實際目的，而倫敦逐日之闢謠，終難收反駁之效果。英海軍曾調集五十萬噸艦艇於地中海面，弓上弦，刀出鞘，聲勢浩大，不亞於六年後康寧漢大將(Admiral Cunningham)指揮艦隊之兵力，但墨索里尼一再停「罵陣」廣播，英艦隊始終按兵不動，甚至最低限度之消極抵抗、即禁止義軍運輸艦通過蘇彝士運河，亦未敢施行。據當時觀察家之意見，英政府主要顧慮，顯係對於羅馬宣傳已久之巴爾波將軍(General Balbo)統率下之空軍敢死隊，深具戒心，唯恐一旦開戰，還遇全軍覆沒之厄運故也。

一九三八年，英義成立「君子協定」，彼此間停播戰，暫告休止。同時，義國各地電台，乃轉向法國示威，日夜廣播，要求巴黎政府，速予放棄尼斯(Nice)、柯西卡(Corsica)、及突尼西亞(Tunisia)。而墨索里尼每次發表廣播演說時，均提出收回此三地之口號，風聲鶴唳，草木皆兵。迨一九四零年法國對德屈服後，墨氏雖未勞師，而竟能使法國乞和代表，卑躬而立，接受其「停戰」條件。墨氏外強中乾之神經戰，竟可造成此空前紀錄，亦此次大戰特點之一也。

西班牙內戰時期之廣播

大戰爆發以前，西班牙內戰方酣，自一九三六年至一九三九年，政府軍與佛郎哥將軍領導下之叛黨，針鋒相對，雙方使用廣播戰術之激烈情形，不亞於同時在遠東激烈進行中之中日大戰。

前線兩軍砲位所在地，均設有強大擴音機，政治工作人員，各盡其宣傳之能事，日夜呼籲對方士兵，倒戈投降，同時後方電台，亦不斷播送互攻節目。佛郎哥部下有一名將（第拉諾 de Llano），因對宣傳戰興趣特別濃厚，故常作廣播演講，竟無餘力指揮其軍隊衝鋒陷陣，亦趣事也。第氏最常用之廣播方式，即曲解戰訊，詆毀政府領袖，對其私人生活，更捏造不可盡信之事實，以攻擊之。

西班牙內戰之國際性，至為顯然。兩軍後方電台發動之大規模廣播戰，以與軍事行動相配合，除宣傳反宣傳外，各以短波呼求外援；同時更譏詞譴責對方之與國。例如政府台自稱為民主政治及世界和平而戰，要求英法美蘇等國速以兵器軍火相助，速請指出叛軍之甘為極權國家走狗；而痛斥德義二國之對其豢養，雖至戰事最吃緊時期，政府各台仍不斷向各民主國家大勢艱辛，說明西班牙，與義大利，捷克斯拉夫，中國，皆同為自由正義，而在堅苦奮鬥中，應有全世界愛好和平國家之同情援助。

在馬德里陷落以前，政府保有西國最大之三座電台，叛黨所有各台之電力均弱，因而常受干擾，難以反攻。但以其廣播人員之精神奮發，節目新穎，不久獲得相當之反攻效果，使政府台頗受威脅，不能不採取守勢，而通令全國一律禁用收音機，違者以軍法論罪。

佛郎哥勝利，各方面多得助於德義之援助，戈培爾曾派遣大批廣播技術人員，潛入支持其宣傳機構，而墨索里尼則在距西國最近之義境，專設電台一座，冒稱為佛氏在其佔領區內之自由電台，朝夕播音，以助長西國之同室操戈。既而叛黨果得勝利，乃相率討價，逐漸利用佛氏漸造成之特殊地位，發動對拉丁美洲之宣傳攻勢，一面操縱西國電台之傳音部份，使其盡為廣播有利於軸心國家之宣傳，一面把持其技術部份，以隨時轉播柏林羅馬之西語宣傳節目。親德之孫納任長，每次廣播演說時，柏林均以強力短波轉播於尊西國為母體之南美各國。一九四零年，各該國朝野人士，收聽德義廣播，極盛一時。英美宣傳當局，均感不安。美國「善鄰廣播」，竟被迫降至「可憐老三」(Poor Third) 之地位，羅斯福推行其西半球聯防計劃困難發生之原因，即在於此。

大戰前夕之一線和平

一九三九年，國際廣播聯合會，鑒於歐洲各國廣播軍備競爭，已陷於無政府狀態下，乃於四月中旬，召集國際會議於蒙特魯（Montreau），由三十一國代表，簽訂歐洲四百六十座廣播電台之合作計劃。奮戰未已，新戰將起，而竟可達到此偉大之成功，誠難能可貴之一線和平希望也。

此國際廣播組織，成立於一九二五年，會所設在日內瓦，歷次組織國際會議，皆有相當收穫。其內容，雖限於廣播技術上各問題，精神上則以提倡各國間同情了解之廣播為宗旨，而促進國際廣播事業之合作發展。其平時之最重要貢獻，除按期發行國際廣播通訊外，當以聯絡世界各國電台之不定期交換廣播。例如在一九三七年內，各國彼此轉播之高尚文化教育節目，達二千七百三十七次之多，皆此國際機關接洽之功也。一九三九年蒙特魯協定之成立，蘇聯，土耳其，希臘，冰島，及盧森堡，雖非簽字國，但各該國均表示不願妨害其施行，亦可謂不幸中之幸矣。

廣播界原期蒙特魯計劃在其規定之日期（一九三九年三月四日）生效，世界有史以來最大之廣播網可從而實現，初未料及戰神來臨之提早也。自一九三九年九月一日德軍在波蘭平原上展開大戰以後，歐洲一般社會人士，自無暇過問蒙特魯為何物矣。可是各交戰國國際廣播首腦，則立將國際廣播聯合會歷次召開大會所產生之技術上發明，予以獨佔性利用，而使其已有之近代廣播宣傳機構，更有系統，更有效率，直有兕焰。

第三章 遠東之廣播戰

自無線電廣播立場觀之，中日戰爭，亦必自「九一八」說起。蓋敵軍發亂之始，我瀋陽電台，爲其首先攫取目標之一。該台電力二千瓦特，當時尚爲全國首屈一指之廣播台，與哈爾濱台同有三年以上之歷史。其於我東北四省之政治，教育，娛樂，頗有重要之貢獻。日本完成四省之軍事佔領後，積極樹立傀儡政權，並於長春興建亞陸最強大之廣播電台，中波短波各一座，呼號同爲MTCY，更趕造劣貨收音機，傾銷於東北市場，其對於佔領區廣播宣傳之注視，可謂不亞於軍，政，經濟，文化等深入之侵略方式。

中國之優勢反攻

民國二十一年，孫總理誕辰紀念日，我中央台（XGOA）新設中波機一座，正式開幕。是日，南京江東門外軍樂聲中，該台鐵塔上天綫，遂以七萬五千瓦特輸出電力，開始播送節目，而一鳴驚人，予自負不凡之日本放送協會，以聞風喪胆之打擊。日本各大都市之電台當局，亦頗感相形見絀之苦。蓋以南京台，每日廣播十一小時另二十分鐘，多半節目，在三島收聽，至爲清晰，其在東北四省及朝鮮台灣之收聽情形，亦屬良好，自不待言。卽英屬馬來亞，荷屬東印度，澳洲，紐西蘭，夏威夷，及美國亦可聽得。遠東廣播宣傳之絕對優勢，遂轉入我中央台之手矣。

大勢既如此，日本宣傳當局最感焦慮之點，厥爲南京廣播在東北人民心目中所發生之政治影響，故始而增強長春僞台之電力，繼而採取消極之就近干擾政策。但四省民間絕對多數之收音機，皆將指針停放於六六〇千週波(南京台週率)上，可收聽時則開，不可收聽時則閉之。上海密勒氏評論週報，曾著文紀述此事，略謂：一九三四年，敵僞抵制南京廣播，雖不遺餘力，幾其所用之干擾機，頗難收效，半開時不足以壓倒南京之巨聲，全開時則模糊其自身之廣播宣傳，勢處峭巖，進退維谷，不得已乃暫時放棄其干擾政策，而積極進行其本部及僞國建設廣播收聽兩網之五年計劃。及至「七七」之前夕，東京台之電力，已增至十五萬瓦特，長春台亦以十萬瓦特開始廣播，而三島之收音機總數，逾四百萬架，僞國收音機，則達二十五萬架。是以日本發動盧溝橋事變之日，軍事上與宣傳上之準備，固已早達高度之配合作用矣。

中國廣播事業

中國廣播事業之主管機關，即中央廣播事業管理處，全國電台泰半屬之，交通部及各省市政府所設電台，行政上雖非直轄，而技術上合作，則不分彼此。

歐美廣播事業日趨發達之際，我國電台播音之風亦隨之興起。民國十一年，由美商創辦之中國無線電公司，在我國建設第一座電台，電力僅五十瓦特，因成績不佳，三個月後即行停頓。繼而美商新孚洋行，造一電力相同之廣播電台，以廣告其商品，復以營業不振，半年後亦告停閉。十三年，開洛公司成立，試辦期間，初以一百瓦特電台播音，既而聽衆漸多，乃增加電力至二百五十瓦特，其廣播內容，幾全倣效美國盛行之商情廣告節目，未能迎合一般聽衆心理，其價值自甚有限。

十六年，國民政府定都南京，設置中央電台以傳佈政令宣揚主義之計劃，旋即見諸實現。同年，僞北京政府，在北平，天津，瀋陽，哈爾濱等地，設立電台，亦先後開始廣播。南京中央台，於十七年秋正式開幕，各省市廣播電台，亦相繼成立，如浙江省政府及廣州市政府所辦之電台，均於次年開始廣播。同時，上海區內，商業電台之興起，猶如雨後春筍。迨二十一年，中央台七萬五千瓦特之新播音機裝配完畢，中國廣播事業，乃一躍而執遠東之牛耳。每晚中央台播出之簡要節目，經常由全國各省市電台同時收轉，時限自三十分至一小時不等，代表民族之統一意志，象徵國家之自衛力量，其意義之重大，非其他公共事業可與倫比也。

南京中央台之威震東亞，直至二十六年底，國軍西撤，該台自動毀壞時為止。上海商業電台數目之多（約五十餘座），為全球都市冠。紐約居第二位，僅有電台二十四座而已。但上海此種電台，數量雖多，自電力之統計觀之，殊較他國爲遜色，蓋其最高之電力爲五百瓦特，最低者僅五瓦特，平均每台僅一百四十七瓦特。在廣播事業發達之國家，此類電台之播音，多係業餘性質，而用作商業廣告，不足以與強大電台相提並論。

盧溝橋事起，其時中國造台計劃，尚在初步發展之中，全國電台共約九十座，播送電力十萬瓦特，收音機在九萬架以上。播送機與收音機總數之中，有三分之一皆集中於上海一隅，而佔全國電力四分之三之中央台，以其所處地點，接近最前綫，設備牢固笨重，無法移至後方安全地帶。日本電台數目，雖不足我方之一半，而其播送電力，則超過我五倍以上，且其所在地，均可不受作戰之直接影響。故我廣播宣傳機構，自南京轉移陣地後，不能不暫取守勢，而須從容佈置，一年以後始能發動反攻。其中艱苦經過，自非局外人所可得而知也。

衝破敵僞封鎖之中國廣播

民國二十七年，日本趕造廣播電台，及收音機之龐大計劃，已逐漸實現。東京大阪之鑰台，已先後增加電力至十五萬瓦特，長春僞台之播送力，亦達十萬瓦特。其對外宣傳之遠程「重砲」，於東京有五萬瓦特短波機二座，於長春則有二萬瓦特短波機一座。後者於二十九年，亦增至五萬瓦特，其原定增造五萬瓦特及二萬瓦特短波機各二座之計劃，亦約可於三十年度陸續完成。由此等巨台所交織之無線電網，非僅可以保衛三島，及其在亞陸之廣大佔領區，更可載送荒謬之毒性宣傳，遠遞歐美非澳各洲，藉以阻止我爭取與國之努力。此空中無形封鎖之可能影響，恐與沿海各口岸所受之有形封鎖，同其重大。

南京失陷以前，中央台已有子台二座，分別在重慶長沙二地開始廣播。同時，在武漢分任廣播宣傳之責者，除漢口市政府舉辦之一萬瓦特中波台外，尚有國際宣傳處之「中國之聲」，以英法德蘇日等國語言，對海外廣播戰訊，而同時廣播事業管理處，亦以短波供給各省市電台之轉播節目。徐洲武漢兩大會戰中之英勇戰績，皆爲此時期中對內外廣播之主要題材。「國家至上」，「民族至上」，「軍事第一」，「勝利第一」等口號，亦在此時藉短波電波，而傳至全世界人士之耳中矣。

二十八年，重慶貴陽兩大短波台先後成立，六萬瓦特之昆明中波台，亦繼之開播。從此中國乃在戰時「自力更生」之信念下，開一廣播事業新紀元。中波電力，較戰前增加一倍，而担任國際宣傳之短波電力，則較戰前增加十倍以上。中國反攻軍力，遂得再度出現於遠東廣播戰場矣。

「中國之聲」在海外收轉情形

短波廣播宣傳之最有效方法，莫如利用收聽國家之多數電台，以長波中波，同時轉播特別重要之新聞，或演講節目。此法之應用，無異運動場上之接力賽跑，一字一句，自發音人之口，區隊務之耳，分別由短波及長波或中波，隨時傳遞中國以短波之直接收聽，不易普遍，爾長波或中波廣播，則盡本擴聲以不用數波及裝置之礙有關，亦可收聽。廣播事業發達之國家，均有全國性之廣播網，其總台發出節目，可由各地分台，以長波或中波聯播，以供一般人民之收聽。

中國為聯合國英四強之一，英美各大廣播公司，均有代表常駐渝處，担任聯繫，採訪，及廣播事宜。目前駐渝之英美特派廣播員，計有英國廣播公司（British Broadcasting Corporation，簡稱BBC）之第特拉福君（W.P.C.de Trafford），美國哥倫比亞廣播公司（Columbia Broadcasting System，簡稱CBS）之司徒華君（James L. Stewart），及國民廣播公司（National Broadcasting Company，簡稱NBC）之福爾門君（Harrison Forman）。最早來華之外國廣播員，即美國國民廣播公司代表賈古柏君（Melville J. Jacoby）。賈君於三十年四月抵渝，曾多次廣播重慶遭敵機狂炸之實際情形，由該公司全網轉播，喚起美國朝野人士對我抗戰建國偉業之同情與援助，不無相當貢獻。最近賈君在西南太平洋戰區因飛機失事而殞命，消息傳來，我廣播界同有中國失一良友之悲感。

美國聯合廣播公司（Mutual Broadcasting System，簡稱MBS），及加拿大之加拿大廣播事業委員會（Canadian Broadcasting Commission，簡稱CBC），並派代表駐渝，亦付設度轉播我國際台之特別節目，聯合國家之彼此呼應，此亦為最直接之表現。

二十七年，我對外廣播節目之在美國轉播成功者，爲有王寵惠先生（時爲外交部長）播講口播出之演說一次。此事適足發現我當年抵抗國際侵略之苦鬥情形，歐美廣播刊物有以「曠野人聲」（Voice Crying in the Wilderness）形容我廣播宣傳者，誠此不幸情形之又一反映也。同時，我強力短波電台尚未完成，台兒莊捷音雖如雪片飛出，而友邦電台不克作滿意之收轉，亦其重要原因之一。

太平洋大戰爆發以後，「中國之聲」遂爲英美印紐澳各國不能不每日收聽之新聞廣播矣。美國兩大廣播公司之駐渝代表，會奉緊急命令，臨時廣播短波新聞節目，而由各該公司轉播全美。此種特別節目，竟有一日達三次者，每次聽衆不下數千萬人。而國際電台復於其經常廣播時間內，隨時對外作迅速新聞報導，東西各國電台，從無日不收錄之而引用其重要部份。外國記者，會聯名請求我宣傳當局，每次發佈公報給予彼等八小時之優先權者，亦報紙業與廣播業在歐美各國進行多年之劇烈競爭，首次波及重慶之盛事也。

中國抗戰五年以來，歐美各國轉播重慶之新聞與演說，共一百二十四次，平均每月二次。五年來，最先六個月僅有一次，而最後六個月則平均每週三次，將來收聽情形轉好時，此項特別廣播次數，更可加多，亦意中事也。

轉播之問題種種

上述轉播節目，皆指結果良好者言，其由我國際台播出，而對方收轉失敗之節目，在同一時期內，亦數見不鮮。論者每多主張增設電台，加強電力，以免發生此美中不足之現象，實則遠程廣播，技術上問題至爲複雜，欲求百發百中，殊不可能。蓋以時令，氣候，日斑（Sun Spots），天電（Statics），磁暴（Magnetic Storms），設備，以及敵人之有意干擾，友台之無意干擾，於短波收音，俱有決定之影響故也。

年來「中國之聲」，與英美各大廣播公司，均保持密切聯繫，彼此間常有電報來往，或廣播通話，預定轉播節目。而屆時未克播送者，僅有二次，一爲三十一年七月六日，美國CBS節目，因與蔣委員長廣播時間相衝突，而自動取消。另一次爲三十年八月十日NBC節目，因該市空襲未解除而遲誤。美國參戰而後，其舊金山各電台，初次聞有敵機來襲之謠言，未待證實，亦有停止播音之舉，可見因空襲而遲誤廣播，非不可原諒者也。

我國對英廣播節目之轉播，次數較少，其原因不外技術上困難，尚多未解決之故。三十年春，「中國之聲」應BBC之邀請，每週對英播送五分鐘遠東大事述評，凡十一次，後以收轉結果欠佳，而暫告一段落。其他特別節目之在英國轉播成功者，共有六次，尤以蔣夫人及孫科王寵惠兩先生之演說，最爲圓滿。

中印兩國廣播宣傳之聯繫，近來已甚密切。今年國際婦女節，蔣夫人對全世界婦女廣播演說，及其在「印度日」與王寵惠與鐵城兩先生對印度人民分別發表之廣播演說，均經全印廣播公司（All India Radio，簡稱AIR）轉播成功，事後該公司且將當時收轉之原音製片，寄還我國際台以爲紀念。同時，該公司曾派代表卡拉加君（D.F.Karaka）來華，担任觀察員。卡君在渝六星期內，曾對印廣播二十一次，由AIR新德里台，一一收轉。到我國際台之廣播，在印度各地，隨時皆可收聽清晰。而AIR雖有電台十六座，除新德里短波台外，在我國收聽，甚感困難。

特別轉播節目之統計

抗戰五年以來，我政府長官及社會名流廣播演說之在海外收轉成功次數，可列表如左：

發言人名	NBC	CBS	MBS	BBC	AIR	共計次數
蔣委員長	2					2
蔣夫人	7	2	2	1	2	14
孫夫人	1					1
孔祥熙先生	1	1	1			3
孔夫人	1	1				2
孫科先生				1	1	2
王寵惠先生	2			1	1	4

陳立夫先生	1					1
吳鐵城先生			1		1	2
王正廷先生			1			1
郭泰祺先生				2		2
吳國楨先生	1	1				2
陳光甫先生			1			1
張伯苓先生	1					1
總計	17	5	6	5		38

右表所列舉之特別節目，多在極度困難中送出，而在海外轉播成功。每次均須突破敵人之「以太封鎖」(干擾)，恢復一萬英里以上路線中之各種天然障礙，而廣播時間，亦與普通節目不同，例如蔣委員長暨夫人最近應美國陸軍部邀請之對美廣　節目，發音時間在午夜二時三十分，其予發音人之個人不便，亦國際廣播宣傳上常有之問題也。

遠東之世界大戰縮影

國軍自撤退滬濱以後，上海仍能保持其為全世界最特殊「廣播城」之地位。

二十七年，日軍開始統治上海之廣播事業，多數華商電台，因拒絕敵方之無理要求，而被迫停閉。另有若干電台，強被佔領，改作敵偽宣傳之工具，其中五座，被改用爲干擾台。

上海租界內，原有外國商營電台八座，英美各二，俄法德義各一，每日廣播，尤以美台XMHA爲最活躍。該台新聞報告員亞爾考特（Carrol Alcott）每日廣播兩次，反日精神，溢於言表。亞氏時以熱潮冷笑之姿態，揭穿日軍暴行，尤受遠近聽衆之歡迎。該台每週一次之「自由法國之言」，及「未經檢查之挪威消息」，亦爲有聲有色之反侵略宣傳節目。另一美台，爲「大美晚報」所辦，經常以英語及我國方言廣播。英台以「字林西報」主辦之「民主之聲」爲最著名，該台除自播各種節目外，每日轉播倫敦播出十種語言之BBC短波新聞。自德軍侵蘇之日起，上海俄台亦自動加入民主廣播陣綫，而對納粹德國，發動攻勢。

三十年，駐滬日軍對第三國租界內之電台（德義台除外），不斷加以壓迫。大美晚報電台，及代表維琪法國之台，首當其衝，懾於日軍之威脅，而削減其電力。XMHA以不願改換波長，而遭干擾，但始終未屈服。日軍堅欲檢查美國廣播新聞稿，鮑威爾（密勒氏中國評論週報主編）拒絕之餘，自動取消其廣播評論節目，而亞爾考特則置之不理。亞氏繼續其廣播攻勢，譏笑日本大事宣傳之「新秩序」（New Order）爲「新臭氣」（New Odor），日軍痛恨特深。最後採取直接行動，趁其到台廣播時，派遣暴徒潛入，向播音室投一炸彈，幸無死傷。

同時，敵僞電台，日夜集中火力，分別以華語與英語，攻擊英美兩國之遠東政策。德台

XGRS及義台XIRS，亦從旁吶喊助戰，更加播對印度澳洲各種特別反英節目。上述各際之廣播戰，從而形成，不啻爲全球廣播戰之縮影。

東京之國際廣播宣傳

中國爲東京廣播攻勢之主要對象，乃日本放送協會之一貫政策。無論大戰之重心如何轉移，敵國廣播之主題，仍爲「中國事變」。

一九四一年底，三島電台共有十八座，電力逾五十萬瓦特。在中國佔領區之敵僞台共十五座，以長春僞台之電力爲最強，南京僞台次之。

敵國之短波宣傳，在發動太平洋大戰以前，至少以三種波長，每日廣播十四小時以上。對東亞南洋歐美各國節目，均用定向播送。其對美部份，所用時間最長，而予聽衆之笑柄亦最多。東京台對美宣傳之某女報告員，自稱爲巴苓教授(Professor Agnes Ballin)，每日對美宣揚日本女性道德。某日，該女教授解釋日本婦女之「三大美德」，一爲「孝親」，一爲「敬夫」，一爲「從子」，而懇勸美國婦女試行之。另有一次，東京台時論報告員警告美國聽衆輕視日本之不當，其所持理由，即日本文化有近一百萬日之歷史，而美國立國僅有六萬日。言時，顯未反思日本所欲摧毀而不可能之中國文化，已有二百萬日之歷史也！

第四章 倫敦之呼聲

英國廣播公司（以下簡稱ＢＢＣ），爲歐洲最大之廣播事業組織，在我國知者亦多。其可給予全世界不斷服務之力量與機會，實爲其他聯合國家，或任何軸心國家，所望塵莫及。其所以如此，並非偶然。二十餘年來，歐洲各國野心政治家高唱各種新秩序之論調，英國政府與人民，咸於英帝國之危機四伏，積極培養其多方面之自衛能力，今日之ＢＢＣ，亦卽此努力結果之一也。

戰前，德國宣傳當局，無限擴充其廣播機構，強大之「德意志電台」日夜咆哮於道蒂治台（英國首台，設在 Droitwich 地方，在同一波段內與德台比隣，）之門前，英倫三島聽衆不甘拜其下風而欲迎頭趕上之要求，湧起於全英人民之心頭。一九三八年，捷克問題達於極度緊張之時，該二台電力同爲十五萬瓦特。戈培爾方準備增強德意志電台百分之二十五，而ＢＢＣ忽於播送張伯倫首相演說及其各種語言廣播時，將道蒂治台之電力加強一倍。該公司發播力之強大，從此漸爲英國假想敵所認識矣。

英國廣播事業，可能如此迅速發展之基本原因，乃由於英國有一遼闊而隨時可受他國威脅之帝國。當ＢＢＣ尚在試驗少數短波電台時，柏林廣播「巨砲」，已具聲聞全球之射程，英人有「耳」同聽，自卑之感雖起，自尊之念猶存，故BBC奮起直追，在各自治領，殖民地及代管區，廣設轉台子台，而於最短期間，完成其以倫敦廣播大廈爲中心之英帝國偉大廣播網。

在戰前數年中，BBC所計劃經營之龐大廣播實力，於一九三九年四月十五日，爲一般人所首次發覺。是日倫敦「每日電訊報」(Daily Telegraph)登載甘得耳（Marshland Gander）特寫一文，內稱：「如某處BBC大電台，在戰爭中，一旦被毀壞，則魯格比（Rugby）附近之後備播送機十三座，即可啓用以補充之。其中最強大之播送機，有發揮一百萬瓦特之總出電力」。此種驚人成就，其可發現於英國者，蓋其人民之傳統精神，雖保守而富有沉毅應變之能力也。

英國之「廣播首相」

邱吉爾可稱英國之「廣播首相」，一如羅斯福之爲美國「廣播總統」然。BBC具有佈滿六大洲之分台，爲其傳遞各種特殊節目，一唱百和，誠最大之世界廣播網也。吾人根據此事實，可知各國聽取邱吉耳聲音之人士，爲數當較習聞羅斯福之聲音者更多。

邱吉爾雖有不能完全讀出「S」音之缺點，但仍喜在傳話器前發表演說。希特勒之畏懼邱吉爾，一如其畏懼羅斯福然。某次，希氏至薩爾布律根（Saarbrucken）視察西格弗利防綫時曾公開表示：一旦邱吉爾加入內閣，彼將視爲英國對德之仇視行爲。其出此語，無異默示彼對邱氏所懷之恐懼心理。但當希特勒聚精會神，環視其辦公桌上地球儀而手定其征服世界計劃之時，英國朝野上下，彷彿已忘却邱氏，使其居留[illegible]與木工瓦匠爲伍。一九三四年，邱氏曾在下議院一度起立，要求發言，而竟被制止，令亦不予。邱氏東山再起以前，ＢＢＣ從未請其對英國人民廣播。同時，渠曾向ＢＢＣ當局抗議，力斥該公司拒絕各政黨執行部不保薦之國會議員至電台廣播之成見。由此觀之，吾人可信邱氏當時或亦曾激烈反對保守黨之未予彼一向國民廣播之機會也。

邱吉爾當年之政治環境，雖至惡劣，但其多方面之政治奮鬥，從未鬆懈，而其對於廣播事業之興趣，亦極濃厚。一九三四年，邱氏在ＢＢＣ出版之定期雜誌上發表宏論，曾云：「廣播之爲物，乃天神賜予爲自由奮鬥人民之救生圈。在廣播中，國家領袖可與窮鄉僻壤之農夫農婦作親切之談話。向廣大之不可見聽衆發言，可以消除當面裝腔作勢以引人喝采之弊，而使演講人感覺彼正採取一誠懇而友誼之方式，以親近其國人，若邂逅道旁，攜手入室，而與其家人討論當日報章滿載之大事焉。

「此誠一種偉大而感人之經驗。此種方法用之愈多，愈自由，愈不拘形跡，則使千萬人民自動參加現代議會政治之機會，亦愈多，而愈可生效。但此物利用之道固多，濫用之途亦復不少。吾人可於自由容忍之空氣中，以發展近代廣播事業，而挽救人類之文化。同時，倘

一不慎，而任人用以滿足其私慾妄想，則或可流爲虛僞，暴戾，殘殺等賊害人類之工具。一

事實上，英國廣播事業，果能沿此正確之途徑而發展。然而邱氏本人，則算入BBC數晉室一試身手之機會。其演辯長才，僅能用於對少數故友及失意政客之談話而已。在此時期內，渠曾發表關於獨裁希特勒之有系統演講若干次，警告英國人民速起督促政府，加強英帝國之自衛兵力。邱氏戰前演講集「英國默時」及大戰爆發後出版之「進入戰爭」(Into Battle)二書，皆此次大戰中之重要文獻。吾人反復讀之，不難想見希特勒所以畏懼邱吉爾之理由。

英國廣播公司之簡史

英國有系統之廣播事業，始於一九二零年。是年，英政府主辦之BBC組織成立。此乃半官式之無綫電廣播公司之資本。原出自製造收音機廠家之股款，後以業務上之費用浩大，每年由政府向全國廣播聽衆按機征收十先令之執照費，以資彌補。

一九二六年，BBC改組，政府自各股東之手，收買全數股票，從此該公司在原則上直屬於郵務部，而業務則集中於七人組成之董事會。一九三九年九月，該公司之行政，復以戰時之特殊關係，而改隸情報部。

羅斯福之像

一九四一年之BBC年鑑，說明該公司現狀如下：「在郵務大臣監督之下，英國廣播公司保有若干座廣播電台。當戰爭開始時，郵務大臣之一部份監督權，即移交於情報大臣之手

。此項移交權力，係令關於廣播業務。情報大臣，一如平時之郵務大臣，有權隨時通知BBC當局，禁播其所認為失當之新聞或演講，而各廣播員評論時事之個人意見，亦須遵守情報部之限制條例。情報部與BBC經常保持密切之聯繫，情報部召開之廣播宣傳政策討論會，BBC可派代表參加，而BBC如有類似之業務會議時，情報部亦必派代表出席指導焉」。

戰時之英國廣播公司

一九三九年九月一日下午八時十五分，英國人民首次獲聞倫敦廣播員報告云：「英國廣播公司國內服務部播音開始」——此乃英國廣播歷史上最重要之一刻，三島聽衆聞此，立悉BBC已入於廣播戰爭矣。

經過十七年演變成熟之龐大英國廣播宣傳機構，由平時進入戰時，僅歷九十分鐘而完成。政府一道緊急命令發出後，BBC傳音及工程人員立即遷辦。最先動員之兩大播台，頃刻間即分別以四四九公尺及三九一公尺波長，開始播送節目。當晚九時二十六分，更開有較大之新置台一座，開始播音，以二〇一公尺波長，用各種歐洲語言，向大陸各國發動宣傳攻勢。

是時，BBC之工程師以迅速有效之方法，解決有關戰時廣播宣傳之各種技術問題。其所克復之最困難問題，即如何使全英電台在空襲時繼續廣播，而不致引起敵機利用本地電台所放射之長波及中波，為選擇轟炸目標嚮導之危險。結果，英國各地電台遂採取「聯播」之方式，波長各異，節目則同，報告不用呼號，發音地點亦不宣佈。在此情形下，聽衆雖無選擇節目之機會，而對此安全措施，仍不能不竭誠擁護。同時，BBC之戰時機構健全以後，並即改用二種以上節目聯播。一九四零年，德軍以雷霆萬鈞之力，向英倫三島作空中閃擊，BBC廣播從未停頓，而每次英機轟炸歐陸時，各地德台皆因空襲警報而停止播音。兩國廣播作戰之攻守力量，由此可判定其強弱之比例。

英國廣播，除交響樂團之演奏節目，在空襲時音質較遜外，新聞與評論之播送情形，與平時無異，而避入防空洞之人民，皆可照常收聽其本國廣播節目，一如居家之方便。此英國人民生活，與戰爭打成一片之明證也。

英國廣播公司之「戰時損失」

在倫敦及其他英國大都市服務之BBC職員，因空襲而殉職或受傷者，爲數甚多。總公司所在之倫敦廣播大廈，曾兩次中彈，損失亦巨。該大廈首次被炸時，炸彈之爆炸聲隨無線電波而飛揚，三島及海外同時聞悉此聲者，當在數千萬人以上。是時，BBC報告員僅作一自然之緊張呼吸，歷時不過三四秒鐘，而繼續廣播，若無事然。同時而在另一發音室內以德語廣播之報告員，亦繼續工作，而未中斷。第二次中彈時，室內空氣之嚴重，不亞於第一次，而死傷人數，則超過之，但廣播節目之進行，毫未受影響。六十萬人感謝，甚至納粹廣播，亦稱道不置。當晚，柏林短波電台在對澳紐及遠東之廣播節目內，報告云：「倫敦廣播，在空襲中照常進行，而一般人民在防空洞中，彼此談笑歌唱，毫無懼容。倫敦播送之節目，在空襲進行時，多為跳舞音樂（或係唱片節目），男女播音人員環立傳話器前，勇敢鎮靜，視空襲危險如童話故事，而不予介意。為此，吾人須向彼等表示敬意。」

英國廣播界，在此次大戰中所遭受之文化上損失亦頗重大，尤以無線電傳真（Tele-vision）節目之停播，為最顯著。戰前BBC之傳真服務，曾經十餘年之研究與試驗，開正式播送經常節目，亦有兩年以上之歷史，成績優美，為近代無線電事業之冠。不幸於波蘭平原上砲聲起時，該公司奉英政府之命，立即停止傳真節目，而集中其全力於廣播戰焉。

戰前，BBC之新聞與演講報告員，均須匿名播音，而出入於發音室，皆著禮服。此二傳統制度之廢除，亦可謂該公司所遭受之戰時損失。三年來，BBC報告員，已如美國盛行之廣播風氣，自由宣告其姓名，盡量自表，而與遠近聽衆發生個人感情，廣播內容，因而更為生動，宣傳目的，亦從而易於得到矣。

倫敦廣播大廈地下室，尚有倫敦灰塵之播音員禮服二套陳列其中，每次空襲時，新舊職員視此平時習慣之痕跡，亦可引起一番幽默之感想。

BBC國內服務部

英國廣播電台之分佈，以倫敦，伯明罕，孟却斯特，不列斯脫（Bristol）紐[illegible]斯特（Belfast），愛丁堡，卡爾狄弗（Cadiff）七大都市為中心，每處電台至少有二座，一播全國性節目（National Programs），一播地方性節目（Regional Programs），各台電力均在十萬瓦特以上，波長各有不同。此外尚有若干較小之電台，同時播送各種節目。收聽方面，三島以內之收音機，平均三人一架，總數在一千五百萬與一千八百萬架之間。

BBC國內服務部，每日廣播新聞節目凡六次，每晚九時之一次為最重要，估計收聽人數，在二千萬以上。戰前，最受歡迎之下午六時新聞廣播，今則降至次要之地位矣。BBC新聞之來源，除該公司派駐各地之觀察員外，泰半得自情報部，路透社，及其他新聞電訊組織。歐洲著名廣播評論家格蘭丁（Thomas B. Grandin）曾謂：「英國廣播所發表之新聞，最為公正，且較任何國家所播出者更為詳盡周到。該公司素有迅速準確之聲譽，其新聞報導，且常舉出反面事實與意見，顯係相信一事一物之真象，須自各方面觀察而探求之。有人以童軍大衛（David）手擲石子擊斃武士哥尼亞（Goliath）鋼盔鐵甲之故事，喻BBC對德進行宣傳戰以爭取聽衆之能力，可見電力之強弱，於廣播宣傳之成敗，固無絕對關係也。」

英國戰初之戰時廣播特點，以政府各大臣之時常發表廣播演說為最顯著。各大臣就其主管部門之設施，隨時向全國人民報告，并說明戰事發展之一般情形。同時，BBC復請有若干軍事專家，與陸海空軍當局保持密切之聯繫，而將採訪所得，作定期之廣播談話。該公司更有特約之國內外時事評論家，如畢斯理(J. B. Priestley)之「英國之言」(Britain Speaks)，及斯文(Raymond Gram Swing)之「美國評論」(American Commentary)，皆爲BBC環球聽衆所習聞之寶貴節目。

戰時公共娛樂場所開放之時間減少，使廣播事業之重要性因而加高，此亦自然之趨勢。BBC之廣播話劇及音樂會，漸成爲日常之必要節目，沙士比亞，蕭伯納，以及最近戲劇家作品之演出，無不予以有系統之定期播送焉。

「實況廣播」(Actualities)亦爲BBC所常播送，而爲一般聽衆所最歡迎之特別節目，而超出德國之戰時廣播紀錄。該公司流動灌音隊，園出灌製適於廣播宣傳之戰時生活音片，專門技師，僕僕於輪船甲板上，醫院病房中，軍火工廠內，以及空襲服務站上。同時，戰地播音員，攜帶各種機器材，至全球各戰場，或自飛機上，播送大西洋護航艦隊之行駛情形，或在坦克內，報告北非沙漠上大戰之進行實況，有聲有色，可泣可歌。

另一種最受人歡迎之動態廣播，即每晚九時新聞報告後之非正式訪問節目。此時，空軍飛行員。傘兵運送車之司機，高射砲陣地之砲手，以及各種非戰鬥員，齊集播音室，輪流報告各人一日之記事。每星期日晚間，則在此時特請廣播評論家畢斯理氏敘述一週大事，英國城鄉凡備有收音機家庭內，無不親友滿堂，一面收聽，一面討論。

英國之自衛能力，在BBC所廣播之「英倫上空之噴火式戰鬥機」(Spitfire over England）等節目中，由公安部大臣摩璉遜（Herbert Morrison）及其他政府大員，隨時以現身說法之方式，而向全國廣播。同時，英國之反攻威力，亦於「皇家空軍翼下之柏林」（RAF Bomber over Berlin）節目中，而常有生動活潑之廣播演講與表演。

「聽衆參加」（Audience Participation），已成爲戰時提高民衆統一意志之最重要有效方法。此種方法，已爲BBC傳音當局所廣泛採用。播音員每於進餐時間，攜帶傳話器至酒肆及工廠中，臨時組織有音樂及演說天才之工人，而向國內外廣播各種可以引起普遍興趣之節目。

另有一種戰時新添節目，即「一面工作一面唱歌」（Music While You Work），由BBC派員輪流至各大工廠，領導工作中之男女工人，齊唱各種民歌，全國工人皆能收聽。此節目之播送時間，上午爲十時三十分，下午爲二時三十分，其作用在於調和工人之枯燥心境，與緩和工廠中之緊張空氣，而提高其生產力。BBC統計之結果證明，每次收聽此項節目之男女工人，不下七十五萬，而據各工廠當局之報告，此種方法對於英國工人之精神與效率，均有顯著之貢獻。

一九四零年二月一日，BBC開始其每日二十四小時不斷之慰勞軍人節目。該節目之設計，最初原爲在法境作戰之英國遠征軍，使作戰士兵皆可藉此享受國內之慰勞與娛樂機會。後以一般人民亦歡迎此節目故，乃進而充實此項廣播之內容，側重輕鬆之音樂，主要目的則爲預備適合於酒肆，兵營，及地下室中之集體聽衆。典型節目「請君發問」（Any Questions），與「無線電偵察」（Radio Reconnaissance）等，或由官方派員發言，或由研究時事之專家報告關於戰時生活之種種事物。對於各自治領及殖民地之在外作戰部隊，復有每週播送一次或二次之「鄉音」（Voices From Home）節目，藉以慰慰其離別之苦痛。而此項出征軍人之父母妻子與愛人之祝福，亦可隨無線電波遠達在英帝國各處服役之前線與後方。同時，彼等之聲音與書信，亦可循同一途徑，而立刻傳達至全世界每一角落。

戰時英國廣播之另一主要任務，乃向國內民衆傳達政府隨時公佈之法令。各種重要節目播畢後，常可聞聽電台報告員，或政府有關部門之發言人，宣告許多重要之戰時措施，如兒童之疏散，防空須知，以及戰時國家機構所包含千頭萬緒之活動與問題。

BBC對於戰時體育之提倡，亦進行不遺餘力。該公司每日廣播之早操計有兩種，參加人數每日均在百萬以上，其中有九十五歲之高齡婦女一名，每日清晨在家開機，循音樂之節奏而動作，從無間斷。

BBC歐洲服務部

BBC之多數長波中波電台對國內廣播節目，皆可飛越海峽，而深入歐陸四百英里以外之各地。同時，復有十餘座較大電台，以道蒂治台爲首，播送其對歐各種語言節目，以對抗希特勒指揮下五十四座宣傳堡壘發射之「無線電彈」，唇槍舌劍，激戰不已。

對於歐洲各國四千萬架收音機，BBC播送之節目，係用三十九國不同之語言，每日播出宣傳節目，總時間達三十六小時。在每一種語言中，該公司對於當日之大事要聞，不僅予以清晰而連貫之迅速報導，同時對於被佔領國家之內部消息，亦予以詳盡確實之敘述。例如華沙居民，除非得自英國廣播之波蘭語報告，無從探悉其本國克拉科（Cracow）之消息，而在德軍佔領下之挪威人民，欲知其本國現況，亦非倚賴BBC之挪威語廣播不可。

BBC之每日德語廣播，歷時四小時以上，其中有新聞節目八次，演講及其他節目四次。此項對敵宣傳廣播，與BBC所廣播之他種節目迥然不同，所用方法且已成為英國人民常為辯論之主題。因有一部份批評家，反對以民主政治聞名之BBC，採用極權國家所通行之宣傳技術故也。然而習聞戈培爾式宣傳之德人，是否注意及此，恐係疑問。

BBC僱用之德語播音員，多為隱名之德人，代表納粹黨壓迫下逃出境德人之呼聲。彼等在大戰爆發以前，亡命逃至法國，繼而轉赴英倫寄居，以待戰事結束後歸國，其反對希特勒政權之意志，自甚堅決。此外，尚有若干非德籍之德語宣傳家，包括內閣中素有知名之部長，國會之領袖，以及工黨議員。蘇格蘭亞伯定大學（University of Aberdeen）政治經濟學教授富來色（Lindley Fraser），堪為BBC對德廣播戰之「主砲」。

BBC之法語宣傳，無疑最為有效，且播音甚在淪陷區最多之聽衆，...法國秘密寄入英國之數千信件，可爲佐證也。法語廣播節目計每日新聞報告六次，其中雜誌一次，每次歷時三十分鐘，其他特別節目亦每日編之。該公司對法最成功之宣傳方式，厥爲標語及歌謠之廣播。此法可引起聽衆之熱烈反應，各種標語歌謠，其節奏富音樂性者，均能使法人易於學習，經久不忘。英國有以鐵託之武力，與戰鬥法軍之勵精，由廣播英語而廣播，乃BBC對法國人民宣傳之另一特色。該播個人對抗德國緊迫之各種有效方法，尤以隱蔽指使者，使人之鐵於採用，竟出乎BBC當局意料之外，而該公司不得不勸告彼等謹慎將事，勿輕易犧牲其性命。某日，戴高樂有爲致法國廣播演詞，叮囑法人在英國大軍未在歐陸西側登陸以前，暫勿發動自危。但自有特勸告示代理法人參加其侵略之戰以後，BBC則一反其宣傳政策，而力促法國青年加入攻俄德軍，而期其從中消行第五縱隊之活動，以牽制東線之攻勢。

BBC之法語播音員，共有男女十二人，包括名聞全歐之漫畫家與喜劇演員各一名，前巴黎女伶一名，及新聞記者若干名。

比利時人民，除收聽BBC之法語廣播外，每日尚可收聽倫敦播送之比利時佛蘭芒語節目一次。

BBC之對義宣傳節目，每日新聞廣播共有五次，前英國駐義大使館武官史蒂文司上校(Colonel Stevens)，已成爲此項節目中之主角。史氏在義大利有廣大之聽衆，此可於義人寄斷企圖干擾其廣播一事證明之。然而墨索里尼之干擾工作，亦如其軍隊作戰之不力，其干擾機之開關，每不能針對史氏播音時間表。結果，有時受干擾之節目，僅爲一次聖之音樂演奏，完全失去對敵作戰之意義，亦墨氏心有餘而力不足之滑稽表現也。

BBC對歐服務部份，尙有荷蘭語節目，每日播送新聞五次，其中一次專爲荷蘭水手而播送。BBC之波蘭語，挪威語，及捷克語節目，各爲每日四次，挪威國王哈根及王儲，常至倫敦廣播大廈，向其本國人民發表廣播演說。BBC之其他歐洲語言新聞廣播，計塞爾維亞及土耳其語言每日各三次，西班牙，葡萄牙，丹麥，匈牙利，及羅馬尼亞語言各二次，阿爾巴尼亞，斯洛伐克，芬蘭，瑞典，及冰島語言各一次。

BBC在歐洲之潛伏力量，與納粹鐵蹄下屈服各小國人民之復國決心，已於BBC所發動之V字運動中，給予全世界以明確之認識。一九四一年一月十四日，比人戴拉維雷(Victor de Laveleye)自倫敦廣播演講，開始以V字號召比利時人反攻希特勒之口令。數週以內，從該公司收到之許多聽衆信件中，得知此項運動已由彈丸之比國，擴大至法國北部。因此，BBC之法語播音人員紛起響應，而大事廣播，更從一切被佔領及未被佔領之法國各城之來信中，表示此符號在一般被壓迫人民心目中，已成爲自由人民勝利之象徵。一時風聲鶴唳，草木皆兵，北非，挪威，荷蘭，波蘭，捷克，以及巴爾幹半島，V字標記飛揚滿目，勝利之聲傳遍各地，而倫敦復成立V字運動委員會，指導各國推行工作。是時BBC發音室忽發出一節奏人物，自稱爲希列頓上校（Colonel Britton），宣稱渠決於是年法國國慶紀念日（七月十四日）發表宣言，動員全世界V字軍，向納粹暴政總攻。一時戈培爾膽戰心驚，苦無應付之法門，始而禁止德軍佔領區內人民佩帶V字，或張貼此符號於市面牆上，繼以禁令不行，而改勸各地人民廣用V字，以代表德國之「勝利」。一場混「戰」中，戈氏夙夜自思，固已深悉德軍及其暫時佔領下之人民，實同床異夢耳。

在V字運動中，邱吉爾首相曾向歐洲各國人民發表演說云：「V字之爲物，係被佔領國家與英國不可屈服意志之象徵，同時亦爲人類期待納粹暴政厄運之標記。在歐洲人民繼續拒絕與希魔在任何事上合作之時，吾人相信侵略者必將滅亡，而歐洲各國必可邀獲解放而無疑」。

在若干方面，V字運動顯然爲幼稚行爲。但一九四一年黑暗勢力籠罩下之歐陸，實急切需要此興奮劑，以增強各佔領區人民之反侵略意識。故此運動開始，即如狂風巨浪之不可遏止，其影響所及，各地怠工除奸之事件，層出不窮，祕密報紙及其他反希特勒宣傳品，流行無阻，而到處殺聲震天，使希姆拉之祕密警察，亦徒喚奈何。

BBC世界服務部

英國之強大短波電台，每日用以對外廣播宣傳者約爲五座至七座，播送各種語言之新聞節目七十八次，新聞稿不下三十萬言。當大戰開始時，外國語言之廣播，每週總時間爲四十四小時，而此種統計數字現已逾一百五十小時，所用語言達四十種。BBC新聞報告員隨信號燈之指引，出入於發音室之門，每日二十四小時內輪流值班，各於其特殊對象之最適宜收聽時間，發出倫敦之呼聲。此發新聞廣播者，代表各種國家各種民族，奇裝異服，雜坐交談，其中有回教阿洪，馬德里之鬥牛力士，開羅之販賣古董商人，中國之戲劇作家，以及白髮長鬚之歐洲各國大學教授。彼等寄宿舍所在地，英人稱爲「洋話村」(Babel Town)，可謂名稱其實。

BBC國外服務部之前身，爲該公司十年前成立之帝國服務部。最初，英國對外廣播均用英語，外國語言僅偶一使用之。BBC首先使用之外國語言，乃阿拉伯語，此事可爲英帝國平時統治回教人民問題特別複雜之一反映。一九四零年秋，世界服務部之新聞節目，係用九種不同之語言播送，其華語部份，乃始於一九四一年夏，由熊式一君負責指導，每日廣播半小時。直至今日，作者尚未聞BBC增設俄語節目之宣告，但該公司已決定自一九四二年九月一日起，每日以日語對遠東播送二十分鐘之新聞與演講節目。有人懷疑以俄語或日語爲宣傳工具之價值，因蘇日二國嚴禁民間收聽外國廣播故也。

英國廣播宣傳力量之最大特點，爲其短波節目可在各國同時收聽，而無技術上之困難。除直接收聽外，每日可有兩次以上之新聞報告，由散佈在五洋七海上各自治領與殖民地長波中波電台予以轉播，使各該台附近之居民，雖用最簡單之原始式礦石機，亦可全音收聽。此識英國在世界廣播戰中所獨佔之絕對優勢，縱使德國有若干較BBC更強大之短波電台，而在廣泛收聽及其可能發生之宣傳作用方面，無不常爲英國廣播部門擊敗也。

BBC之帝國服務部份，對各自治領與殖民地，皆有特殊節目，依日播出，如對印度之印語廣播，對緬甸之緬語廣播等。其對加拿大之英語法語廣播，除BBC自播之節目外，倘有加拿大廣播公司之隨軍播音隊常駐倫敦，每日借用BBC之短波，將加拿大遠征軍之動態與消息，向其故鄉親友播送。同時，澳大利亞與紐西蘭兩國廣播機關，亦各有特派播音員常川駐英，會同BBC東方服務部份播音員，每日分別對澳紐本部，及參加中東作戰之澳紐軍隊，播送各種節目。

對於南非聯邦，及服務於東非戰場之南非軍隊，BBC亦經常播送各種宣傳及娛樂性質節目，其最受聽衆歡迎之一項乃「移民先鋒隊之歌聲」，說白半爲英語、半爲荷語類變之南非土語，演唱人員，則兼用英國與南非之客串焉。

在BBC與各自治領殖民地電台之交換節目，倫敦國內服務部各台，隨時可由加拿大，南非聯邦，埃及，印度，澳洲，紐西蘭等地，收轉有系統之節目。各戰區之軍隊作戰情形，及人民生活狀況，均可循此廣大廣播網，而傳遍全球。

此種廣播互惠之節目，殆爲民主國家對軸心國家進行白熱化全球廣播戰最偉大實力之表現也。

一九四零年五月二十八日，德軍在西線之攻勢已進入決定階段之際，BBC之北美服務部份開始播音，大西洋兩岸之空氣異常沉寂。當時，首先發言人爲國會議員巴特雷(Vernon Bartlett)。巴氏廣播云：「我國今爲求生存而戰，余僅以國民資格，向諸君進一言。余深悉此行，必有人稱余爲宣傳家，然余亦自認爲宣傳家。余之希望無他，但求余欲衛護之人類自由思想——亦即吾人之共同產業，可免於毀滅而已」。

目前，BBC對美廣播宣傳，每日歷時七小時另十五分鐘，若干特殊節目，由BBC與聯合廣播公司全網，以及其他美國一百三十八座獨立電台，轉送北美各地。此類廣播節目之目的，在將英帝國作戰情形，與生活狀況之全部紀錄，逐日向西半球同文同種之美國人民，充分報告。代表BBC對美廣播「英國之聲」之宣傳家，爲帶有約克郡士音之畢斯理教授，而內閣閣員，皇家空軍飛行員，老練水手，駕駛證車之倫敦貴婦，各類服務團指揮官，電影明星，足球健將，店員等各一人，亦爲該部份廣播之特約播音員。彼等每日於各自任務完畢後，至廣播大廈一行，將自身服務經驗，以漫談方式對美國聽衆一一播送。

BBC對美宣傳部份，在播音技術兩方面，不獨與德義電台競爭，更須與美國各大廣播公司競爭，以吸引廣大之聽衆。是以BBC每日對美播出節目，皆有高尚之文化教育價值，其廣播「新聞影片」（Radio Newsreel）一節，與NBC之「時代之進行」（March of Time）大同小異。而BBC之「答君之問」（Answering You）與CBS之「請君賜教」

(Information Please)」節目，則名與實同。但富格遜(James Fergusson)廣播之「敵論分析」(Listening Post)，及另一種告發廣播德機對英國名勝古蹟濫施轟炸之「有碑皆口」(The Stones Cry Out)等節目，乃BBC之特殊貢獻，大受讚許，皆無出其右者。

為適合美國聽衆之興趣起見，BBC對於實地播送戰場上交戰情景，時有特殊之表演。此項實況廣播，他國聽衆亦可同時收聽。一九四零年秋，德國空軍大舉轟炸英倫各大都市時，BBC播音員高地內(Charles Gardiner)，某次播送敵機與英機在英倫海峽上空之交戰，機槍互射，炸彈齊落，風馳電掣，目睹口述。高氏呼吸急迫，情緒緊張，發音酷似馬達，機槍，以及炸彈落地爆炸之交響巨聲，所打斷或壓倒。是項實況播音，造成廣播界之空前紀錄，當時雖有若干人士以此類節目視人類生死鬥爭為兒戲而批評之，但美國乃至全世界，因此而認識英國人民之抗戰精神與力量。BBC之此項冒險，亦可謂有非常之收穫。

另一方面，BBC隨軍播音員曾於一九四零年冬，數度飛往歐陸上空，參觀皇家空軍之對德攻勢。某夜，英國遠征轟炸機一隊進襲柏林，該公司特派播音員一名與焉。時地面燈火雖滅，而天空月光特明，德國防空準備，素稱周密，探照燈，高射砲，驅逐機之聲與色，猶如天羅地網。但是次英機飛抵柏林上空後，從容向各預定目標投彈，而隨行之BBC播音員，對於皇家空軍當時之輝煌成就，一一描寫播出，經倫敦總台同時轉播。此BBC宣傳史上最光榮之事蹟也，國際間對當年獨力抗戰英國之同情與援助，英人實賴以爭取之。

英國對南美之宣傳，每日由BBC以西班牙及葡萄牙語言廣播新聞及演講等節目至三小時以上。此種節目，在各拉丁共和國極受歡迎，其大部份新聞報告，皆由當地電台自動放轉，更有民間通訊組織予以發稿，在各種報紙雜誌上登載。若干特殊節目，且有義務員隨地以擴音機送入高朋滿座之咖啡館，及他種公共場所。

BBC之近東服務部份，乃該公司歷史最久之國際宣傳部門，每日有兩小時另十五分鐘之播音，各種節目用阿拉伯，土耳其，波斯等國語言分別播送，內容多為新聞，史話，可蘭經之誦讀，樂歌之演唱等。每次改換節目時，必先播送代表倫敦電台之阿拉伯古曲一段，該曲輕快悠揚，有五百年之歷史，阿拉伯人稱為「正義之角聲」，聞而起敬，英人藉以號召回教國家，誠廣播宣傳之良策。

BBC報告員所用語言，多為知識階級所用之較深阿拉伯語，操土音之聽衆，往往不能了解。但一年以來，阿拉伯語方言廣播，已佔BBC對近東節目時間之大半矣。

邱吉爾首相自幼即感無語文天才之苦，其文章與演說均限於英國語文，然其內閣閣員中精通外國語者頗不乏人，尤以艾登外相之阿拉伯語，及印度事務大臣阿梅利之印度語，爲最著名。後者之印語廣播，及英國文化事業機威勞合爵士(Lord Lloyd)之土耳其語廣播，均為近年來各回教國家人士常聽之BBC特別節目，頗奏宣傳之效。

廣播宣傳之成敗，決定於收聽人數之多寡，反應之正負，及其對於友敵思想行為各方面所發生影響之大小。凡此種種結果，僅可根據若干表面之事實，而加以推測，欲求詳盡之調查統計，殊不可能。BBC每日可收之聽衆來函，自數十件乃至數百件，交由該公司各部門專家予以分析研究。此項聽衆來函，來自各國各方，包括非洲之荒野叢林，喜馬拉雅山麓之孤獨鄉村，太平洋上之無名小島，封面郵票，及紙上文字，花樣百出。該公司得自英國之聽衆來函，較其他各國為多，英國對美宣傳之成功，此其例也。一加拿大人致函BBC稱：該公司每日廣播為其生活必需品，而「大鵬」(Big Ben 即英國國會大樓上時鐘之綽號，Ben為Benjamin縮寫，其每次報時之宏亮鐘聲，均由BBC之經常節目中播出。)已成為彼家中之常備時計云。

BBC得自維琪法國之聽衆來函，較其他歐洲各國為多，而其中百分之八十以上，皆係親英性質之寄語，可見大多數之熱血法人，仍滿懷期待同盟國家早日獲勝之心情。

BBC得自全球各地之聽衆來函固多，然最足給予該公司負責人得意之感者，莫如西非某阿拉伯個人之來函，其中有一段云：「願阿拉(Allah即崇奉一神之回教神名)毀滅彼暴天禍人之沾濟匠(指希特勒)，使人類超脫其惡行，而實享安息！阿拉無所不能，此事必將早日實現。英人乎！此間有無數經常收聽汝等廣播之人士，贊賞報告員之詞句優美，聲調清晰，誠今世最完善之阿語節目也」。

倫敦之評華，在中立國家，亦頗受一般聽衆之歡迎。美國「時代」雜誌，最近登載斯德哥爾摩蓋洛普測驗(Gallup Poll)之統計報告，表明瑞典人民收聽各國廣播新聞意見之比較數字，可列表如左：

相信倫敦廣播者	百分之八
相信柏林廣播者	百分之四
相信莫斯科廣播者	百分之一
不相信一切者	百分之十八
未表示意見者	百分之六十九

瑞典與德國比鄰，其南部數省(卽京城附近一帶)居民，多屬日耳曼血統，而一般所有親德之色彩，向極濃厚。但英德二國在斯干德納維亞半島展開廣播戰時，瑞典人民之同情於英國者反較多於德國，此豈戈培爾宣傳之不力歟！抑BBC別有動人之技巧乎？

第五章 莫斯科之廣播

蘇聯之國際宣傳事業，在廣播歷史上，保有先鋒之光榮地位。

蘇聯政府首次應用無綫電爲政治宣傳之工具，在二十五年以前。及至西歐北美各國家認識其重要性時，莫斯科已完成其初步之全國廣播網建設計劃矣。一九三三年，德國納粹黨開始執政，當時蘇聯之廣播陣容已趨整齊。莫斯科擁有十萬瓦特之中央電台二座，在西疆沿線之廣播「堡壘」，則有列寧格勒之十萬瓦特電台一座，基輔之三萬六千瓦特電台一座，各台附近之較小衛台不論也。此類電台放射之交織火網，可保當時北起白海南迄黑海之蘇聯邊區人民，不受納粹宣傳侵略之危險，而同時蘇聯各台之西向宣傳，則可直達柏林而無阻。

全蘇無綫電化與廣播事業委員會

蘇聯廣播事業，全由官辦，對內統制，對外封鎖，最高執行機關，爲全蘇無綫電化與廣播事業委員會(All-Union Commission on Radiofication and Broadcasting)該委員會之組織範圍極廣，爲二十餘年來蘇聯政府推行各種政治經濟文化教育計劃之主要工具。

蘇聯廣播事業之發展，首重廣播與收聽兩方面平行。一九三九年，蘇聯有強力廣播電台六十座，散佈於東西全境；而民間之公共與私有收音機，總數逾五百萬架，凡工廠，集體農場，軍營，俱樂部，及公園內，一律有擴音設備，由政府派員管理，因而各地團體收聽，異常普遍。

莫斯科中央台之輸出電力，爲五十萬瓦特，乃全世界所共認之最強大廣播電台。蘇聯政府曾決心設立一同力姊妹台於伯力，以防禦亞俄受東京廣播宣傳之威脅，但該項計劃，至今尚未完成，而在莫斯科加築一座一百二十萬瓦特之超強力中波台之擬議，曾一度引起外國廣播界之興奮與注意，但蘇德之戰爆發以後，外間亦未有所聞。

斯拉夫民族，素以愛好音樂著稱於世，然蘇聯廣播，向少音樂，或其他娛樂節目。而高呼口號，與激昂之演說，則在各台播音時，不絕於耳。英美遊歷家，見蘇聯人民聚聽重複嘈雜之國內政治性宣傳而不露倦色，甚爲詫異，此亦蘇聯人民生活紀律化之表現也。

蘇德廣播大戰

蘇聯廣播宣傳，自始卽以納粹主義爲主要攻擊目標。每晚，莫斯科電台以德語播送各種「爆炸彈」與「燃燒彈」。希特勒覩此情形，曾一再下令，嚴禁德國人民收聽蘇聯廣播，後以感覺其抵抗力之不足，乃進而採取「干擾」手段，以爲報復。同時，蘇聯無線電工程師，發明改換波長以避免干擾之有效方法。蘇聯廣播網，乃擴大宣傳，每晚揭破希特勒及其親信私生活之卑汚點，稱彼等爲「寄生蟲」，號召德國工人，羣起而攻之。此種初期廣播戰，恰予蘇聯當局以建設無線電國防之良好機會。蘇聯廣播家，均在此時期內，受有專攻納粹虐政之技術訓練。一九三九年秋，蘇德兩國間成立諒解，一時莫斯科電台報告員，苦無適口之言可發。但一九四一年夏，德軍侵蘇之日，彼等卽立刻出動，保家衛國，殺敵致果。非訓練有素，曷克臻此？

自德軍攻入蘇境之日起，東歐空際之廣播戰，無時不在激烈進行中。德台呼請紅軍擕械發聲，蘇台痛斥敵寇背信食言，「前鋒」互相突襲，「後衛」彼此干擾，而千萬大軍，沿三千英里長之火線，各隨其後方電台放送之雄壯樂聲，展開有史以來僅見之大陸血戰。

「德意志電台」不斷宣傳希特勒發佈之荒謬戰報，同時莫斯科電台集中砲火，予以反擊，始而宣稱戈林已被送入集中營，米爾契(General Milch)與烏迪特(General Udet)之被德國總[illegible]暗殺，繼而報告希特勒因神經錯亂而入瘋人院之驚人消息。所傳雖近謠言，而有時亦不無事實以為證明。如蘇台宣稱德國空軍司令烏迪特被希姆拉暗殺以後，柏林廣播果於一星期後，發表烏氏陣亡之公報是也。

莫斯科廣播內容，大部份為德軍之損失數字，及蘇軍英勇抵抗之故事。某次，該台以德語宣稱，被俘德軍坦克駕駛員之體格，經蘇聯名醫檢查結果，表明彼等皆因營養不足而患「貧血症」。另有一次，蘇台廣播云：「蘇聯農民，因拒絕供出其所知抗敵游擊隊員之姓名，竟遭法西斯徒黨著殘酷鞭撻，直至昏迷之地步，而蘇醒後，復被擲於飽浸石油之草堆上，縱火焚之」。

利用俘虜廣播，亦為莫斯科電台所要宣傳方法之一。該台時常招待被俘德軍，使其環立於傳話器前，對德國人民廣播。某晚，一德兵自莫斯科廣播云：「希特勒已出賣吾人矣！」另一被俘德軍下級軍官云：「吾人從蘇聯俘虜營，向祖國父老致真心之慰問，此間舒適而安全，可無憂也。余今在此係因吾人砲位被蘇聯大砲擊毀後，全連潰敗，舉目無親，但聞四面楚歌，遂被俘焉。余謂此，甚感紅軍不殺之恩」！此種宣傳，較戈培爾宣讀俘虜名單之間接播送方法，可謂有過之而無不及。

同盟國家在無線電中之呼應

蘇德之戰，始於希特勒自柏林廣播之「最後通牒之言」。當時邱吉爾在英斯科，並無語言文字之表示，僅由英語播音員宣讀簡短之宣言，與鼓勵被奴役人民反抗附庸之法西斯匪徒，而數百萬紅軍，已在前線展開保衛人類自由之戰矣。

蘇大陸平原上之戰爭，迅速傳至全球。但各國十小時合播告此消息時，均未加評論，預言家不約而同保持緘默，即羅斯福與邱吉爾亦然。一般[illegible]無線電聽衆，皆為之憬然，因從事深感此中情形之複雜也。

但英國廣播公司，終於宣佈邱吉爾將於是晚九時播講，就是全世界之觀察，乃漸集中於倫敦，而邱氏一度發言，與他代表全國大多數人民未克自發之態度與意見，立獲廣大聽衆，據所知對於蘇聯抗戰之正確見解，而[illegible]為報導史上之嶄新階段焉。

此偉大之「英美公民」（Anglo-American Citizen），無形中代表法西斯匪，而說明一切民主國家英國需要之立場。邱氏言曰：「在過去二十五年中，余反對共產主義之堅決，從未稍入。余過去之言論，今不欲重述，亦不願否定之。今日世界上為反抗納粹主義而戰之任何國家與人民，皆爲吾人之友。吾人已通知蘇聯政府，吾人決以全力給予俄軍需要之各種技術上或經濟上之援助。余不能代表美國之行動，但余可斷言：希特勒若認爲彼對蘇俄用兵，可以分化民主國家促成其敗亡之共同目標，或引起吾人作戰努力之鬆懈，則彼已犯可悲之錯誤矣。俄人之危機，即吾人之危機，亦即美國之危機」云云。

邱氏是次廣播，立即爲全蘇電台所收錄，譯爲俄文，各台復攫要予以轉播。十二日後，史達林乃利用美國獨立紀念日前夕之機會，自克里姆宮發表廣播演說。其言辭與邱氏作答對，同時向羅斯福提出要求。史氏宣稱：「吾人爲本國爭取自由之戰，與歐美人民保衛獨立與民主之戰，行將打成一片。」翌晨，蘇聯短波電台播送一小時之英語節目，其首席發言人曰：「現爲保衛祖國土地，而進行偉大愛國戰爭之蘇聯人民，在此光榮之美國國慶日，特向美國人民表示熱誠之祝賀。蘇美兩國人民，應作更親密之握手，此其時矣！」

同時，羅斯福自華府總統官邸發表演說，以毫不含糊之言詞，譴責希特勒侵蘇之無理行爲。言畢，繼之以實際行動，特派霍甫金斯前往莫斯科，代向史達林致其私人問候之意，並明白表示對於蘇聯抵抗納粹侵略之戰爭，美國將給予一切可能之援助。

急難中，民主國家彼此間呼應之靈。至此已開一新紀元，而短波電廣播，亦可謂不失爲其最忠實，最迅速之信使矣。

蘇聯戰時廣播節目之改善

此時，蘇聯之廣播，在加強本國人民及其他民主國家人民間之新聯繫上，已佔極重要之地位。莫斯科短波電台之節目，首先本適應英美聽衆興趣之原則，而加以改善。新聞廣播，改用報導評論兼用之方式，以前一男一女分條輪讀之閑話方式，則廢棄之。音樂及他種娛樂節目，盡量加多，以求廣播之活潑精彩。英國BBC，美國NBC及CBS之代表，則被蘇聯廣播機關(SoYouzradio)視為上賓，而倫敦紐約可能轉播莫斯科之節目，雖須臨時變[illegible]其本台預定之他種節目，亦必盡量遷就，而助成之。英美兩國重要紀念日，蘇聯廣播當局，必利用之。例如一九四一年之哥倫布發現新大陸紀念日，莫斯科電台特對美播送一新奇之紀念節目，其中尤以譯讀此大發現家當年橫渡太平洋時之遺墨，為最動人。蓋以此珍寶遺墨，乃藏於正在德機閃擊下之列寧格勒某大圖書館中，而該台特為此項節目而借用者。

莫斯科之新奇廣播戰術——「插嘴」

一九四一年八月一日晚，德國人民正在收聽柏林電台之新聞廣播時，收音機內忽發出一怪聲云：「撒謊！完全撒謊！」是時，德台報告員繼續廣播謂：「德軍今日又獲新勝利！」此語甫畢，怪聲即插入一反駁詞曰：「諸君切勿相信，實則希特勒之閃擊兵力，已受阻於東線達九星期矣！」柏林報告員乃大聲疾呼：「德國空軍曾擊落蘇機一百零九架！」而此無線電中怪聲立起質問云：「然則有若干架德機被蘇聯空軍擊落乎？」類此答辯之語，每晚必插入柏林播送之逐條新聞以內，戈培爾窮思極想，無以制止。始而下令以雙倍之速度播送新聞，但插嘴(Heckling)之怪聲亦隨之而加速，於德台報告員換氣之刹那間，即可射入其插句。繼而戈氏下令暫停柏林電台之新聞節目，而代以軍樂，但此外來之怪聲更進一步，改作宣傳式之演說，一字一句，均隨軍樂之演奏而插入，清晰可聽。最後，德台停止播音。此消極抵制，雖可奏效，然戈培爾宣告「歇業」，亦無異自認失敗。

此插嘴之怪聲，自稱為「民衆代表」，其驚人表演與成就，一時引起各國廣播界之注意。柏林語言學家研究其口音，而斷定其為斯拉夫人，繼而技術專家調查其無綫電波之由來及方向，而證明其為莫斯科廣播。同時，特具寓意命名天才之英國宣傳家，乃在廣播中稱此「人物」為「可怖之伊凡」(Ivan the Terrible)。此名乃俄國歷史上時暴時賢之某王綽號。此人物之出現，猶如祕密武器之使用，束線廣播戰之優勢，從此轉入蘇軍之手矣。

莫斯科電台工程師，從容以主動之姿態，每晚開機對納粹德國進行「洩氣」廣播，時間波長，與柏林電台相同。是時，伊凡頭戴雙筒耳機，在傳話器前靜聽，趁敵方報告員一字一句中間停頓之片刻，而予以插語駁斥。戈培爾遭此伏兵暗箭之奇襲，日復一日，苦無對策，倦且病矣。而其部屬，每日寫稿播音，一面受主管長官之嚴密檢查與監視，一面受敵人之反攻玩笑，膽戰心驚，手足莫知所措。而德國及淪陷佔領區之收聽大衆，聞此滑稽廣播，亦莫名其妙。

某夕，柏林報告員忽宣稱德意志電台（長波）奉即停止播音，而邀請聽衆改聽布賴斯勞(Breslau)中波台之新聞節目。但該台新聞廣播甫開始，伊凡之聲立刻自各地收音機中跳出，並呼「撒謊！完全撒謊！」云云。

伊凡之插語，不獨可以擾亂戈培爾之新聞廣播，且更進一步擾亂其演講，甚至話劇。某次，柏林電台播送一盛大之選舉會，司令台上隨時宣佈新紀錄之造成，均有數萬觀衆報以熱烈之掌聲。而是時場上擴音器及各地播音機之喇叭筒，忽吐出伊凡驟發之插語曰：「但最高之紀錄，乃為戈培爾所保持，蓋彼不舉乎不滿足，即可消滅五百萬俄軍也。」觀者聽者，彼此呆覷，如見鬼影然。

伊凡之對敵廣播，雖多用冷嘲熱笑之詞，而有時亦頗能表示嚴肅之態度。某晚，伊凡插入柏林之廣播，而演說云：「希特勒消滅之日已近，東線德軍之死傷數目與日俱增，希特勒驅德國軍隊於死地，德國人民亦身受其害。諸君應起而圖除之！」

某晚，德意志電台被迫停播以後，伊凡以莊重之態度，諷消戈培爾，而發表演說，聲調口音，一如此納粹「博士」。伊凡表示，德軍必將為聯合國家所粉碎，而德國聽衆聞之，（是時假台播音之波長，與方停之德台相同。）莫不驚誑說明其非為德國宣傳部長也。

伊凡之廣播，由「插嘴」而「罵名」，花樣翻幻，日新月異。其仿效法蘭西成功，乃進而摹仿希特勒。某次，此可飾之伊凡，代表希氏，而對德國人民廣播曰：「余為德國元首，必親率三軍，繼續爭取勝利，以達到最後勝利之目的。余決以全力進行作戰，直至犧牲德國最後一兵一卒為止！」當時，德國聽此節目之聽衆，俱認此為戲謔，指明自希特勒之口。伊凡之宣傳技術，誠可稱此次大戰中之傑作。

此種廣播方式，現已為各交戰國家所普遍採用。伊凡之廣播，雖以偽冒意德電台為主體，然其滿門弟子，則分別對德屬，羅馬尼亞，希臘，匈牙利，及其他各國之偽電台，隨時插語取笑，以擴大蘇聯宣傳戰之範圍。在另一方面，納粹「鬼聲」，亦常可闖入莫斯科所播節目內，呼籲蘇聯人民起而反抗蘇維埃。某次，BBC廣播中之德語新聞播出之插語云：「德國多謊，余處腹飢已久，求麵包不得，而反見希特勒狂噬維霸！」此種插聲來自柏林，英人稱為「范唐納之鴨叫」(Quacking of Von Donald)，而以羅馬電台播報員之插語為「阿佩利厄斯」(Mario Appelius)之「悲鳴」。某晚，阿佩利厄斯之廣播，忽為一插語所間斷，謂乘但聞：「汝乃一謊國之騙！」及繼起之羅馬電台德語：「義國之進，較英國為更有進！」另有一次，阿佩利厄斯代BBC報告員之插話過後，而急呼曰：「魔鬼乎！提高汝之嗓音！義國必敗，魔鬼之力不足挽救也！」結果，偷歡之雜果嚼碎，而答曰：「義大利帝國已壽終正寢矣！」

重慶聽衆，有時可聞BBC新聞節目中亦有怪聲，此殆真德國之日本政治協會所為也。

戰時蘇聯廣播人物

蘇聯廣播，向用「隱名制」，故伊凡之真名爲何，至今尚非局外人可得而知。倫敦廣播界之猜想，均以其爲奧人費休爾(Ernest Fischer)，其人曾任維也納某報記者，而於希特勒併吞奧國後，逃往蘇聯。

蘇聯人民外交委員會副委員長羅卓夫斯基(S. A. Lozovsky)精通歐洲各大國之語言，尤以其英法德語最爲流利，外國廣播界推爲此次大戰中最有天才之廣播家，且有人以播語宣傳爲其戰時發明之一。羅氏且常親赴莫斯科電台，自行廣播，以擾亂柏林之廣播，伊凡乃其門下之高材生。

羅氏口語幽默，他國廣播家罕有出其右者。羅氏譏諷德國廣播捏造之戰果，曾云：「此種信口雌黃之（德軍統帥部）戰報，無異獵人得熊自誇，而同時承認此獸之不願隨其攜以回家。」快人快語，聞者捧腹，然事後細玩此語之味，羅氏亦必有失言之處。（按英美人士以熊爲俄國之別名，有取笑意。）

莫斯科電台以六十二種語言廣播，直至今日，雖有若干重要蘇聯都市，如基輔，明斯克等，已落敵手，但羅卓夫斯基指揮下之國際宣傳工作，在電台數目及電力上，仍未見有衰弱之現象。其在戰時首都古比雪夫之短波電台，已有數座同時播送節目，在東亞及北美收聽，均極清晰。而蘇聯各地長波及中波電台，在歐洲各國收聽情形，亦圓滿如常。廣播宣傳力之強大，固未可視爲蘇聯抗戰之次要因素也。

莫斯科廣播之攻勢

莫斯科中央台，朝夕呼籲德國軍隊投降，鼓勵德國工人怠工，指導軍火製造廠工人製造不爆炸之炸彈，號召德軍佔領區人民發動革命，以粉碎希特勒之壓迫勢力。在太平洋大戰未爆發以前，該台已無日不作預言式之宣傳，斷言「民主國家之偉人合力，將擊敗希特勒及其一切走狗，進而解放全世界人類。」

蘇聯廣播宣傳，在戲劇表演宣傳方面，亦可與英國廣播公司並駕齊驅。一九四一年拿破侖親率大軍佔領莫斯科之紀念日，莫斯科中央台播送一別開生面之話劇節目，曾予各國聽衆以深刻之印象。劇中最精彩之一幕，乃係扮演希特勒與拿破倫二主角之對話。是時，拿翁借言希特勒難逃敗亡之命運以後，乃以輕蔑之語氣曰：「汝之爲人，余深知之！汝僅爲一瘋狂之摹仿者，以一頭腦不清之下級軍官，而欲與一大將相比，豈不可憐？」是時，一陣刺骨冷風，吹動台前幕布，而雜以悽慘之地下亡人之音，使聽衆在無綫電中，僅可聞悉此數字：「希特勒乎！其速窒息而死去！」

在世界各國中，無如蘇聯與其反納粹之廣播戰中所表現更深之仇恨，與其所用以表現此仇恨之更多方法，亦無如蘇聯人民之不受敵人宣傳影響，而在任何艱苦之情況下，均能效忠於其領袖與國家。

蘇德之戰既展開，史達林旋即要求全國人民，將其私有收音機，捐獻交出歸公，以免民間有竊聽敵台宣傳之情事發生。此緊急措施之完成，殆極迅速而徹底。從此，一切官方發表之戰報，及其他新聞，悉用各地公開之擴音器，以轉送至一般人民之耳鼓。紅軍之英勇故事，友邦之援助希望，均於軍樂與戰歌之聲中，傳入愛國大衆之腦海，蘇聯人民必勝信念之基礎，即賴以奠定。

蘇聯青年男女，攜手走上前線，死則裹革沙場，傷則送入醫院，故鄉父老兄姊，除彌縫生產外，每日目視（報紙）耳聞（廣播），皆爲陸海空軍之英勇故事，即前線以及其他聯合國家大員訪問莫斯科之盛傳消息，經維護航隊之來往歐陸，英美軍火生產之驚人數字，及歐陸開闢第二戰場之盛傳。有此多種興奮劑之施與，保聯繼著作戰之無限力量，亦係自然之結果，決不因局部失利而消極也。

第六章　西半球之廣播網

珍珠港被日本海軍偷襲之日，美國廣播事業——計有電台九百十四座，收音機五千五百萬架，首先動員應戰。是時，美國東部居民午餐未畢，西部士女自教堂禮拜方歸，而各地電台忽將羅斯福總統自白宮發表之美日開戰公報播出，一時國歌軍樂之聲，不絕於耳，全國上下，遂由星期日和平空氣中，而傳入戰爭氛圍矣。

美國廣播電台四分之三，均屬聯合營業性質，其組織共有三十六單位，稱「廣播網」，而以國民廣播公司（NBC）及哥倫比亞廣播公司（CBS）二廣播網之範圍最大，聯合廣播公司（MBS）次之。

美國通用收音機共五千五百萬架，數目浩大，種類繁多，爲世界各國之冠。其中自動定台式（Press-Button Sets）約一千萬架，汽車流動式（Automobile Sets）約八百萬架。此外，各種小型收音機無奇不有，尤以袖珍機（Personal Sets）及手提機（Portable Sets）爲最有用，隨時隨地，皆可自衣袋或皮包中取出，以收聽遠近電台播送之節目。據「幸福」（Fo-tune）雜誌估計，美國收音機平時有百分之四十每日啓用一次以上，而一九三六年世界拳王路易斯（Joe Louis）及德國拳王希梅林（Max Schmeling）在紐約公開角力爭雄時，美國收音機同時開放者達百分之六十五以上。

羅斯福每次自華府廣播演說時，國內聽衆約佔全國人口之半數（六千五百萬），而海外聽衆則不下二萬萬人。羅氏廣播，同時播送西班牙葡萄牙語言譯播節目，在南美各國至少有三百座本地電台放送，而其他歐洲語言之廣播節目，則可由BBC各波電台轉送全球。

美國廣播事業

美國廣播事業之發達，始於一九一九年美國無線電公司(RCA)之成立。時在上次大戰結束前一月餘，美國一般人士反對集資專利之制度雖甚劇烈，該公司竟能完成其龐大組織，而自政府取得各種無線電業之專利特權。

一九二零年十一月二日，美國業餘無線電家首先收聽皮次堡先鋒電台KDKA播出之總統競選運動公民投票之結果，而聞悉共和黨候選人哈定「擊敗」民主黨候選人柯克斯（James J M. Cox）之消息。該台播送機裝置於一汽車間內，報告員隨時將各州票數在一原始式生鐵傳聲器前一一宣佈。此舉表面上雖甚平凡，而在美國之社會與政治生活上之影響，則從此開一新紀元。兩年以後，美國廣播電台即增至五百六十四座，至今美國廣播電台數目之多，尤為世界各國首屈一指。

美國政府對此新興廣播事業之管理，最初引用一九一二年國會通過之「航海法」(Marnei Act)，繼而改用一九二七年頒佈之「無線電法」(Radio Act)，而一九三四年宣佈之「交通法」(Communications Act)則由全國交通委員會(Federal Communications Commission)簡稱FCC）執行，以至今日。FCC之職權，僅限於核發建台許可證，分配各台波長週率，及技術方面之改善事宜。該委員會對於節目之編配，及其內容之審核，則無權過問，惟對於交通法規定「大衆興趣，便利，與需要」三項目之解釋及應用，仍操有司法權。

自大體言之，美國廣播事業在過去之發展，一面可以代表美國傳統之民主精神，一面仍不免走上獨佔性資本主義之途徑，蓋以一般工商業競爭之風甚熾，各私有電台不能不聯合組織而發達其業務。結果，大廣播公司先後成立，分台佈滿全國，以集中其廣告力量。同時最感受威脅之報紙業，始而抵制，繼而合作，或自建電台以求繼續競爭，或加入他台以期從中操縱。一九四一年，美國廣播電台之受報紙業全部或局部控制者，竟有二百三十座之多，亦美國現代廣播事業之特點也。

國民廣播公司

美國規模最大之廣播事業組織，首推國民廣播公司（以下簡稱NBC）。該公司創立於一九二六年，爲RCA與奇異(General Electric)以及西屋(Westinghouse)兩無線電公司所合辦，現任總經理爲川麥耳（Niles Trammell），一切業務仍受RCA之監督。最近NBC改組，原有「藍網」(Blue Network）脫離母體，而獨立爲藍網公司，剩餘之較大「紅網」（Red Network）仍稱國民廣播公司，總台設在紐約，呼號爲WEAF，各地分台尚有一百四十餘座。最初，RCA創設NBC之目的，非爲營利，乃求藉此廣告其自身大量生產之收音機，及其他無線電器材。後以聽衆日多，乃漸注意於節目之準備，與播送之改善。迨一九二九年，NBC之收入，已超過付出，而今則每年收入，竟佔RCA各部門總收入三分之一以上。根據一九四一年FCC公佈之報告，NBC一九四零年之廣告收入爲美幣三千七百萬金元，出入抵銷，尚餘淨利四百萬金元。

哥倫比亞廣播公司

一九二七年，費拉得爾菲亞青年煙商培利(William S. Paley)，棄其祖傳故業，而赴紐約，獨資創立哥倫比亞廣播公司（以下簡稱CBS），而與開辦甫滿一年之NBC開始競爭。該公司之總台亦設紐約，呼號爲WABC，各地分台共有一百六十座，自NBC改組後，已成爲美國最大之廣播網。一九四零年，CBS之廣告收入總數，雖爲美幣三千一百萬金元，較NBC爲少，然其淨利爲五百萬金元，則反較NBC爲多。

聯合廣播公司

聯合廣播公司（以下簡稱MBS），成立於一九三六年，其組織目的在於聯合若干台交換節目，藉收事半功倍之效。該公司總台呼號爲WOR，總經理名麥克法倫(William E.

acre lane)」，全網現有電台一百二十七座，範圍之大僅次於CBS及NBC。但以其營業法置合作社之原則與方法，故總公司收入甚少。一九四零年，MBS之收入，僅有三百六十萬金元，而收支相抵，不但無利，反虧本四萬金元。最近NBC之兩網制度改組，因由於FCC之壓力所致，而MBS為攻擊此制度最力之同業代表，其用心無非為爭取自身之營業地位。

美國廣播網之特徵

廣播網為美國無線電廣告業之重要工具，其應用遠在大廣播公司設立以前。一九二二年，現為NBC之鑰台WEAF即開始出售廣播時間，以作商業廣告。當時，各地廣告公司，為擴大業務起見，需要多數電台同時播送其廣播節目，藉以推銷各種商品於廣大之區域內，而較小城市之電台，每感人才經濟困難而無力供給紐約大台所可播出之優美娛樂節目。一九二四年，WEAF遂為適應此種需要，而將其節目供給若干地方電台聯播。試行未久，成效大彰。WABC及其他發起電台，亦沿用此法，以相競爭，美國廣播網制度，因而產生。

美國廣播網之經費，全賴廣告收入，節目之播送雖須重金禮聘各種演員藝人，而廣播公司並不要求政府津貼，收聽大衆亦無直接義務。此廣播制度之特徵，可分三點說明如左：

一：高尚優美節目之播送，可在全國東西三千英里，南北一千五百英里間之各地各家，同時收聽。此項節目之發音，均由電話線輸送每一電台，而同時播送，既可避免干擾，更可確保音調，殊非他國用無線電收轉節目之廣播網所可同日而語。CBS，NBC，及MBS三公司，每年播送其廣播網節目租用電話線之費用，總數逾八百萬金元，即其節目到處受人歡迎之明證也。

二：美國收音機製造工業，與廣播事業平行發達，各大收音機製造廠，採用最新之科學發明，而從事大量生產，物美價廉，鄉間貧寒之家亦有力購置。一九四一年，芝加哥有一收音機製造廠，專售某種小型收音機，僱客簽字於分期付款合同上，僅付美金九分，即可攜出一架而去。同時，奇異公司，新出一種經濟無線電有聲收影機，售價不過一百金元。是故美國民間收音機之多，較西半球其他二十餘共和國之總數，竟超過十倍以上。

三：人才荟萃，節目精彩，亦為美國廣播事業主要特點之一，為他國所望塵莫及。美國廣播網所播送之節目，除MBS因規模較小而有時利用音片作次要之插播外，皆須為藝術家之當時表演(Live Performance)。僅就音樂一項言之，數年來舉世無雙之大音樂家義人多斯嘉里尼(Arturo Toscanini)，指揮NBC交響樂團之演奏，所獲聽衆欣賞之熱烈，與電台酬金之優厚，為各國藝術界有史以來所僅見，而其故鄉民不聊生，無力養此長才，揚名於異國，想多氏亦必有感於衷。

美國聽衆所付之代價

美國人民，收聽無線電廣播，每年所付之代價近十萬萬金元。根據「今日廣播」(Radio Today)雜誌之統計，美國人民在一九四零年內收聽廣播之費用，列表如左：

項目	金額 (美幣)
[illegible]線[illegible]廣告費	180,000,000
廣告明星酬金	35,000,000
購置收音機	345,000,000
收音機電力費	205,000,000
添配真空管費	45,000,000
添置其他零件費	57,000,000
收音機修理費	65,000,000
總計	932,000,000

廣播與政治

一九四零年羅斯福與威爾基二氏競選終斷結束之日，美國公民投票總數近五千萬，與當時全國收音機數目不相上下。此種巧合情形，並非偶然，蓋自一九二四年以後，美國歷屆選舉總統票數，均隨民間收音機數而遞增，廣播與政治關係之密切，可謂久矣。

一九二三年，柯立芝總統向國會發表施政報告，是時，衆議院主席台與六座電台間裝有專線連接，素有「無聲加爾」(Silent Cal)綽號之柯立芝氏，一言一語，皆由無線電波傳遍美國東部及中部各地，而聖路易斯電台工程師不時聞有雜聲，乃急以電話向發音地點負責人詢問曰：「何來雜聲」？當獲解釋云：「此總統翻讀演說稿之聲也」！從此「小心翻動稿紙」一語，遂成爲廣播家在傳話器前不可不守之規約。

一九二八年，NBC與CBS之廣播網計劃完成，胡佛與史密斯(Alfred Smith)競選總統，二氏演說，可由全美選民憑無線電收聽，勝負之局，藉以決定。時史氏啣其雪茄而至各大都市，發表動人之演說，同時向全國無綫電聽衆播送，讀「Radio」爲「Rad-dio」，稱得新綽號爲「果餅烤盤」(Pie Plate)。史氏對共和黨「宣戰」之日，羅斯福以「快活戰士」(Happy Warrior)呼之，全美民主黨黨員立刻響應。復以史氏幼年出身貧苦，曾在紐約街頭巷尾以賣報為生，所至皆有無數知音，結隊而唱「東城西城」(East Side, West Side)之競選歌曲，以示歡迎。史氏儀表平民化，口語幽默化，政治家風度，與演唱員藝術，兼而有之。惜彼當衆演說時，每不依照其預擬講稿，雷鳴虎嘯，手舞足蹈，會場上喝采之聲，不絕於耳，而大多數無線電聽衆，則以不能躬逢盛會而有不得要領之慨。同時，胡佛雖無演講天才，而能以機械式低聲，在傳話器前誦讀其演說稿，態度誠懇，理論正大，使廣播聽衆聞而起敬，結果「聲敗」史氏，而當選爲總統。美國政治家對於演說與廣播之比重，從此分明矣。

一九三二年，羅斯福與胡佛競選時，美國政治戲劇化，乃藉廣播而作進一步之表演。最初，羅斯福遍遊美國西部各州，深入農村與工廠，視察勞動大衆之疾苦，而隨地發表廣播演說，以向全國人民報告討論。羅氏每次對「被遺忘之人」(Forgotten Man)發言，必稱其爲「余之朋友」，更以家常口語，表示渠擬實行「新政」(New Deal)之決心，而要求其投票時贊助之。

某晚，胡佛自紐約廣播時，全美空氣異常緊張，胡氏大聲疾呼，以辯護其「舊政」(Old Deal)，而羅氏在波士頓電台休息室內，吸煙靜聽。前者演說甫畢，後者應聲而起，就題發揮，在同一聽衆前予以逐條反駁，異地同時，如在一廣大之會場然，彼言此語，是非立斷。苟無廣播，曷克臻此？

當此二總統候選人在以太中互爭雄長之時，全美共和黨與民主黨之黨員，亦以短兵相接之方式，隨時隨地進行宣傳或演說，以稱揚候選人之政治主張，或聚衆開會，而表演候選人之生平大事，歌詠團四出演唱，弦樂隊公開演奏，以振奮選民之同情，而引起羣衆之注意。既而投票期至，舉國若狂，各大廣播公司，及各地獨立電台，收入五百萬金元之宣傳費，而羅斯福得以二千萬票對一千六百萬票當選爲總統，一場「廣播內戰」，乃告結束。羅氏向「被遺忘之人」呼籲而成功，可見被遺忘之人，如有收音機，亦可發揮其偉大之政治力量。

羅斯福當選爲美國總統之日，廣播界卽開始稱其爲美國「廣播總統」。羅氏偕無線電而入白宮，分工合作，十年於茲。彼等於一九三六年「壓倒」藍登，一九四年零「擊敗」威爾基，使美國政治與廣播相提並論，選民與聽衆打成一片，始而克服國內經濟不景氣，繼而進行國際反侵略，羅斯福與無線電之「合唱」，殆已成爲美國人民共認之「勝利之歌」。

廣播與新聞事業

美國廣播事業發達之初，卽本自辦之方針，以從事新聞採訪與報導。一九三一年，美國廣播已有「有聲新聞事業」(Audible Journalism)之稱，而其新聞節目則稱爲「廣播新聞雜誌」(Newsmagazine of the Fifth Estate)。當時，廣播與報業間，已發生勢不兩立之競爭。但前者以獨具之勇氣，發展其新聞業務，從未示弱。一九三八年，捷克問題緊張之時，美國廣播之新聞，較報紙更爲迅速詳盡，雙方爭執又起，勢難解決。是時，各大廣播公司，皆各特派廣播記者，常駐歐洲各大國首都。僅就CBS而論，在三星期內，自全世界政治要地十八處，播送新聞節目四百七十一次，由該公司廣播網轉送美國各地，使一切有關之國際間動態，隨時加以專家之評論而播出，以供數千萬收音機轉送入聽衆之耳中。定時出版之日報夜報，殊難與競爭。

一九三九年，美國國會通過議案（四月二十日通過於衆議院，二十五日通過於參議院），正式在國會設立廣播記者席，俾各大廣播公司派員攜帶發音設備至參衆兩院，當場採訪消息，或播送各種要案之討論情形。有人認爲此事已給予新聞界以嚴重打擊，然而過去之經驗曾經證實，廣播發達並不影響報紙之營業地位。一九三九年美國報紙協會(American Newspaper Publishers Association 簡稱ANPA），在紐約舉行年會時，廣播委員會報告書中，曾說明廣播於報紙業有利無害之事實，到會代表一致承認；廣播聽衆購買報紙，較未收聽廣播新聞者更多，而更熱烈。

美國廣播，平均每台有一家報紙，經常義務廣告其節目時間表。此種義務廣告，每年所佔報紙篇幅，約值五百萬金元。同時，各台採用新聞社之電稿，無不按字數之定價付款，而每次新聞廣播畢時，報告員必代報紙義務廣告曰：「諸君欲知詳細之情形，請閱本地報紙。」(For further details, read your local newspaper.)因此，美國廣播與報紙間，無異有平等互惠之「君子協定」存在。近年來，雙方雖仍不時有爭執之情事發生，然「新聞廣播公司」(Press-Radio Bureau) 可予社會以不間斷之服務，亦美國報紙廣播兩業難能可貴之合作努力也。

廣播與教育事業

美國廣播節目之種類，至爲繁多，殆爲美國社會生活各方面之反映，而最有高尙教育價值，且最受聽衆歡迎之各大廣播公司經常節目（Sustaining Programs），可列舉數種，說明如左：

「美國教育論壇」（American Eduation Forum）爲一職業教育家之節目，由哥倫比亞、芝迦哥、與司丹福大學教授輪流担任，以圓桌會議方式，討論各種教育問題。

「君之康健」（Your Health）爲普通聽衆所歡迎之實用節目，由美國醫學會（American Medical Association）派員監督，而講述或表演各種疾病之預防方法。

「美國廣播學校」（American School of the Air）爲一輔助學校教育節目，由全國教育協會（American Education Association）及其他若干有關教育團體担任之，於各中小學學年內每日廣播一次，十二年來未嘗間斷。

「芝迦哥大學圓桌會議」（University of Chicago Round Table）爲一時事討論節目，由芝迦哥廣播委員會担任，每次邀請若干專家，座談當前最重要之政治經濟問題。

「美國廣播市民大會」（Americar S Town Meeting of the Air）爲一民主政治之實習節目，由政治教育同盟（League of Political Edncation）担任，每次在一大會場上舉行，首由專家二三人發言，繼請當前聽衆自由發表意見，情形至爲熱烈。

「全國農家」(National Farm and Home Hour)始於一九二三年，爲美國歷史最久之經常廣播節目，每日聽衆在六百萬以上，農業部及五十餘農業機關，學校，與團體均隨時貢獻講員與題材。華萊斯氏總統在其農業部長任內，嘗參加此節目，曾發表演說一百次以上。

NBC播送之「音樂欣賞時」(Music Appreciation Hour)及「家庭交響樂」(Home Symphony)，同爲美國學校與家庭什九必予收聽之音樂節目，前者由端木若熙(Walter Damrosch)担任，後者由拉布拉德(Ernest La Prade)指揮，各有十年以上之歷史。一九四一年「幸福」雜誌登載一文，稱道其驚人成就云：「廣播之力，已引起社會人士對於音樂之深切興趣，樂譜，留聲機片，與鋼琴之銷路，因而激增，全國學校樂隊數目已逾一萬五千，弦樂團二萬，而每次在收音機前練習與歌之個人，則不下千萬。

右述各種節目，多係NBC廣播網之經常節目，但CBS之貢獻，亦不在少數。一九四一年六月，CBS獲一九四零年「皮波底獎」(Peabody Award)，爲美國首次得此榮譽獎之廣播公司，獎詞中指明該公司在過去一年內，於播送有高尚教育價值之非商業化節目一萬餘次，所用廣播時間總計三千五百小時。同時，該公司戰地廣播記者布朗(Cecil Frown)亦獲一九四一年「浦立徹榮譽獎」(Pulitzer Award)。布氏參加新加坡之役，飄苦備嘗，英國主力艦「威爾斯親王號」與「却敵號」被日機炸沉時，彼正在後者甲板上，目睹二艦遭中炸彈魚雷之最後一幕，繼而躍身入水，浮在「却敵號」噴出之熱油中達數小時之久，皮膚幾盡爲鹹水所浸蝕，而卒遇救生還。事後，將可歌可泣之親歷錄，電送紐約發表，一時洛陽紙貴，萬人同欽，其受蒲氏策舉獎，亦可謂受之無愧矣。

廣告節目

美國各大廣播網之廣告節目（Sponsored Programs），係佔每日播音時間十分之三，其餘十分之七，皆爲非商業化經常節目。此種經常節目，多由總台供給，少數取自各地分台，而轉送全網各台，同時放送，所需一切費用，則由原播送台自行開支。

廣告節目之播送，由代表各工商業之廣告公司，與出租廣播時間之廣播網合作辦理。根據FCC之統計報告，一九四零年美國各大廣播網，經一百家廣告公司介紹，而成交之廣告時間總值，爲一萬五千五百萬金元，而以CBS獲利爲最多，NBC次之。各公司所獲利潤，泰半屬總公司，而分台僅可分得其百分之二十八。利用廣播網以廣告其出品之工商業，以付廣告費之多少爲序，計爲：食物飲料（非酒類）業居第一位，醫藥化粧品工業居第二位，煙草（雪茄，紙煙，斗煙）業居第三位，汽車業居第四位，機汽油與液體燃料工業居第五位。

擔任廣告節目之藝術家所得酬金，較他種節目之報告演唱人員爲多，此通例也。第一流藝術家每年之收入，倘其廣播次數爲每週五次，可得十五萬金元至二十五萬金元不等。例如莎斯家里昂得廣告卡狄拉克汽車（Cadillac爲高價轎車，紐約街上常見者僅有二輛）而指揮NBC交響樂團演奏，每次得獲酬金五千金元，而廣告日油公司（Sun Oil Company）之廣播新聞廣播者湯瑪斯（Lowell Thomas）每年收入爲二十萬金元。羅斯福夫人未入白宮以前，曾由CBS廣播網定期演講以廣告「雷明吞打字機」（Remington Typewriters），其收入與一般職業廣播家同。近年來伊仍以百忙之身，常在電台廣告「情人肥皂」（Sweetheart Soap Company出品）及咖啡（由Pan-American Cofee Bureau運銷），而以全部收入捐助外國戰時救濟事業。一九三八年，英國外相艾登（時尚在野）偕其夫人，首次赴美觀光，曾應美國若干大實業家之邀請，而在紐約宴會席上，發表廣播演說一次，所得酬金，除其夫婦及全體隨員往返船票，及旅館車馬等費用開支外，歸國後尚餘五千金元。是爲廣播事業，乃美國「金元制度」下傑構之一也。

雖然如此，美國政治演說與宗教儀式之廣播，亦多屬於商業性廣告節目，而由各政黨與宗教團體所主辦，而自行擔負其一切費用。羅斯福以總統名義發表「爐邊閒話」時，向例由大廣播公司讓送廣播時間。但倘以民主黨黨魁地位發表政治演說時，則仍須按照各該公司廣播時間之定價（下午八時至十二時間每小時約五萬金元）付款。一九三六年史密斯在紐約「

卡尼基紀念堂」（Carnegie Hall）發表演說，抨擊羅斯福政府。當時，座中忽有一聲徵起而擾亂秩序，史氏乃自演講台上喝令制止，並笑指當前傳話器曰：「廣播時者金也」—（Radio time means money.）全國聽衆，無不鬨堂捧腹。史氏一語道破美國廣播制度之特點，顯然未忘其在一九二八年因浪費廣播時間，而失去競選總統之優勢。

美國廣播事業尚有可稱道之另一點，卽各大廣播公司雖賴廣告節目為其收入之主要來源，而對於廣告商家之選擇，亦各有其一貫之倫理方針。例如酒類營銷，原為合法之營業，然NBC與CBS兩大廣播網，從未放棄其在十年前禁酒期間之傳統觀念，而播送任何廣告酒性飲料之節目。近數年來，代表酒業之廣告公司，屢向NBC與CBS要求開放，其所提出之交易條件，往往較其他各業為優厚，但兩網負責人，甯願損失數百萬金元之營業，而予以拒絕。是故金錢萬能之說，固不完全適用於美國廣播事業焉。

美國廣播事業之戰時演習

一九四一年三月二十九日，全美廣播電台十分之九（八百零二座），遵照FCC改善各地收聽情形之計劃，普遍改換其波長與週率，而於數小時內完成。是日各種特別節目，由二百二十座較大電台分別播送，主講人員共有州長四十二人，大城市市長一百二十四人，各地張貼精美標語十餘萬份，分發宣傳傳單數百萬張，各台技術交際兩方面之費用，自五百金元至一千五百金元不等，而同時出動之收音機修理匠一萬五千名，分頭改裝各家自訂定台式收音機之開關鈕（Buttons），風馳電掣，全國一致。此事雖屬平時措施，而各地執行之迅速與澈底，即在交戰國家亦不可見。美國廣播事業之服務效率，可謂至此已達最高峯矣。

然而此次之光榮，並不足為美國廣播機構戰時功能之可靠保證。一九四一年十二月七日，珍珠港烽火漫天，全美人民在收音機前，以驚恐之心情，等候最後消息。東部各台，既不能給予滿意，乃轉收距開戰地點最近之西岸各台，聚精會神，以期得知日軍侵略行為之真相。當時，日本問題專家到處受人歡迎，曾為湯姆斯廣播寫稿助手，而自稱一度曾任吳佩孚顧問之克勞斯（Upton Close），適在舊金山，各大廣播公司派駐太平洋岸代表，均以「三顧茅廬」之誠意，請其發表時事評論廣播。克氏就珍珠港事變之經過，當晚廣播數次，於分析之餘，進而判斷此次日軍猛襲美土之冒險行為，係由若干缺乏理智之少數軍人，未得東京國令即自動妄為，以期造成戰爭狀態，而使華府之談判擱淺云。此種幼稚見解，是否可左右美國輿論於一時，自屬另一問題；然而美國西部各大電台，竟一再聯播其荒謬演講，顯然表明軸心國家發動之全球性侵略戰爭，雖已進行四年半，而美國廣播事業，尚在孤立主義迷夢中，毫無自衛之準備。

美國廣播機構之戰時洗禮

美國聽衆，皆於工餘返家，在收音機前，收聽NBC之「環球大事一束」(World News Roundup)，或CBS之「世界一週」(The World This Week)。當每日之重要事件自美國駐倫敦，柏林，羅馬，重慶，東京，安哥拉等地之廣播記者傳至耳中時，空間已消滅於彼等眼前矣。美國人民以此方式「參加」德奧合併，慕尼黑會議，「格拉夫斯比號」之沉沒，重慶之空襲，以及倫敦之空戰等國際戰役。

美國廣播制度之對內服務，可謂盡美盡善，然而太平洋大戰展開以後，美國一般社會人士始深感覺其對外宣傳之無力，而以前「全球大事」及「世界一週」等經常節目，皆他國強大短波電台之賜，遠非美國廣播事業之自力成就，此種「一面交通」，殊不足以進行廣播戰。美國中波電台林立，僅可收「驅逐機」迎戰之效，而收音機之多，亦僅為環球廣播戰之被動工具。欲圖勝萬里以外，非有大隊遠程「轟炸機」——強大短波電台不可，長波中波電台次之，各波收音機(All-Wave Receiving Sets)又次之。

美國短波電台之缺乏，當歸咎於其廣播事業之基本組織。在高度商業化廣播制度下，美國各大廣播公司當局，對於無利可圖之國際廣播節目，向不注意。一九三九年以後，FCC始決定鼓勵全國廣播界，以推行羅斯福之「善鄰政策」，而鼓勵NBC與CBS兩廣播網發展對拉丁美洲之廣告節目。羅斯福夫人即於此時接受「汎美咖啡公司」之聘約，而作商業化廣播，以資倡導。但美國短波電台之力量，雖可直達中美南美各國，而受當地聽衆之相當歡迎，然其對歐洲對遠東之成績，則不足道。其電力之弱小，節目之幼稚，竟使局外人莫明其妙。當時NBC駐滬代表，欲收舊金山廣播不得，而轉聽倫敦之新聞，與柏林之音樂。日內瓦某收音員轉播紐約及波士頓德語廣播爲「中學生作品」(High School Staff)，亦美國短波廣播落後之明證也。

美國國內之外國語言廣播，悉由「少數民族」團體自辦。此種少數民族，多爲外籍僑民，其廣播範圍，僅限於若干小電台之射程以內，大廣播網罕予以注意而提倡之。一九四零年，美國播送外國語言節目之電台，共有二百三十二座。一九四一年，此項節目之統計數字如下：語言三十一種，每週一次之節目一千七百二十一次，全年廣播時間一千三百三十小時，其中以義大利，波蘭，西班牙，希伯來，德意志五種語言，所佔時間最多，而播送電台中一百零八座之平均電力爲二百五十瓦特。事實如此，其無國際宣傳意義，自不待言。

美國政府之積極行動

一九三九年，美國有識之士，開始感覺美國在國際無綫電戰場上爲二等國家之可慮事實。當時，全國僅有五萬瓦特之短波電台兩座，而德國則有較爲強大者八座，義大利六座，日本二座。舊金山短波台KGEI僅有二萬瓦特電力，由奇異公司為參加「金門博覽會」而以和平友好口號向太平洋沿岸各國廣告其無線電出品而設立，與政府宣傳毫無關係。該台雖較我重慶國際電台成立為晚，至今尚自稱與美國「先鋒國際電台」。美國短波廣播之落後，可以想見。

實則美國為短波廣播之先鋒國家，遠在一九二三年。當時，美國西屋公司工程師康納德在皮茲堡試驗短波廣播，已寫成近代無線電發展史上最光榮之一頁。一九二九年，NBC台華府領得全國第一座短波台之設立准許證，惟在一九三六年以前，該台並無獨立之經常廣播節目，每日借播若干對內之商業化英語節目，殊少國際宣傳之價值。

最初，美國交通委員會，對此問題亦未十分注意。一九三九年以後，該委員會研究國外廣播情形之專家格拉夫斯(Harold Graves)，曾指德義日三國之對美廣播宣傳為「水澆鴨背」(Water off the duck's back)，言其不能深入，而相信在美國民間不足引起任何作用。一九四一年春去夏來以後，華府官方倚有鑒於[illegible]，憶及希特勒曾宣稱美國境內有七百五十萬信仰納粹主義之德籍人民，及[illegible]致美國聽眾來信四萬餘件之事實。

珍珠港事件發生以前半年時，美國政府始採取積極之國際廣播宣傳措施。是時，羅斯福正式委任登努萬(William Donovan)為總統情報協調專員(Coordinator of Information)。參前，登氏曾遍遊歐洲各國家各戰場。就任後，立即着手充實美國之對外廣播機構，復與英國廣播公司取得聯繫，俾美國對歐播送之重要節目，可由BBC長波中波電台收轉，以廣收聽。同時，國務院通令駐外使領館，按旬偵察，並將收聽情形電告，以資考核。亡羊補牢，煞費苦心。但最先來電之美國駐柏恩領事稱：「結果欠佳！」較近之瑞士京城收聽尚且如此，遼遠地區結果，更難期而滿意矣。美國廣播界常以英國短波電台為兒童遊戲之「分尼口哨」（Penny whistles），想美國於其本國短波電台當時播送之音量如何也。

美國廣播機構之刷新

登努萬對於美國戰時廣播宣傳之貢獻，固非局外可得而知，惟渠就任總統情報調查專員之職未久，羅斯福即改命洛克費勒（Ne son Rockefeller）綜管對外廣播宣傳專責。洛氏為已故煤油大王之孫，其私產及營業遍及南北美洲各大都市，一旦大權在握，乃本其家傳之投資與業經驗，而大刀闊斧將事。洛氏羅致專家五百餘人，最著名者年給薪金九萬金元，其第一年預算總額，原定為三百五十萬金元，而未滿十閱月之實支數，已逾十倍──四千五百萬金元。此種用款作風，乃為美國政府開一新紀元。然其成就，果能使美國趕上面臨倒軸心國家數年來之苦心經營，使拉丁美洲以太中霸權，從容轉入美國之手矣。羅斯福睹此優厚「紅利」，當可隨業務之發展，而續增其「資本」而無疑也。

一九四一年九月，NBC傳音主任羅耶耳(John P. Royal)，自拉丁美洲漫遊歸來，立即開始加強該公司在紐約兩座五萬瓦特短波電台之業務，使其播出之若干重要節目，可由中南美九十餘座本地電台轉播。同時，CBS三座五萬瓦特短波電台之節目，亦改舊觀，頗受各國聽衆之歡迎。一九四二年五月，CBS主辦之南北美洲廣播網(La Cadena de las Americas）正式開幕，每日由紐約播送之短波節目，可由中南美各國七十六座本地電台（長波四十六座，短波三十座）轉播一小時以上。該公司對此廣播網之投資，一年來已逾百萬金元，而經常費亦係獨力担任，不受政府津貼。美國兩大廣播公司，至此已走上環球廣播戰最前綫矣。

目前美國對拉丁美洲之廣播宣傳，每週節目時間共約八百小時。西班牙語與葡萄牙語節目，約佔四分之三，英語節目僅佔四分之一。美國五萬瓦特以上短波電台共有十三座（其中僅舊金山KWID一座為官辦性質，電力十萬瓦特），每日播送新聞節目八十六次。各台外國語報告員，均係第一流專家，例如CBS對德宣傳部份之負責人湯浦遜女士（Dorothy Thompson），即為美國素負盛名之時論廣播宣傳專家，對德國與遠東之關係，天主教與基督教之神學體系，及一般近代軍事問題，均有獨到之見解，而其部下又皆精通德語及德國文化，而且痛恨納粹政權之專門人才。同時，NBC之對德廣播部份，主持人為周與(John H. Hershing)，該員曾東渡大西洋二十一次，先後留學德法二國，歐陸各國情形均瞭若指掌。

美國對外廣播時間，須將音樂節目各佔其半。NBC及CBS之交響樂團，好萊塢之電影明星歌舞，與話劇表演，每日皆可播聞全球。在此新局面下，此等精彩之節目表演，已漸失去其作用及吸引力。

美國廣播宣傳之評價

美國對拉丁美洲之廣播，至今仍未變其代表羅斯福「善鄰政策」之傳統形式，各大電台之西班牙語及葡萄牙語廣播員，皆本此精神而「取悅於聽者，告以時事，而爭取其友誼」（To Please, Inform and Win Friends）。一方面經常節目由紐約，波士電，斯根尼克塔底（Schenectady），辛辛那蒂（Cincinnati），及舊金山方面，十三座短波電台播送，而另一方面，各種特別節目可由拉丁美洲二百餘座本地電台轉播。拉丁美洲民間收音機四百萬架中，半數可用以收聽短波節目，而本地電台七百零九座中，三分之一為短波電台，以亦道上各地長波中波廣播，常受天電干擾，而短波廣播則甚清晰故也。是以美國廣播，各地直接間接收聽皆無不可，而其節目之花樣變化甚多，輔心台本地台皆非其競爭之對手。

美國對敵節目之方法與內容，則與此種善鄰廣播迥然不同。NBC與CBS各台對敵節目，全係宣傳性質，然各種新聞廣播，至今仍本「報告不可否認之事實，而繼以理智引起聽者之覺悟」之策略。此種宣傳，在敵國發生之作用如何，尚難得一概括之結論，但該二公司三年來收聽之德義二國聽衆來函，不下萬件，亦可引爲參考。最近自德國廣播出一函云：「多數德人竊聽外國廣播，而對此間宣傳不予置信。吾人智識生活，何異黑暗時代之古人？彼等（指納粹宣傳人員）以撒謊造謠爲能事，其卑汙手段誠不堪設想！」美國對敵宣傳，除一部份可直接至德義日三國本土外，其對歐節目，常可由英國電台轉播，而收效較大。讀此聽者來函，吾人不難想見聯合國家不斷增長中之廣播威力，已使軸心國家之一貫封鎖政策，失去其效用矣。

第七章 環球廣播戰之概觀

最近，羅斯福總統在白宮招待新聞記者席上，忽提出此次大戰之命名問題。渠對於數年來各國人士習用之「第二次世界大戰」一名詞，表示不滿，因其過於通俗，而且無國際反侵略之涵義故也。但羅氏僅以「環球鬥爭」（Global Conflict）一普通名詞代之，亦未能表達其所欲注重之政治意義。此問題之解決，或將有待於戰後之和平會議耶？

今日環球鬥爭之最緊張一方面，當首推天空之無形廣播戰。美國自羅斯福執政以後，孤立主義派盛行一時。羅氏大聲疾呼，而倡導「善鄰政策」，其原意在求西半球各共和國聯防計劃之實現。然德意日三國之侵略宣傳攻勢，亦同時發動，口蜜腹劍，裏應外合，一般人民迷信之美國天然「馬奇諾綫」——太平洋大西洋，不足以抵抗之，而時機成熟之日，東半球之戰禍，立即蔓延全球各地。

地球經度共爲三百六十度，自轉一週歷時二十四小時，每小時轉動十五度。一國地理上之大小，可自其境內之「時差」(Time Difference)而判定之。蘇聯沿海省與白俄羅斯之間，有十一小時之差別，加拿大有六種不同之時間，中國五種，美國四種，澳大利亞三種，英法德意日等國僅各有一種，而其彼此間之時差，由數小時至十餘小時不等。今日廣播宣傳之實行二十四小時制，其原因即在於此。

各國播送情形

一九四零年法國遣使向德軍乞和之時，希特勒在康邊森林宣佈之停戰條件，一方面允許戰敗法國保有其全部海軍，（法國艦隊之多，在歐洲佔第二位。）而另一方面要求法境電台一律停止廣播，靜待接收命令。當時，貝當恭順屈服，而各地電台，亦不能不遵行其諾言，否則有立被戰勝國政府以私藏軍火論罪之危險。近代軍略家，對於廣播軍器之重視，未有甚於此者。

德國本部，現有各波電台五十四座，連同德軍佔領區內電台，共約一百二十座，每日出動數千宣傳人員，向全球進行大規模宣傳戰，每週對歐放送之聯播新聞節目一百八十七次，演講節目三百六十三次。而戈培爾指揮下之短波電台，每週以三十餘種語言，對各國各地播出新聞與演講節目，共一千三百六十次。德國可能為中之最大廣播網，包括德軍佔領區內電台，及上海德台XGRS，曾由政府明令專供希特勒一人演說時用之，同時，羅馬東京兩軸各波大台，亦收轉其廣播，甘為納粹附庸。

總而民主集團，自美國加入以後，已自軸心國家之手，奪獲環球廣播鬥爭之優勢。各國廣播實力，目下尚無精確統計，但根據實際情形估計，聯合國家現有各波電台一千五百餘座，而軸心國家僅有三百餘座，中立國家六百餘座，總數在二千座以上。其中電力在五萬瓦特以上者約三百座，即聯合國家一百八十座。（西半球一百座，英蘇二國各二十座，非洲近東共二十座，遠東及西南太平洋區各十座。）軸心國家一百座。（歐洲八千座，遠東二十座，其平均電力，較聯合國家電台為強。）中立國家二十座，（拉丁美洲十座，歐洲八座，土耳其二座。）

侵略集團之軍事上初步勝利，已使德國攫取歐洲被佔領各國之電台。而日本在遠東及南洋等地佔領之各地，原有廣播電台十九座，亦遭損失，其各區情形如左：

被日軍佔領之城市	原有電台（座）
馬尼剌	4
爪哇	6

香港	1
上海	3
新嘉坡	2
檳榔嶼	1
仰光	1
梅謀（緬甸）	1

右表列舉之十九座電台，多在敵軍未佔領前自行毀壞。上海三台，（美商二座，英商一座）因日軍以迅雷不及掩耳之手段發難，而被接收。香港電台（中波短波播送機各一），曾在守軍投降前自行炸毀，然事後未滿二個月，敵人即開始用原來波長恢復播音。新嘉坡仰光二城失陷後，尚未聞敵人利用當地原有電台播音之消息，但馬尼剌及爪哇，已各有電台一座恢復日常播音節目。馬尼剌台，原爲NBC廣播網下遠東分台之一，呼號仍爲KZRH，然其名稱已被日軍改爲「新菲列濱之聲」，表示其爲傀儡電台之一。自廣播戰觀點言之，聯合國家在遠東所受之最大損失，當推爪哇電台之淪入敵手，該台電力八萬瓦特，爲太平洋區廣播戰「主砲」。吾人可信荷軍自該地撤退前，必予以毀壞，但從此聯合國家對日本進行廣播戰之第一線，不能不退至遙隔重洋之兩翼——重慶及墨爾鉢。全印廣播公司（All India Radio，簡稱AIR）雖有短波電台六座，然以電力較小，僅能對曼谷西貢二地傀儡電台就近抵抗，尚

不足爲距陸反攻之主力。此項反攻任務，勢必先由昆明伯力兩地強大中波電台，實行配合作戰，而集中火力，直搗倭寇巢穴不爲功。蓋以日本民間收音機，皆係收聽中波廣播之劣貨，而聯合國家之短波宣傳，僅可送達其官方情報機關（藉此亦可間接傳至一部份人耳中）故也。

希特勒之「巨炮」，每日不斷放射其「攻心之彈」，以領導軸心國家之廣播攻勢。美國參戰之初，柏林電台已開始利用短波「跳越」(Skip)之特性，而冒本地電台之名，進行「煙幕」宣傳。某次，美國中西部（Midwest）農民，忽聞收音機傳出「打倒華府獨裁政權」之口號，咸疑其附近必有秘密廣播台存在，而向當局報告。事後，經FCC專家以三角測驗法（Triangulation）證明其爲西歐飛來之敵聲。

墨索里尼在第四陣線上，亦不能不以希特勒之馬首是瞻。一九四一年夏，戈培爾應義國宣傳部之邀請，曾派遣若干納粹傳音人員至羅馬，以傳授各種改良方法。有時柏林電台在西半球收聽情形不佳，即可改由羅馬電台收轉，墨氏遂命遵辦，無形中亦可自豪其倘有一技之長也。然而戈培爾所發表之德國及德軍佔領地區人民可以收聽之八十座電台一覽表中，並無羅馬電台在內，墨氏視之，又將作何感耶？

一九四零年，東非義軍攻佔英屬索馬利蘭之時，可謂羅馬電台之「黃金時代」。是時雄壯之軍樂歌聲，大有佈滿地中海之勢。但自阿京(Addis Ababa)被英軍以重砲轟擊之日起，該台報告員之精神，日益消沉。某晚，墨氏自威尼斯宮發表廣播時，力呼「距余心懷最近之人，乃在最遠方戰場上保衛羅馬光榮之義兵」！有聲無色，聞之如見其胸中矛盾畢露，羅馬電台向具之驕氣，從此不復有矣。每當廣播前線敗退之不絕戰報時，除強詞奪理以「解釋」其軍「戰略意義」外，僅以言詞掉其頭，痛斥敵軍殘暴而已。而一旦遇有「要聞」可播，如外國大員之訪問，或本國要人之臨前線，則羅馬電台即播告云：「全世界之目光，均集中羅馬矣！此恐之發展，將具偉大歷史意義！」羅馬「奇蹟」被稱「光榮之致」，可笑亦復可憐。

各國收聽情形

一九四二年，全世界無線電收聽情形，根據美國「時代」雜誌之統計，各國收音機總數約有一萬一千萬架，聽衆總數在三萬萬人以上，其分佈情形，可列表如左：

地　名	收音機（架）
亞洲澳洲紐西蘭	7,000,000
歐洲	40,000,000
西半球	60,000,000
非洲近東	1,000,000

聯合國家所有之收音機，佔右表中總數百分之七十五，而今日四大強國收音機總數，約

七千六百一十萬架，其分配情形如左：

國名	收音機（架）
美國	55,000,000
英國	15,000,000
蘇聯	6,000,000
中國	100,000

最近美國「生活」雜誌登載一文，內稱美國現有收音機數爲五千六百萬架，英國一千八百萬架，較右表總數多四百萬架。美國無綫電工業發達，收音機之大量生產，遠非他國可及，除出口不計外，其在國內市場售出之機數，一九四零年爲九百萬架，一九四一年爲一千一百萬架，一九四二年之售出數目雖尚無統計，然自「軍事第一」觀點言之，可信今後美國民間收音機增加率，當較前二年爲低。

一九三九年，蘇聯全國收音機，已逾五百萬架，今以六百萬架計，可謂近情。惟此項收音機，多係簡單形式，而較好之各波收音機，均爲官方所有，民間不可見也。

我國收音機數，抗戰軍興以後，並無統計，報章雜誌常引用之戰前數字，均在九萬架以上，而五年來之增加恐不甚多，其總數當在十萬架左右。國際廣播聯合會刊物以我全國收音機數，在一九三八年爲六十萬架，自屬估計過高。中國民間收音機，仍多集中於東南沿海一帶，內地甚少。但淪陷區收音機之多，誠為我廣播宣傳上一大便利，而內地收音機之少，則有報紙及其他各種政治教育工具以代之。日寇自稱東北收音機已增至二十五萬架，亦不啻指明我四省同胞與中央經常聯繫之存在也。

德意日三國收音機總數，為二千二百六十萬架，以德國為最多，日本次之，義大利更次之。其分配情形，可列表如左：

國名	收音機（架）
德國	16,000,000
義國	1,600,000
日本	5,000,000

根據國際廣播聯合會之統計，一九四一年四月底，德國收音機數為15,225,265架，同年九月底義國收音機數為1,615,000架，而同盟社發表之一九四一年日本收音機數為4,862,137架。此三數字，與右表所列舉者，大致相同。三國均有禁止人民收聽短波之廣播法律，違者咸受嚴厲之懲裁。德國民間雖備有可收短波廣播之收音機一百萬架，然希姆萊之秘密警察，無時不注意其用途。一九四零年三月十五日，曾有德人三名，因竊聽倫敦廣播而受極刑，其禁令之嚴，可以想見。惟在德軍佔領區之人民（其各波收音機總數，約為一百萬架）竊聽外國廣播情形，則較普遍，而德軍執行禁令，亦較鬆懈。倫敦

每日電訊報廣播記者甘得耳曾謂：「德國佔領國家境內，納粹密探每聞多數收聽倫敦廣播之聲，而不向其上峯報告，因恐自身因而遭人暗殺故也。」其次，阿姆斯特丹城內第賴特（De Ruyter，荷蘭海軍英雄名）銅像上，忽發現粉筆所寫之標語，其意爲：「此間僅此一人不收聽BBC之廣播！」一九四一年，自比京傳出一故事云：某夜，咖啡館中忽見一比人起立曰：「倫敦廣播時間已至，吾去矣！」時有納粹密探一人亦在座，聞此言乃尾隨至門口，而出手槍索其收音機。是人回顧笑答曰：「余每晚得BBC新聞，均由隔牆竊聽一德軍官之收音機耳」。

日本政府嚴禁民間收聽外國廣播之情形，較德義二國有過之無不及。日本報紙登載關於我國短波電台日語節目之文字，數見不鮮，均用盡譏稱反戰我方宣傳，而結果則可信其予我以反宣傳之利。同時，各淪陷區徹底，皆有收音機設備，隨地收聽我各波電台十餘區之廣播，殊爲東京當局所不能取締者也。最近BBC駐華代表佛特拉爾特告作者曰：「日本對於私設短波收音機一事，原無明令禁止，其取締辦法，僅限於登記證之核發，而使用者入對於短波機。領得登記證後，復時受祕密警察之偵察。余於一九四零年，在東京以收聽外國廣播消息，曾一度被捕入拘留所，幾經交涉，卒付罰款五百日元，由英國大使保釋而出。」北平燕京大學一學生，頃逃奔來渝，據告：「太平洋大戰爆發後，平津日軍立即「沒收」各地英美僑民收音機，數日後復予發還，而各原主方以滿意心情樂用其失而復得之愛物，但見其短波線圈已被折毀，所可用以收聽者，僅敵偽中波電台之荒謬宣傳而已。

反觀聯合國家——除蘇聯外，各地人民皆可自由收聽任何方面播送之節目。戈培爾常言：「有人指德國人民自信其意志堅強，可收聽敵台謬論廣播，而不中毒，余意則不然。」已以納粹宣傳部，對於竊聽倫敦廣播者，一經查覺，決不寬恕。然而英美人民，隨時皆可收聽德義日三國廣播，而毫無所懼。英美報紙，甚至有代敵台作義務廣告者，藉以引起讀者收聽對方可笑宣傳，而反證其本國政府發佈消息之正確。美國西部常收聽東京廣播之人士，對於日本報告員「東瀛效顰」之英語，笑柄百出，特感興趣。某次，東京電台報告員讀Communiqué（公報）爲Comic（滑笑），即此輩聽衆在收音機前之發現也。

自播音台至收音機

一兩廣播機構之效率，完全在於其能否爭取廣大聽衆之興趣與同情，而發生所欲引起之政治作用。一座強大短波電台之播音，雖時不需要數萬瓦特之電力，其所放送之無線電波，倘無人收聽，則一部份被地球吸收，另一部份在空間失踪，白費人力財力，殊屬可惜。

各國二千餘座電台，無時不在收音機前從事白熱化競爭，聽者各有其選擇之自由，對於不感興趣之節目，稍一撥動轉鈕，即變爲他人之聽衆矣。

英美二國之廣播新聞方針，各有其特點，前者以求新聞報導「一如其報時之準確」（A

Truthful as the BBC Greenwich Time Signal)，極端注重「不可非議之事實」(Incontrovertible Facts）。而同時軸心國家電台，則專事虛聲恫嚇，而繼續不斷播送自誇各種擄獲人之戰果與政績，收聽結果如何，則不加過問。

英國廣播之對德攻勢

英國廣播公司之對敵廣播攻勢，成就特多，頗足稱道。BBC德語節目，最足代表其宣傳組織之偉大。其每日清晨廣播，乃以準備至工廠工作之下層階級爲對象，下午節目，則改向休息進茶時之中等階級知識份子及公務員宣傳。對於奧大利聽衆之節目，與對於一般德人之節目不同，而對於萊因區居民之廣播則多用土語，而不用柏林官話，插播德國俘虜五人至十人之姓名，每日至少一次，德主力艦「畢士麥號」被英國空軍擊沉後，BBC曾逐日宣佈被英海軍生擒之德海軍士兵，每次十五人，既打擊敵人之士氣，復可提起自家之威風。

「先失敗後革命」(First Defeat, Then Revolution)，乃BBC對敵宣傳最精彩節目之一，其常用之廣播詞，可舉例如下：「一國軍隊有百勝而不免最後敗亡之可能，歷史上德國往往先勝後敗，而英國參與各種戰役，往往獲得最後之勝利。此次大戰之決戰時期，尚未成熟，然吾人可操絕對勝算，亦事理之自然趨勢」。

倫敦報告員，對於柏林電台誇勝之宣傳，常反復警告聽衆云：「德軍每次小勝，其後果擴爲擴大其可能受聯合國家陸海空軍威脅之區域，而暫時在納粹武力壓迫下之不可見民衆大軍，亦可從密閉撥蒐聽密語之範圍，而加速其發動革命時機之成熟。……雖然如此，吾人可借柏林電台之誘餌廣播，必將繼續爲德軍走上末路之一日，而戈培爾之口，必將拊膺亂語至再幾一隻傳話器被摧毀之時。」

論及美國廣播，對其納粹政權，雖致擊不遺餘力，然對於德國人民，則有時表示同情，不以敵人視之。例如某次命致電台對德國人民廣播云：「爾等今日之生活情形，與德軍佔領區之人民，受壓而對同。諸君自一九三三年起，飽嘗希特勒暴政，將來在國際正義之法庭前，自可提出證明。此日已近，納粹武力必將崩潰。德國人民，在過去曾完成三次光榮之革命，其第四次革命運動，即可展開，行見各地義民揭竿而起，一舉而不可復遏，如一九一八年然。德人乎，曷醒乎來」！

「BBC對德廣播，每日不提及美國之動員情形，宣傳美國軍火生產之龐大數字，而將德國目前困於希特勒及其癲狂殘忍之黨徒。

歐陸之播音不絕於耳，爲BBC對敵宣傳之主要題材。某次，一比利時愛國青年自佔領區廣播演說云：「吾人於國之要求，終必實現。余可斷言，各地吾人行將採取暴烈之行動以爭取自由，而與彼等今日所受於德軍之虐待，成一正比例也。」同時，一荷蘭廣播員曰：「今日之荷蘭，實係一廣大抗德游擊區，是堤畔，運河上，盡是荷蘭健兒用武之地，德軍葬身於此者之腹者，日多一日。」

倫敦廣播，有時利用德國軍政大員公開演說之音片（由無線電中收灌而來），而作辯論式宣傳。例如聽衆某晚忽聞BBC放送之希特勒眞音云：「余決不併吞捷克一男一女！」繼聞其德語報告員之插語曰：「但數月後，事實證明彼已自食其言！」希氏更於無數德人聽采聲中云：「英人亡國之禍，已迫在眉睫，無可逃也。」而操德語之英人，則以取笑之神情對曰：「君閃擊英倫，於茲十八閱月矣！德軍之功何在？」皇家空軍首次以千架飛機轟炸科隆之任務完畢後，BBC放送戈林演說曰：「德國空軍，可保萊茵河區永無空襲之危險！」聽衆繼聞其德語報告員云：「知己而不知彼，戈林將軍可以休矣！」

BBC對敵宣傳之另一方法，乃爲「客卿廣播」，尤以其屢次邀請倫敦各流亡政府元首之廣播，爲最有效。自荷蘭女皇威廉明娜，挪威國王哈根，希臘國王喬治，南斯拉夫國王彼得，以至捷克總統貝尼斯，波蘭總理西考爾斯基，戰鬥法軍領袖戴高樂等，皆常藉廣播大廈，而向其本國人民發表廣播演說。一九四一年，邱吉爾首相廣播其「給吾人以各種工具」呼籲以後，美國租借法執行人霍甫金斯，攜羅斯福總統親筆函飛抵倫敦，而對全世界廣播曰：「英人乎！貴國抗戰至今，已非如昨日之獨力奮鬥矣。邱吉爾首相要求克敵制勝之「工具」，余可代表羅斯福總統向諸君保證，美國必以全力製造運送各種必要工具，以援助英國。美國總統，從不輕意提供重要性如此大之諾言，而一言既出，決予徹底實踐無疑。尤有進者，吾人之援助，亦必加諸與貴國同力抵抗侵略之蘇聯與中國。余今廣播之時，即可想見若干懸掛美國旗幟之驅逐艦隊，在大西洋上，護送滿載軍火之運輸船隻，破浪東來，敵人之海空軍皆不足以阻撓之。」同時，英國駐美大使哈里法克斯爵士，正在參觀美國規模宏大之某飛機製造廠，而於其第一架準備飛往英國之重轟炸機上，以粉筆書字數行，意即：「邱吉爾先生鈞鑒：美國有甚多此型飛機，即將陸續飛來英，以助鈞座克敵制勝」云云。

德國宣傳部之報復行動

戈培爾用以對付ＢＢＣ廣播宣傳之封鎖政策，雖三令五申以求其雷厲風行，而竊聽者仍不斷增加，個人生命之危險不顧也。戈氏於心勞日拙之餘，乃發嶄干擾技倆，而以雜聲怪音竄入倫敦放送之無線電波內。德國干擾廣播，遠較義國為有計劃，後者往往於ＢＢＣ播送重要之音樂節目時，大開其干擾機，形同擲空，而蘇聯之干擾電台全部廣播，尚不失其軍略價值。實則廣播干擾，並非絕對可靠之消極方法，以其效用僅限於若干地域故也。

一九三九年，ＢＢＣ播音與工程兩方面人員，離職從軍者近五百人，其補充人數若干，作者尚無所知。惟規模較小之德國廣播組織，對外宣傳人員尚逾千人，吾人可信ＢＢＣ實力必有過之，而無不及。

戈培爾更自納粹對外廣播員中，精選若干挺而走險份子，衣以軍服，攜帶袖珍廣播設備，隨軍作戰。一九四零年，德軍佔領荷蘭後，將荷蘭希浮孫(Hilversum)之電台，即有此類「傭兵」一隊三十八，闖入接收該台，並立刻充作廣播。隨營之特製荷語宣傳音片，可供三星期廣播之用，且有印就之大批節目時間表，交由德軍，就地發表。自該台發出一荷蘭電台廣播員，曾語人云：西德之納粹宣傳部隊，並有預製足供數星期廣播用特製英語音片之巨額卡車一輛，上書「開往英倫」(To England)字樣。戈培爾指揮下之納粹德國化宣傳節目，可謂萬事俱備，所欠者僅一座近代士兵工程學家所未設計之渡英輕便橋梁耳！

柏林宣傳當局，對於歐陸傀儡電台之統制，在各佔領區內情形不一。巴黎電台，除定時播出德語新聞，以供法境德軍之收聽外，並代柏林電台放送西班牙語宣傳節目。盧森堡電台之輕快音樂，在戰前播極一時，今則改用宣揚之德國歌曲，而雜以英語宣傳節目。波蘭人民所可收聽之新聞廣播，均由柏林電台發音，每日僅有二次。目前挪威，比利時，及德國佔領各地電台，雖其傀儡電台之業務自由甚大，但其節目之備稿，已可不必先送戈培爾審核矣。

希特勒惟恐其鐵蹄下之歐洲各國人民，因英國繼續抗戰，而醞釀革命，是以柏林之宣傳無時不以英國為主要攻擊目標。該台嘗向法境聽眾提出警告曰：「英國之食糧問題，日益嚴重，邱吉爾政府曾呼籲英國人民以飼牛羊之草為食。英國新兵下操，均以木槍代槍，而正規軍二百餘萬人，均無營房居住，情形至為狼狽」云云。

希特勒之「各個擊破戰略」(Divide-and-Conquer Tactics)，可於柏林電台廣播之離間爲主國家口號見之。一九三九年，戈林在無線電上叫囂曰：「法人如願爲英國而死，與吾人何干」？一九四零年，德國電台常以法語廣播云：「英國單衹法人各盡其責」。（此乃套用英國海軍英雄納爾遜之名言："England expects every man to do his duty."）一九四一年，對蘇宣傳：「邱吉爾決作戰至英國最後一兵一卒爲止」，對英則謂：「羅斯福決作戰至英國最後一兵一卒爲止。英國之眞正敵人，並非德國，乃係自稱爲英人朋友之美國」。

德國廣播宣傳戰略之分析

根據羅路(Charlo, J. Rolo)之「無線電走上戰場」(Radlo Goes to War)一書（一九四二年出版），希特勒在法蘭西之戰中，所進行之廣播戰程序，分爲四步，可說明如左：

一：開戰之初，各種廣播節目，充分表現一種號召聽衆之企圖，對其生活情形，表示極當之同情與趣，是爲「善鄰時期」(Good Ne ghborly Phase)。

二：繼而抨擊目的國之政府首長，及社會制度，以期引起聽衆之精神不安現象，而發動一種廣泛之「心理內戰」，是爲「侵略時期」(Aggressive Phase)。

三：更進一步，則發動謠言攻勢，不斷以發語宣佈大亂之將至，而勸告聽衆推翻其當權統治階級，是爲「恐佈時期」(Strategy of Terror)。

四：最後軍事行動旣畢，停戰協定已經雙方代表簽字，而廣播攻勢仍不休止，藉以延長聽衆之衷心苦惱，使其備嘗國破家亡之屈辱感覺，而在戰勝國家之前搖尾乞憐，是爲「廣播攻勢繼續時期」(Continuation of the Radio Offensive)。

法蘭西之戰甫畢，不列顛之戰繼起，柏林電台之對英廣播攻勢，旋即進入「恐佈時期」。好喝爵士(Lord Haw-Haw)每日宣佈英帝國之死刑，斷言德國軍隊即將以「破竹」之勢，渡海「摧枯」，對其「國族之敵」，決不「刀下留情」。不意英人萬衆一心，誓死守土，德軍遂至海峽地帶，即不能不「懸崖勒馬」，而「望洋興嘆」—軍事躍進旣罷，徒剩廣播詩歌，亦可謂失去廣播戰之眞義矣。

法國戰敗之經過

在此次大戰中，廣播列強(Radio Powers)之「出師未捷身先死」者，首推法蘭西共和國。法國廣播事業，直隸於郵務部，與英國廣播公司同，但其經費來源，全靠廣告收入，則頗似美國廣播事業之商辦制度。全國總台，爲巴黎廣播電台(Paris Mondial)，主管人乃係任內政教育兩部部長職之薩勞(Albert Sarrau)，而一切實權，則在其私人秘書富雷斯(Jean Fraysse)之手。開戰後，政府接收各地電台，而統制傳音之錯施，尚僅在形式上迅速實行。但人事方面，每有變更，陸富二氏本其一貫作風將事，結果，各地電台從未表示絲毫戰意。巴黎電台中波部份之技術效率，向爲各國廣播界所贊美，然其短波部份，遠在其他交戰國家之後。法國建築強大短波電台之計劃，始於一九三八年，而在法國屈辱以前，僅有一座十萬瓦特之新台完成，緩不濟急，固意中事也。

法國廣播之節目內容，與收聽結果，均較他國電台爲遜色。廣播員之待遇既薄，地位復低，眞正人才，不能安心工作，而賣國份子反得乘隙而入，從中進行敵人第五縱隊之活動。馬奇諾綫上守軍，咸不願聽其本國節目，而改收西格弗利隄地後面斯徒加特(Stuttgart)電台法奸阿布賴克(Andre Obrecht)，及費當納特(Paul Ferdonnet)之賣國廣播。阿費二氏，因有德國特務機關隨時供給其宣傳材料，常能以動人之姿態，揭穿法國軍政內幕。某次，第厄普(Dieppe)有英國軍官四人，與一酒店內侍者發生口角，而數小時後，斯城電台竟能將此事件發生之經過，及各英軍官之姓名階級，詳盡播出。另有一次，法國空軍一大隊，因某地常遭德機轟炸而奉命他移，其多數隊員，皆由德台廣播得悉此消息，及其新某地之所在。當日，法國廣播軍事兩方面，既無配合作戰之準備，自不堪受此兩路鬼祟之侵略大軍一「擊」也。

法國廣播機關之實行動員，可謂始於危亡歷境之時。不幸敵機日夜轟炸，廣播人員紛紛不辭而去，巴黎電台當局，親攜傳話器至某負傷美僑床前，請其代爲呼求美國速予法國以大批「飛機，大砲，坦克」，但戰局已定，無法可挽回矣。

巴黎淪陷以後，法國廣播軍之殘餘部隊，退守波耳多，前線與後方之交通斷絕，政府與人民之呼應不靈，全國乃至全世界急切欲知法國之戰報，而波耳多電台所可播送者，僅留聲機上轉動之唱片而已。

德法停戰協定簽字後，前巴黎電台之職員，首先聞知其第十四條款內容——「一切法國電台，停止播音，完整交出，由德國政府派員接受」。一九四零年六月二十日上午二時三十分，「法蘭西第三共和國之聲」乃於波耳多呼出最後之「再會」！

各國之秘密電台。

歐洲廣播界反侵略之前哨戰，始於一九三七年秋。當時，「德國自由電台」(Deutscher Freiheitssender)首先發音，揭破希特勒之征服世界迷夢，是爲此次大戰中流動宣傳之先鋒秘密電台。該台設備，全部置於一輛偽裝卡車中，往來於德奧邊區，每夜廣播，而於一九三九年秋落德國之總密探網中，一九三八年，「奧國自由電台」(Austrian Freihe tsse der)亦開始播音，該台冒用奶油雞蛋商之招牌，而流動宣傳，亦於一九三九年被德帝所破獲。同時，德國北部山中，有「恢復自由之米蘭」(Liberated Milan)反法西斯電台，美國西岸亦有親日之宣傳電台出現，日間休息，暗中活動，政府戒備雖嚴，亦僅可聞其聲而不能制止之。

大戰爆發以後，此種秘密電台，多因無法播音而被破獲，或自動停止活動。代之而起者，即一種「異鄉家音」電台，如英境內之「德國自由電台」，與德土上之「新BBC電台」等也。一九三九年十二月二十一日，法國諾曼底之「與國自由電台」，忽有一維也納人，代替「希特勒」自「柏林」發表演說，在廣大聽衆之喝采聲中，宣佈渠（自稱希特勒，口語聲調與希氏盡同）決即撤退與境德國駐奮警察。當時，與國聽衆，果信其為希特勒本人之演說。翌晨，維也納市面，竟發現歡迎希特勒實踐其諾言之標語。此廣播員，於一九四零年經過西班牙逃往美國，至今猶常廳美國各短波電台之邀請，而向歐洲播送動人之化裝宣傳節目。

流亡之反納粹德籍廣播家，在英國組織「德國自由電台」二座，彼等廣播有高度煽動性之政治宣傳，日夜不停。其經常節目之一，為「怠工之理論與實習」，而以德國軍火製造廠工人為對象。某次，此節目之「教授」勸其學生曰：「上工須守時，但工作愈慢愈好。面部宜表病色，將工具夾細縫倒地上。停止呼吸一刻，繼而力吸紙烟一支，即可感覺不適。當前機器，可常忘加油，而多以鐵屑撒入」云云。

自德境對英廣播之「新BBC電台」，多以粗陋口語，嘲笑英國之戰時生活，而每次廣播完畢前，必放送一張四分五裂之英國國歌唱片，使「願神佑我大君」之聲，時斷時起，而刺聽衆之耳。自蘇德戰爭展開之日起，德國東部即有一座「俄國自由電台」開始播音，其報告員籲「勸」蘇聯農民，勿自毀田禾，而歡迎德軍過境。然而事實上，德軍每克一城一鎮，所得僅一片焦土而已。

第八章 大戰中之重要廣播人物

廣播演講，形同自語，咫尺內與萬里外之收聽反響，演講人殊難立刻獲悉。其與聽者間之情意交流，端賴雙方想像力體會而已。

歐美各國之商業化明星廣播，往往在節目進行時，由主辦廣告公司，以電話探詢若干家庭內當時收聽之廣播為何，而估量其廣告功效。發言人，亦可於事後接獲本地之聽衆贊賞電話，而遠方陸續而至之電報郵函，每以萬計。同時，政治性廣播，如美國總統及主要參議員之演説，常可引起全國電台與報紙之廣泛評論，而一般人民表示其個人意見之函電，則可達十萬件以上。足證廣播家之地位，聽者自有定論。

「廣播人物」之意義

一九三六年，美國廣播界首次刊行「廣播人物影誌」（Radio Personalities）一書，內載各國廣播名人小傳及照片，共一千幅，我外交家顏惠慶先生之小傳，及其以前自日內瓦對美廣播之講詞一段，亦被列入第一章。惟該書誤用伍朝樞先生之遺像，以代顏氏之照片，殊為美中不足。

廣播人物，在一般人心目中，當具有顯著之條件。僅就演說一項言之，廣播風度之表現，不外思想新穎，事實確切，毋多用悅耳之字，講述富有熱情之詞，聲調圓和，音調清晰，而在傳話器前，讀稿自然，發音清澈，使遠近聽衆，聞其聲而知其人，明其言而行其意。現代政治家之公開演說，合此條以轉移輿論（To swing pubic opinion），而起預期之作用。

自廣義言之，凡有重要地位，或特殊成就之人物，縱非廣播專家，亦無不爲收聽大衆所歡迎與尊敬。電台報告員之發音，首重準確流利，此乃各國之通例也。但美國民主黨者碩史密斯氏，讀「Radio」一字爲「Rad-dio」，且每次演說時必用之，以博聽衆之一笑。論者以爲：荷史氏一旦改用標準讀法，則不嘗失其十餘年來養成之廣播風度中一大寶貴特點。世界拳王路易斯氏（Joe Louis），亦美國廣播人物之一也。美國對南美洲廣播宣傳之展開，得力於其一往前表演之功匪淺。路氏每次鬥拳時，所可吸引之國內外聽衆，不下數萬萬人，而收聽情緒最緊張之一刻，乃其擊敗對手後之自播數語，或爲「余無恙也」，或爲「彼廝領骨殊堅」，全場掌聲雷動，罕有注意其聲調及字句之當否。（按路氏爲黑種人，出身於福特汽車工廠，發言多夾雜鄉音，且甚模糊。其廣播之「I,m okay」一語，雖極簡潔，而「That guy,s gotta tough jaw。」，則粗陋不堪，以作正式廣播演講，非所宜也。）

近數年來，各國廣播界新人物之出現日多，上自元首長官，下至士卒平民，皆有親赴廣播戰最前綫之機會。傳話器前演講業已成爲現代人之常識，而世界各大電台發音室，更非少數藝術家與報告員僅能出入之禁矣。

強國領袖之廣播特點

今日聯合國家之對敵進行全球廣播戰，從無間歇，主力之出動，當以各同盟國家元首及軍事領袖之發表廣播有關國際政治之重要演說，爲最高表現。

中美英蘇四國元首中，以我林主席爲最年高，同時，西强行政首領，蔣委員長及羅斯福史達林二氏，均獨兼本國陸海空軍總司令。羅斯福在上次大戰時，曾任美國海軍部次長之職，其平生最得意之時，乃在主力艦之甲板上主砲前揚眉吐氣，而向攝影記者不時發出微笑。史氏現係蘇聯大元帥，其在俄國大革命時期，亦曾親率大軍，在窩瓦河南岸建立殊功，史大林格勒之名，即因此而得。邱吉爾氏爲英國將門之子，其階級雖僅爲陸軍少校，而四十餘年來，英軍所至之各洲戰場，無不有其足蹟。邱氏身先士卒之英勇，素爲人知，而其歷任英國陸海軍大臣等要職時之成就，尤爲舉世所敬佩。

我林主席廣播時，語氣莊嚴，間有高音，詞稿均大字楷書，筆劃鮮明，由文理說因白話，若讀原文之自然，翻動稿紙，亦無聲響。（按林主席每次廣播，皆以宣紙寫稿，頗適於傳話器前之用。）

英王喬治六世，素患「口吃」之苦，登位以後，常作廣播演說，如一九三九年之對美致謝，及對德宣戰，每年元旦日及耶誕節之對英各國臣民發表之祝詞，以及對全世界友邦播送賀詞，此弊似已消除。惟其發音低濁，音色平淡，與伊利沙伯后之輕快流利，大相懸殊。二者之合，豈即標準「皇家英語」(King's English)之謂歟？

蘇聯加里寧主席，最近曾二度發表廣播演說，此間聽者咸稱其口齒清楚，措詞優美，時間較史達林莫洛托夫二氏為短，但仍較羅斯福總統為長。加氏生地，亦稱「加里寧」，現為莫斯科外圍重要據點之一。故其衛國保家之呼籲，可予全俄人民以特深之印象也。

蔣委員長首次之廣播，在十四年前，即民國十七年南京中央廣播電台開幕之日。是時，蔣委員長親臨主持，並即席發表演說，由該台播出。當時各國廣播事業，尚在萌芽時期，美國一九二八年總統競選運動甫開始，共和黨與民主黨大規模利用無線電波角逐亦同屬創舉，故東西各國廣播事業發達之初，固無先進後隨之分。

蔣夫人之廣播風度，聲滿全球，與伊利沙伯后及羅斯福夫人，同有第一廣播夫人(First Lady of the Air)之名。

蔣委員長最近二次廣播演說結語之音調，曾由聲樂家沈逵琦女士錄列如左：

（一）三十一年三月十二日·蔣委員長向全國廣播精神總動員三週年紀念演說之結語音調：

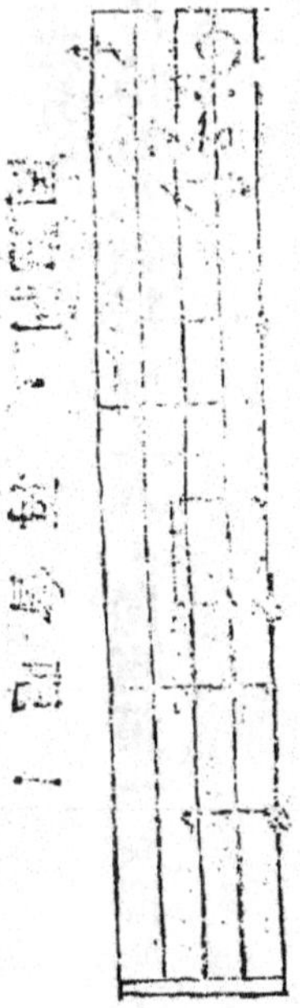

（二）三十一年五月四日，蔣委員長宣佈總動員法廣播演說之結語音調：

三十一年七月八日晨（紐約七日晚），蔣委員長暨夫人應NBC之要求，爲中國抗戰

三週年紀念，對美國人民廣播，蔣委員長演說達四分鐘，說明中國抗戰之英勇壯烈，並紀歐陸戰局指出：「倘吾人無有效之集體安全制裁，非特弱小國家，不足於圖存，即向之強者大者，其安全亦決無保障。」一般美國人民，雖不解華語，而仍靜心諦聽，藉以聞其聲而「觀」其人，聽其呼吸而感覺我抗戰中國之脈搏。迨蔣夫人開始傳譯，繼而自行發表宏論時，中美兩大民族之友情，已非山水所可以間隔矣。

三十一年六月一日，蔣委員長暨夫人應美國陸軍部之邀請，對美國軍民廣播致詞，由NBC全網廣播，除大多數美國人民收聽外，全美八百萬軍人聆聽蔣委員長夫婦之演說，尚屬第一次。

美國「爐邊閒話」廣播家羅斯福總統

十年前，羅斯福總統巳爲廣播界稱爲美國「廣播總統」。羅氏初入白宮之時，美國經濟不景氣巳達「深夜」，人民生活日艱，憂形於色。羅氏乃於第一週內，發表廣播演說二次，宣佈政府「新政」(New Deal)開始，要求國民「啓碇」(Anchors Aweigh)前進，高呼：「吾人將以素具之苦幹精神，苦幹到底……可恐懼者，僅恐懼一物耳！」同時，各廣播網之樂隊，齊奏「快樂之日巳再臨」(Happy Days Are Here Again)之曲。當晚，白宮電話接線生，大有應付不暇之勢，而翌晨報差攜帶千萬件賀電，蜂擁而至。是番羅氏一席廣播之效果，巳使美國人民「破涕爲笑」，「喜出望外」矣。

羅氏「爐邊閒話」，希特勒曾譏爲「病夫呻吟」。但此廣播節目之爲現代最有力之政治宣傳方式，可無疑義。其應用之特點：首播者不拘形跡之個人暢談。羅氏初次廣播爐邊閒話，在一九三二年三月十二日，其首句爲：「余欲與大衆交換意見，討論目前銀行問題，作數分鐘之討論。」以後每次作此種廣播，均在晚間華盛頓時間十時以後，即舊金山時間七時以後，俾全美人民皆能以家庭團圓之心境，「圍爐」聚聽。其發音地點向在總統書齋(Presidential Study)內之爐邊，爐前火光熊熊，(冬日煤火，夏日改用有光無熱之電火，)而羅斯福夫人則與鄰坐，一面聽講，一面爲其孫兒孫女織絨線衣。既而參觀人數增多，乃移至樓下接待外交官之大廳內舉行，故羅氏近年來之爐邊閒話，可謂既無「爐火」，復非「閒話」矣！

國民廣播公司傳音主任羅耶耳(John F. Royal)分析羅氏廣播之風度，曾謂：「羅斯福總統廣播演說，悉用通俗，直接，及可以確切達意之字句。羅氏聲音，充分表現其對於聽者有親密之感覺，對於講詞亦有深切之認識。從頭至尾，皆為談話方式，毫無讀稿痕迹。羅氏廣播時，顯然目光注視其廣大聽衆中之各個人，因此而引起之聽者同感，誠為羅氏廣播之驚人成功要訣也」。

一九三二年五月七日，羅氏向全國廣播其執政二月之報告詞，在廣播前五分鐘，環顧室內，見各廣播員，新聞記者及攝影師，均呆立不語，乃急出白手帕一面云：「諸君欲醒鼻吐涕，此其時也！」語引起大家一笑，室內凝結空氣，從而溶解。迨紅燈一閃，但見其在傳話器前，目光凝注，從容運用其「哈佛之舌」(Harvard Tongue)，時而動手作勢，時而緊眉表情，如見密友在座，而與談心言志然。由紐約趕至之某廣播觀察員，睹此情景，欽佩不已，事後語人曰：「羅斯福總統之聲帶，實較樂器之弦更靈敏，一觸即可發出動人之音！」

羅氏廣播，通常不逾半小時，而以十五分鐘之次數為最多。起止守時，尤恐延佔電台已預排之繼起明星廣播節目。

某次，羅氏向美國總商會發表演說，事前深恐發音高低不一，有礙廣播時應注意之事項，及臨時取消廣播，而專向當前聽衆致詞，其對於個人廣播聲譽之注意，可謂無微不至。

羅氏曾言：「余之判斷：自從報紙發明以來，無一件東西對於吾人文化之影響，有甚於廣播此機。」(It is my judgment that Since the creation of the newspaper n thing has had a more profound effect on our Civilization as radio) 其信念如此，其政治經濟之政說亦如此。

以「血淚苦汗」領導英國抗戰之邱吉爾首相

邱吉爾首相以「國會之子」(Child of Parliament)自稱，此渠數月前在華府對美國政府及人民廣播時所發表之得意語也。

邱氏於十九世紀末年入下議院，為當時年紀最輕之國會議員。早前參加波耳之戰(Boer War)，曾在南非洲被俘，而突破鐵欄逃出。異邦敵國，既無地圖，復無指針，衣袋中僅有巧格力糖數塊而已。時波耳軍到處懸賞緝拿，並以大字招貼，說明其年歲，身材，髮色，相貌，特別指出其發言多用鼻音，及不能正讀S音之習病。但邱氏日匿夜行，卒能脫險，逃抵倫敦之日，一舉而成名矣。

邱吉爾為英國歷史上名將馬爾波魯公爵(Duke of Marlborough)之九世後裔，父業報紙，母(Jeannette Jerome)為紐約富商之女。故其融合貴族平民，英美而有之，而其國際關係，則使英美兩國人民，同視為一家之人。

四十年來，邱氏出入於英國下議院之門，凡百朝野外交問題之辯論，無不參加。渠雖為祖傳之保守黨黨員，而向以超然態度，堅持其卓識及政見。蘇哈洛（Harrow 即保守黨貴族式子弟學校，邱氏亦其畢業生之一）紀念領禮，而彼以發言領結，親友反對不顧也。及至法蘭西之戰甫始，不列顛之戰繼起，彈丸三島，危在旦夕，邱氏受命組閣，以「血淚苦汗」（Blood, Tears, Toil, and Sweat.）四字號召全國，激發英勇，溢於言表。一時民心沉毅，士氣振奮，保守黨一致擁為最高領袖，而敦倫市燒廢墟上嗷嗷待哺之老嫗貧婦，每見其來，必拭目高呼曰：「溫尼！願神佑汝！」

邱吉爾學問淵博，著作等身，而其演辯雄才，尤為英國現代一人。美國女政論家湯浦遜稱邱氏為：「偉大生命力」（Great Life Affirmer），並謂其演說具有：庇特（William Pitt）之節奏，詹森（Samuel Johnson）之氣魄，阿迪遜（Joseph Addison）之餘音，彌爾頓（John Milton）之雷鳴，及吉普林（Rudyard Kipling）之雄偉，咬文嚼字，自其努唇歪嘴中，顫抖而出」。

三年來，全球戰局之發展，千變萬化，英國人民常居雲霧中，輿論自甚複雜，渴有軍事失利時，國會中空氣囂張，議員紛起，以質詢責難政府，即其反映。但邱吉爾一言，往往可釋群疑，而息衆怒，亦英國此次大戰中議會政治上之可貴特點。

邱氏每次公開演說，事先必作深長之準備，而每閉門自擬，講述對鏡試演，一鳴驚人，信非偶然。

一九一三年，邱氏獲得「空軍海相」(Flying First Lord) 之名，以其提倡航空事業最力，且能自行駕駛原始式飛機故也。一九四零年夏，德國空軍閃擊英倫時，邱曾指出皇家空軍「兵力之少，立功之偉，而惠及人數之多，爲有史以來僅見之人類戰績」(Never in the field of human conflict was there so much owed by so many to sofew.)。此語不獨代表英人民抵抗侵略之精神，更進而鼓勵英國空軍將士之戰鬥意志，而在數月內，使不列顛之保衛戰(Battle of Britain)一變爲攻擊戰 (Battle from Britain)，西歐戰場上之民主國家反攻基礎，賴以奠定。

一九四一年春，邱吉爾向美國廣播，大聲疾呼云：「給吾人以各種工具，吾人必能獨力取勝！」(Give us he tools, and we will finish the job!) 結果，美國一九四一年度，供給英國軍火武器之總值，達五十萬萬金元，佔美國租借法案通過後第一次撥款總額百分之六十以上。此英國軍民抗戰之力，亦邱氏一言之功也。

蘇聯「鉄人」史達林總理

某次，莫斯科電台廣播云：「蘇聯幅員之大以莫斯科爲中心，莫斯科區域之廣，以克里姆宮爲中心，克里姆宮建築之偉，以史達林總理及其胸襟內之堅強意志爲中心。」

史達林之從政，自法律觀點言之，始於一九四一年五月六日。是日，史氏就任蘇聯總理之職，而數百萬德軍，已密集西俄全線，弓上弦，刀出鞘，六星期後，德認友爲敵，而展開歐陸上空前大血戰矣。

史氏生長於高加索，具有喬治亞人（Georgian）之各種特性。其衣着，在家爲長袍，出外爲制服，頭戴平頂軍帽，足踏長統皮靴，合亞歐文化於一人，集東西風尚於一身，史氏代表蘇聯抵抗侵略之天時，地利，人和，此其獨具之優越條件也。

「史達林」一字，譯意爲「鐵」，而「史達林格勒」之名，乃紀念史氏在俄國革命時代所立功之「鐵城」。「鐵人」保衞「鐵城」，誠爲今日蘇聯軍民英勇抗戰精神之象徵。但史氏爲人和悅可親，其鐵性意志，並不表現於聲色。

史達林之公開發言，多係長篇闊論，列席甚前，俯首讀稿，宣傳與報告方式並用，要點反復說明，手無姿勢，面無表情，紅場上雖衆齊聲喝彩，全蘇人民異地同時聚立恭聽，而此鐵人態度鎮靜，若無事然。

最近之國際勞動節，蘇聯各地舉行空前之熱烈慶祝，史氏自莫斯科發表廣播演詞，強調蘇聯軍民必能於今年內，擊潰納粹匪徒之武力。現窩瓦河畔之血戰方酣，「鐵城」近郊，已入德軍重砲之射程以內，而「鐵人」故鄉，亦有旦夕不保之勢。但勝敗之局未定以前，吾人確信史達林之壯語，必有一般觀察家所不能遙測之把握。

戰鬥法軍領袖戴高樂將軍

一九四零年，德軍突破馬奇諾防線之日，戴高樂在法軍中之階級尚屬上校。色當之役以後，戴氏率裝甲部隊一師固守拉翁，血戰四晝夜，殺敵無算。雷諾聞訊大喜，立刻下令昇以陸軍部次長之職，但魏剛並不為所動，渠首次召見戴氏時，竟拒與握手。

是年六月十八日，法軍慘敗之餘，貝當元帥已決定向希特勒乞和，而接受屈辱條件。是晚，戴高樂將軍自倫敦發表廣播演說，呼籲全法軍民繼續抵抗，以爭取最後勝利。戴氏強調英法合作，並宣佈法軍在英倫三島建立抗戰新根據地云：「法國不孤立！永不孤立！敵用以敗我於今日之戰略，吾人可用以敗敵於明日！吾人後方有英帝國之全力支持，以及美國之同情援助，吾人所進行者乃一世界大戰，其結果不能決定於法蘭西之戰。本人謹以至誠，邀請全國將士，與余同走自由之路，繼續抗戰」。

從此，戴氏即有「廣播將軍」之英名。戴氏遍遊法帝國，無往不以廣播號召自由法軍運動，發號施令，宣戰報捷，莫不以無線電報告。一九四一年夏，戴氏在法屬剛果及敘利亞，已有自有電台，確立戰鬥法國爭取聯合國之共同勝利之根據地。

戴高樂頭小體偉，狀似金字塔，在此次大戰時，曾三次負傷，五次被俘，然足智多謀，為法軍將領中儁彥之秀。戴氏軍事演說天才（Martial Oratory），今已聞名全球。惟其廣播之術，尙有一件軼事，即[illegible]。[illegible]彼時開始[illegible]也。戴氏每次廣播前，聽衆可聞電台報告員以[illegible]云：「[illegible]，[illegible]」(A vous mon Generali)

新聞廣播員湯姆斯

近年來，各國廣播事業發達，播音人才輩出，尤以美國爲最多。而美國電台日常定時之新聞報告員中，依作者意見，以NBC之湯姆斯 (Lowell Thomas) 爲最有資格之代表。湯氏之影與聲，常出現於我國電影院之銀幕上，以美國狐狸電影公司有聲新聞片之說白，皆其作品故也。

湯姆斯自紐約發音，每日報告新聞十五分鐘，取材立論，用字擇語，無不求其合於本國一般大衆之經驗與興趣，故每晚六時四十五分，全美各地收聽其播送當日要聞者，不下二千萬人。他如斯文與柯爾頓波恩之流，雖在國際上負有盛名，然彼等皆非每日播音，而其播音時間與電台，亦隨時因環境而不同，以此每日由NBC藍網鎖台WJZ廣播一次，而十二年如一日之純粹新聞廣播員湯姆斯，則不可同日而語。

湯氏原爲美國之遊歷家，早年與阿拉伯之羅稜斯 (Lawrence of Arabia)爲友，近東中東各地，無不有其足跡。湯氏所以在美國人民腦海中留下之印象，即其冒險精神與演說天才。當時，湯氏初自海外歸國，途中備有演說稿一件，即爲「隨羅稜斯漫遊阿拉伯之觀感」(With

Lawrence In Arabia)，內容體裁，均與衆不同。一時東自紐約，西至舊金山，大小城市之各界人士，無不好奇心切，競相邀請其至，而在教堂或其他地文化團體，予以演講。湯氏一篇講詞，反復用至四千次以上，聽衆總數逾三百萬人，獨獲酬金達美幣百萬元，而從此名聞全國之價值，更非金錢所可數計矣。

湯姆斯廣播新聞，罕加評論，是非不明之事實，每以簡略或詼諧之詞，予以輕描淡寫，但其個人意見，常可自其語氣與聲調判定之。湯氏播音時，對於新奇事蹟或人物，特作充分發揮，此法適合美國革命時代之先鋒精神，惟微帶珍珠港被襲前夕之孤立主義。某次，湯氏祕書一語道破其秘密云：「湯姆斯先生在電台演講時，如遇有一件國內惡犬噬人小事，必儘先插入廣播之，臨時取消一條國外要聞不惜也。」

湯氏投身廣播事業以來，頗能避免聽衆之責難。但某次廣播時，未提及羅馬教皇當天發表之演講消息一則。事後各地天主教徒一致聲討，而加以反對天主教宣傳家之罪名。某天主教婦女領袖致函湯氏，竟以「余唾汝面」(I spit on youi) 四字辱之。湯氏雖非失言，而遺漏要聞，亦不無過。

湯姆斯在美國廣播界之盛名，並非個人之功。其每日廣播新聞稿，均由助手布爾奈爾（P. Buranell）及謝文(Louir Sherwin) 二人輪流編寫，到時送至NBC發音室，經湯稍加核閱，而後播出。此三位一體之分工合作，乃係「湯姆斯」之甚，右局外人無從而知湯氏之播音總布諾二氏之寫稿，抑布諾二氏之寫稿如湯氏之播音也。

湯姆斯之收入，年爲美幣二十萬金元，布諾二氏雖出力較多，而所可分得者，不過其中十分之一。湯氏例在星期五晚間播畢新聞後還家，深夜宴客，而由私立之四人絃樂隊代奏舞樂。庭內常備飲酒間，藝術室，園中復有游泳池，網球場，門外汽車數輛，肥馬二匹，縱目環顧，又皆自置之如畫莊田，進退出入，無不可遂心所欲而享受之。

湯氏之廣播平民化，美則美矣，而生活貴族化，殊非吾人戰時心理所可認爲必要也。

分析敵謠之廣播宣傳家富開遜

當德軍進犯荷蘭比利時之初，英國廣播攻勢甫開始。當時，新添之經常節目甚多，而職備最近步，火力最生效者，首推富開遜担任之「敵謠分析」。

富開遜播音，每次僅五分鐘，但其準備工作，則需十小時以上。除偵察敵台廣播外，參閱敵情報告，日逾四萬言，然後將敵台宣傳之目的，及其發言人一口兩舌之方法，於六百字限度以內，寫出一篇有聲有色之文稿而廣播之。此項工作，首重迅速，以期「洞穿」戈培爾所放出之五彩宣傳氣球，而使其墜落於聽衆之腦後。

富氏出身於蘇格蘭之宦家，父與祖父外祖父，歷任駐紐西蘭總督。幼年曾受優良教育，對於英帝國之歷史地理，瞭若指掌。富氏戰前曾任倫敦數大書店之推銷員，時常出入於英

國各大學府之門，談笑風生，不修邊幅。既而受BBC之禮聘，担任對敵宣傳工作，暇時則
用以協助廣播大廈附近之空襲服務隊，體格強健，不言而喻。

富爾遜口語習慣具有英格蘭之優點，吐音清潔，表情誠摯，以敵之矛，攻敵之盾，論
證既可服人，聲音亦可使學習英語者起悅耳之感。

富氏之工作，現已擴大組織，收聽廣播兩部門，各有助手若干人。然其本身之忙碌，無
異從前。家人遠在故鄉山居，數月不一見，同事戲稱渠爲「有妻之鰥」(Grass widower)，亦
其爲國宣勞之美名也。

賣國廣播家「好喝」「喜喝」兩「爵士」

在此次全球廣播戰中，希特勒之毒辣策略，乃利用英美兩國賣國廣播家，爲其宣傳總隊
之「嚮導」。此類盜賊作父之傀儡，多數已成爲柏林電台之「明星」。然而真正醜名傳佈者
，僅英奸「好喝爵士」(Lord Haw Haw)，與美奸「喜喝爵士」(Lord Hee Haw)兩人耳。

兩爵士開始作賣國廣播時，頗受其本國人士之歡迎，倫敦每日快報記者華德(J B·Ward
)，欲知其本名而不可得，乃分別以「好喝」「喜喝」兩混名稱之，且進而賜予「爵士」
之頭銜焉。二名皆爲譯音，在英人耳中，前者係「小人裝腔學君子」之意，後者代表「人面
驢聲」。華氏積數月之收聽經驗，而後分別命定，故一經公佈，立即獲得各國廣播界之贊同

．蠢可笑甚，即此二英國廣播家竟欣然採用之，大有受寵若驚之勢，而毫不知恥。

好嗎生於美國紐約，長於倫敦，曾在倫敦大學研究文學，歷史，及心理學等科。為人貪財好名，早為同學所嗤鄙。課餘出外活動，常自稱為教授，經學校當局一再警告，而猶無羞色。戰前一度組織「英國國家社會同盟」，繼者屢責其濫用公款。一九三九年，但澤問題復起時，好嗎往投德國宣傳部，為戈培爾派往漢堡，主管對英廣播工作。好嗎首次發音，即直認其為英奸，對英國政治，經濟，及一切社會制度，毀謗不遺餘力。聲音洪亮，口語幽默，日銷二百六十萬份之倫敦每日快報，義務廣告其節目時間，而全英半數以上收音機，均按時聚衆收聽此「漢堡騙子」（Humbug of Hamburg）。既而好嗎改駐柏林，英人每晚收聽照常。

是時，好嗎遺棄之髮妻，尚在倫敦獨居納悶，初未悉其鄰家朝夕談笑之內容為何物也。某晚，伊在收音機旁，聞柏林廣播，忽聲跡而出，怒目而告街頭警士云：「此吾夫之聲也！請速逮捕送局，彼心術已壞，余誓與離婚！」至此，英國人士，始知爵士原名為周愛斯（William Joyce），而其兄弟二人——前者在空軍部任錄事，後者在ＢＢＣ任機匠，立即被捕，解往地方法庭受審焉。

德軍進佔西北海岸以後，好嗎之宣傳，變本加厲，日夜抨擊英政府之腐敗。但張伯倫之去職，邱吉爾之組閣，以及英國人民之團結一致等偉大事實，爵士顯未發覺，而更難其見三島人民，已不復收聽其廣播容夠矣。

廣播戰　一三一

戈培爾部下無獨有偶之另一賣國廣播家喜喝爵士，原名柯爾頓巴赫（Fred Kaltenbach）。柯氏生長於美國愛我華州之滑鐵盧城，為上次大戰時美國陸軍砲兵中尉，解甲歸故鄉後，曾一度任中學教師，繼而留學德國，遇一納粹女生而與結婚，一九三九年秋，隨妻加入德國宣傳部，而從事於賣國廣播焉。

爵士每次播音時，必先呼稱：「請將諸君之耳租借一用！」（Lend or lease me your ears）柏林電台對美廣播之話劇節目特多，喜喝時而劇中演辭，時而劇外報告，此場扮演好「問之客」，彼場則為「有問必答之主」，而其中心題旨，不外離間英美，稱揚德國。

一九四一年五月二十七日，羅斯福總統一席「爐邊談話」播送甫後，柏林電台旋即放送其改竄之羅氏一語云：「吾人以金錢援助民主國家，即可防止獨裁者侵害西半球之危險。」繼而喜喝之聲插入云：「吾總統乎，希特勒不善游泳，且恨大海，美國人民可信其不致乘舟「遠離德岸也。」

喜喝雖賣國性成，而其素有之美國青年習氣，非短時期內所可盡棄。一年來，因不耐德國宣傳部檢查新聞手續之麻煩，而擅自播送未經公佈之消息，曾數度嘗試柏林之鐵窗風味，如此爵士，豈真不知賣國求榮之卑賤耶？

第九章 廣播節目之分析與廣播方法

近代廣播，雖因戰爭而發揚光大，然其應用之技術與效率，乃在平時逐漸發展而成熟。歐美各國，平時孜孜於宣揚國策，對於廣播事業，各有其重要之貢獻焉。

廣播事業發達之初，先進之報紙，廣告，舞台，電影等業，無不視為勁敵，而予以強烈之競爭。英美各國，國會中辯論蜂起，法庭內訴訟屢出，而各業更以新奇之誘惑方法，招引顧客，使一般社會人士，應付不暇，視聽莫知所從。是時，幼稚之廣播事業，幾經波折，始克立足，廣播節目(Programming)之方式與內容，均在極度之困難中完成，而所受報紙業之威脅，至今猶未稍減。

美國報紙營業，根據憲法上保障言論出版自由之規定，並無向政府申請登記之義務，而廣播電台之設立，則須先向交通委員會(FCC)請領執照。美國廣播事業未能充分發展，此其主要原因之一也。

但廣播內在力之強大，既可免費供應大眾娛樂(Mass Entertainment)，復可自然引起普遍興趣(Popular Appeal)，名人親自演說，要聞就地播送，殊非他種事業堪與競爭。一九二八年以後，美國兩大政黨之全國代表大會全體會議，一律改在晚間舉行，唯一理由，在求會中要案之討論，與大員之發言，可向各地同時廣播，翌晨報紙能否一一刊登，不必兼顧也。（按美國頭等報紙，均在前一日下午出版，僅本地版係在當天清晨付印。）從此。美國報紙業乃進而改變態度，一面與廣播業互惠合作。一面以收買，自建，或入股方法，而兼營廣播。結果，美國電台總數三分之一以上，皆為報紙業所有，或局部受其控制，雙方競爭之勢，乃漸緩和。但一九三八年三月四日FCC通令各美電台：如有報紙及他種營業組織，同時請購廣播時間，以作商業競爭時，可予後者以優先權。此通令，雖於發出後十二日即因最高法院之否決而取消，然FCC之原案，亦可代表美國政府扶植廣播事業之真意，而羅斯福總統向來對廣播事業之重視，更不待言矣。

近年來，各國廣播事業突飛猛進，其立足之基礎，固在分佈各大都市之電台，而各台逐日播送種種「大衆利便，興趣，與需要」之節目，實為其服務價值之試金石。此項節目，種類繁多，凡新聞，演講，音樂，戲劇，遊藝，體育等，有美皆備，無奇不有。各國之第一流新聞記者，電影明星，音樂家，藝術家，改業廣播者，車載斗量，近代廣播事業之地位，至是已確立而不可動搖焉。

在此次大戰中，各交戰國之報紙售價增高（如重慶各大報售價已漲至伍角或六角），篇幅減少（如倫敦各大報篇幅均改為每份四面），甚而數報合出聯合版者，亦時見於我國。同時，各國報紙幾為新聞之刪改，須受戰時之限制，遇有空襲警報時，觀衆要求消息之混亂情事，亦常發生，營業損失，不可以金錢數計。然而廣播，則較平時反見發達。各國宣傳機構擴大組織，電台數目及播音時間，有增無已，對外宣傳，幾全賴廣播之力。事實如此，平時廣播之特殊地位，固非倖致者也。

節目之種類

各國廣播事業，平時多重教育，戰時改重宣傳，此通例也。一般電台，平時節目之分類，及播送時間之比較，大致相同，而在戰時，則不能不各以特殊情形之發展，而隨時改變。廣播節目之種類雖多，然綜合言之，不外音樂(Musicals)，演講(Talks)，及其各種變化而已。一九三九年，歐洲大戰爆發以後，交戰國之英國，與中立國之美國標準節目之分析(根據美國基督教協進會出版之「廣播與羣衆」(Broadcasting and the Public, PP 82—102.)及英國廣播公司出版之手冊(BC Handbook 1940, Pp· 41—46.)兩書之記載，說明其趨勢如左：

廣播節目	美國(百分比)	英國(百分比)
音樂歌曲	52·45	44·65
戲劇	9·11	7·18
演講對話	11·41	6·83

新聞	8.55	9.53
宗教儀式	5.15	4.13
特殊節目	11.05	17.67
雜項	2.28	10.01
總計	100.00	100.00

右表所表明之第一要點，卽美國節目——與平時各國廣播之節目大致相同，首重音樂（佔全部播音時間百分之五十以上，包括純正音樂，輕快音樂，爵士音樂等）而BBC廣播之音樂節目，則較少百分之八。戰時廣播，旣以宣傳爲主，而國際宣傳，復須用多種不同之語言，故平時之娛樂或教育性質之音樂節目，自然減少。美國加入戰爭以後，舊金山奇異電台（KGEI），在最初數星期內，幾無音樂節目之可言。每小時內，最初十五分鐘播送新聞，繼而播送時論，再次爲「日本自掘墳墓」（Japan Against Japan），再後爲「中國勝利」（Victory for China）節目，全係演講，其內容亦大同小異。但音樂之宣傳價值，並不亞於新聞與演講，以其有引人入勝，而使聽者不能不聽嚴肅之節目故也。美國各地短波電台之音樂節目，現已可佔全部廣播時間百分之四十以上，其原因卽在此。

有人以新聞爲戰時廣播宣傳之最重要節目，各國電台之傳音方針，亦盡表此意。右表所列美國平時新聞廣播，較英國戰時之比例相差無幾，德國乃在英國每次廣播新聞之時間縮短，並非由於其新聞節目之減少也。BBC之普通新聞廣播，時限爲十五分鐘，但以敵國及敵軍佔領區聽衆每次以驚弓之鳥心情收聽，時間愈短，則被秘密警察發現之機會愈少，故不得不將此項廣播之次數加多，而每次播送之時間則予以縮短。近日英國所播送之經常題目新報(Headline News)，每次經時僅三分至五分鐘，而美國之新聞節目，多改爲五分鐘一次，亦戰時廣播重要特徵之一也。

要人演講，亦新聞也。平時如此，戰時更有甚焉。有若英國演講節目時間，較諸美國爲少，其主要原因，乃在於美國戰前之特殊情形，而非爲BBC之戰時演講節目減少故也。美國人民之「戰前心理」(Prewar Mentality)與民主國家（尤以英國爲甚）之求於宣傳，使美國各電台有之名人演講，時事討論等節目，次數及時間激增，而一旦戰爭正開始進行時，隨即改變此種作風矣。

節目時間之分配

平時廣播節目之排列，早晚各有不同，傳音人員應注意之事項，可分別討論如左：

上午六時至九時之間，無線電聽衆在家共進早餐，父母注目工曆，子女準備上學，各人腦中不斷思考其「一日之計」。是時，各種節目，應求其短小精彩，播畢新聞，即繼以輕快之音樂歌聲，而歡送一家老少，攜手出門。

九時至十二時之間，主婦或僕婢在家中洗衣燒飯，是時廣播，以婦女，家政，烹飪，際誼，時裝等問題之研究節目，爲最適當，輕鬆音樂及短劇，亦屬相宜。

下午四時以前，爲比較次要之廣播時間。在此時間內之節目題材，通常爲時事，宗教，物價，收成，家庭教育，及氣象報告等。

四時以後，學校放學，工廠放工，各地電台播送之兒童，工人，運動，及社會教育節目，各界人士，可在家庭內或汽車中收聽之。

晚間六時至七時，爲本地節目時間，而以家庭爲主要對象，播送節目，除新聞與運動消息外，以餐廳音樂爲最重要。

一日內至寶貴之廣播時間，爲晚間七時至十時，凡名人演說，大工業團體主辦之交響樂，及其他特別節目，均在此時間內由廣播網轉送全國，而十時以後之節目，則多爲舞樂，輕快歌曲，書評，故事，及最後之午夜新聞。

根據一九三八年出版之「廣播手册」(Hanbbook of broadcasting) 作者阿博特（Waldo Abbot）之分析，美國廣播節目，以受一般聽衆之歡迎爲序，共有十種如下：大衆音樂，喜劇，運動競賽，古曲與交響樂，新聞，演講，宗教，教育，兒童節目，與婦女節目。

時差與廣播節目之關係

「廣播時間」(Radio Time)，係用二十四時制，與火車行止之計時法同。國際標準時間(Greenwich Meridian Time)，决於倫敦近郊之格林治天文臺，地球經度，亦自該台算起，而以一八〇度劃為國際換日線(Internatiou Data L Line)。該線幾全在水上，最著名之陸地，為太平洋中「飛枝群島」(Fiji Island)。島上守軍之最大困難，即咫尺內可有兩種不同之日期。例如一盟兵奉命於換日線上偵察自西方來襲之敵機，不幸被流彈擊中殞命，彼卽死於今日，而作則死於明日也。

我國幅員廣袤，東邊西極，相差五小時，此時差現象，可列表如左：

時名	東經(度)
長白時	135
中原時	120
隴蜀時	105
崑崙時	90
回疆時	75

根據此表，重慶時間應稱「隴蜀時」。實則重慶(東經一〇六度三五分)之時間，較「中原時」晚五小時三分四十秒，而較「隴蜀時」早六分二十秒，正「隴蜀時」，在重慶以西之內江(東經一〇五及一〇分)與資中(東經一〇四度五五分)間。

東京時與我「長白時」同，較重慶早二小時。「七七」以後，日本政府以作戰之需要，而將其侵略軍隊所至之地，一律改用東京時。一九三九年，英國提前全國時間一小時(British Summer Time，與柏林羅馬時間（Central EuroPean Time）相同。美國加入戰爭後，羅斯福總統頒佈命令，將全國各地時間，提前一小時，稱為「戰時」(War Time)，既合時代精神，復利軍火生產。

世界各地，向日背日之早遲，隨地球之自轉而定時間。重慶時較倫敦時（英國夏時）早六小時，華盛頓（美京戰時）十一小時，檀香山十七小時三十分。例如重慶下午六時，為倫敦正午十二時，而華盛頓為上午七時。三地日期相同，而各居民所進之食則各異。（重慶晚膳，倫敦午餐，華盛頓早茶。）日寇偷襲珍珠港之日期，至今尚為歷史家未解決之問題，因日軍在美土投下第一炸彈時，在東京為一九四一年十二月八日上午三時二十五分，而在華盛頓為前一日（七日）下午一時二十五分，在檀香山則為七日上午七時五十五分。故有見在歷史上之法庭前，此案原告人與被告人之口供不符，此亦第二次世界大戰中之趣事也。

世界各國間時差如此，從事國際廣播宣傳者，對於節目之排撥，不能不用各種不同之時間，波長，與語言。重慶國際電台之對敵宣傳，在下午六時與八時之間，對南洋節目，在八時以後，對美節目，在九時以後，對蘇節目，在十時以後，對歐節目，在清晨三時與五時之間，所用波長，亦皆隨時改變，四季各異，報告員係在清晨，向英國聽眾道「晚安」，晚間則向美國人民道「早安」，本地人士聞之，殊有滑稽之感。

蓋廣播事業發達之國家，對外宣傳，可用數種乃至數十種波長，同時播送各種語言之節目，各地聽衆，可視時間與季節之變遷，而自由選擇收聽結果最佳之電台。而短波設備較少之國家，則不能不充分利用所有電力，同時僅於少數波長，以循環不斷之順序，向外亦以其電台甚少，而需要對國外不斷播送不同之節目。

報紙與廣播節目

報紙爲廣播材料重要來源之一，歐美各大報紙，除發刊廣告廣播電台之節目時間表外，更有廣播副刊，而報紙之逐日評論文字，復爲廣播員所自由採用，使時事報告，更有價值。各大新聞社，且發送廣播稿(Radio Edition)，以供電台採用，而按字數取費。同盟社與日本放送協會之合作情形，亦如是。

收音與廣播節目

「收音站(Listening Post)之組織與利用，爲英國廣播公司對敵宣傳材料主要來源之一。BBC收音站，均設在倫敦郊外之森林中，或海岸上，而由電話線通至廣播大廈。遇有重要新聞，可隨時報告傳音部份，而立刻加以宣傳，或反駁。此種收音組織，通常稱爲第三耳(Third Ear)。BBC之收音員四百餘名，每日收音，錄音，繙譯之外國廣播，逾百萬言，包括四十餘國及三十五種語言播出之二百三十餘種節目，而經心理學與偵探學專家分析後之歸納報告，亦不下五萬言。

美國各大廣播公司之收音服務，近亦擴大組織。例如CBS之收音站，設在紐約附近之長島(Long Island)上，每日可發出五千至一萬五千字之收音報告一巨册，以供戰時情報局(Office of war Informaiton)之參考。美國陸軍海軍二部，亦各有其收音站，而民間最著名之收音組織，則爲西岸之司丹佛(Stanford)大學，及東岸之布林斯頓(Princeton)大學收音站。我國對美播送之一字一句，在司丹佛大學胡佛圖書館(Hoover Library)中，均有詳細紀錄可查。

我國宣傳機關，亦多附設收音部份，其在戰時之功效，殊非外間所可得而知。一九四一年，太平洋大戰爆發之消息，經美府宣佈後，我中央宣傳部收音站立即聞悉，而向當局報告。(按當時爲清晨三時許，重慶中央日報爲當日登載此驚人消息之全國唯一大報。)而國際廣播電台，據以國語英語播出，二小時後，東京電台始正式宣佈，而證實之。

廣播方法

廣播言之，無線電廣播，尚在萌芽時代。各國第一流廣播家，多係政治領袖，新聞記者，舞榭歌臺，電影明星，或舞台藝人，其發音技術之成功，固不限於廣播一方面。同時，一識而無私」之傳話器，亦似有若干成規定律，為發言者不可不遵守，而各國受淘汰之廣播家，數見不鮮，其失敗原因，決非僅限於其思想語文之失當也。

實用廣播方法，多由收音而得，各國廣播家之經驗談，大都有此體諳。平時收聽廣播之演說，不難發現播音之基本條件，綜合言之，約有四端，即在傳話器前注意聽者，發音有聲有色，備稿先事演讀，及播送起止守時是也。

「注意聽者」：

演說家在發音室內，或立或坐，可悉聽自便，但距傳話器之遠近，宜先商諸當場之傳音工程師，而發音時，尤須視面前傳話器為聽眾之「代表」，在想像中，如見其人，使其自然發生深切之興趣。

一九二二年三月三十一日，美國參議員紐哈利(Harry S. New)，自華盛頓對其本州(印第安那)民眾廣播，而與前參議員貝弗奇(Albert J. beveridge)競選。(貝氏長於演說，且可親赴各地號召選民。)國會議員，皆無廣播經驗，各地電台，亦乏播音幹才。紐氏自作主張，乃以打電話之方式，而向六百英里以外聽眾演說逾一小時之久。結果，竟獲勝而連任，造成近代廣播史上第一件大事。論者以紐氏是次競選勝利之主因，乃在於其自華府參議院廣播之空前事實，及其發音誠懇所給予每一個聽者之好感，信非溢譽。

善廣播者，必賦予其面前傳話器以人性，而以友誼熱情，與其暢談。有人見傳話器而生

懼，亦發音室內常見之事。英美廣播界，藉此種心理作用為「傳話器前自羞畏」（Mike Sh）
，惟加強有此感者之想像力，可克復之。羅斯福之廣播演說，清晰而誠懇，殊為各國廣播界之模範。羅氏在傳話器前，從容發音，如見其不可見之聽衆然，而其用字設喻，又皆具體通俗，使聽者完全了解，而無誤會。

二：「有聲有色」

在偵[illegible]事業尚未普遍之今日，（各國政府雖[illegible]少，小規模之試播工作，亦多因困難而[illegible]係而[illegible]俗。）廣播之主要特徵，殆為「以聲代色」。演說家之姿態風度，[illegible]其[illegible]乃[illegible]，藉無線電波送達廣大聽衆耳中。其歸納須有選擇，聲調宜求[illegible]，尤須對[illegible]音[illegible]，乃播[illegible]術則同。

一九三六年元月二十五日，史密斯參加美國「自由同盟」（Liberty League）在華盛頓舉行之宴會，即席發表其著名之「反新政」演說，三千英里外之[illegible]（S. F. Clarendo）當晚著文評論云：「聽史氏之演說，如見傑斐遜（Thomas Jefferson），傑克遜（Andrew Jackson）與克里夫蘭（Grover Cleveland）復回人間，而當場報以熱烈之掌聲」！「按傑斐遜，傑克遜，及克里夫蘭，均為美國歷史上總統，且為民主黨之精神導師。）當時，史氏抱病廣播，其私人醫生，隨侍其側，而其發音地點，距白宮甚近。一副英雄本色面目，通其滑稽幽默之聲而展開。

傳話器之功用，盡人皆知，其對於各種發音人，毫無成見。凡喜怒哀樂之情，抑揚頓挫之音，無不忠實轉送，而迅速播出之。是以廣播者之發音，首重清晰，更須以談話方式，而向聽衆演說，使親切熱情，溢於言表。我國際電台對美廣播時，一切重要人名地名，均以羅馬字母拚讀之，本地聽者，多感此法之無意識。然不如此，則外國人士無法收聽或錄音。美國大廣播家柯爾登波恩在一九三八年名振全球時，每日接獲之聽者賀函，封面上柯氏之名多錯。廣播聽衆，對其本國名人之名，尚難隨音寫出，至于拚出之外國專有名詞，更無論矣。

三：「寫稿試播」

公開演說，每以不帶單張紙片之自由發言，最爲受人歡迎，然廣播演說，則必先期寫稿，而且一再試播，屆時照讀，始可期其滿意。

廣播稿與普通之新聞或演講大不相同，其目的在使發音人之思想有組織，語言無破綻，而在播送時，不致心慌意亂，急不擇語。寫稿既成，繼以試播：可從容研究文字是否順口，聲音可否悅耳，隨時加以修改，而求其完美。柯爾登波恩廣播時，皆用講稿，但據彼曾人云：「余對於日常廣播之國際大事，已將講稿備就十年餘矣！」柯氏未投身廣播界之前，曾任報紙編輯十有六年，經驗豐富，思想週到，故能聞一知十，出口成章，聽者難聞其非正式之時事分析，固不能覺察其爲隨便談話(Ad Libbing)焉。一九三六年四月三日，拐殺林白(Charles Lindbergh)之子主犯浩普滿（Bruno Hauptmann）受極刑時，聯合廣播公司播音員赫特耳（Gabriel

Heatter），當赫廣播此總囚坐電椅之經過，曾以施刑人未能按時開始，而就題發揮達五十二分鐘，其最後結語爲：「浩普瑞死矣！再會！」事後，赫氏所接各地如雪片飛來之致賀函電，達六萬餘件，是爲現代最高之無稿廣播紀錄。

但此法，並非人人可用，初學播音者，尤須盡最大之努力寫稿，而不可輕易冒險。

廣播稿之長短，乃視發音人讀稿之快慢而定，美國著名新聞廣播家五人之播音速度，可列表比較如左：

人名		平均每分鐘廣播字數
湯姆斯	（Lowell Thomas）	142
卡耳特	（Boake Carter）	157
希爾	（Edwin C. Hill）	160
赫特耳	（GaBriel Heatter）	170
溫吉爾	（Walter Winchell）	175

比較美國廣播員之發音速度，均較德國爲高。我國國語及英語廣播，平均每分鐘不過百字，似嫌過緩，稍快，亦可謂增加戰時廣播效率之道也。

四、「超止守時」

其次，英國廣播公司對美播送一特別節目，而由紐約國民廣播公司全網，同時轉播。節者開始廣播，較雙方約定之時間，僅遲四秒鐘，竟遭後者之嚴厲責難。我國際電台，對美播送特別節目，亦有國 CBS 駐渝代表發音遲五秒鐘之故，而由該公司臨時取消之紀錄。發音人過時不結束，而受轉播電台自行改編節目者，亦為各國常見之情事。美國在海外各戰區最高司令官，為紀念珍珠港被日軍偷襲之一週年，而自各國發表短篇演說，由經紀廣播公司各台轉播，波托利科 (Porto Rico) 之美軍總司令，演說未畢，忽被插入史迪威將軍自重慶發出之聲音，即最近之一例也。

羅斯福、邱吉爾二氏每次廣播演說，不過十五分鐘，或半小時。如希特勒二小時以上廣播，殊難維持聽衆之興趣與耐性。是故欲求廣播可收最大之效果，宜以前者為法，而以後者為戒。

廣播五十要訣

美國廣播批評家鄧索曾所作廣播五十要訣，（見 O. E. Dunlap, Jr.: Talking on the Radio, Pp. 209—216.）頗具實際價值，今節譯如左，以為本書之結論：

（一）發音自然，態度懇直。

（二）用字宜求簡明，不可用套語廢話。

（三）宜「言之有物」。

廣播戰

（四）用語體文寫稿。
（五）術語，數目字，不可多用。
（六）演說須求簡潔，不宜過長。
（七）強調中心思想，勿顧小節。
（八）談話式，勝於演講式。
（九）攻擊個人言論，可引起聽衆反感。
（十）聽衆來函，宜仔細參考。
（十一）發表政治演說，不宜高聲叫囂。
（十二）勿「咬文嚼字」。
（十三）發言須謙恭，勿露驕氣。
（十四）勿以顯明而無意義之事物，浪費廣播時間。
（十五）切記傳話器前之言，可使友敵同時收聽。
（十六）勿用密談方式，或暗示語。
（十七）廣播演說，勿逾十五分鐘時限。
（十八）論證勝於雄辯。
（十九）廣播時間寶貴，不宜用街頭宣傳體裁。

（二十）勿在傳話器前，拳擊講桌。
（二十一）選用最佳之發音環境，避免在人聲嘈雜中發言。
（二十二）對農民廣播，宜在午刻，或在晚間九時以前。
（二十三）勿置時計在傳話器前。
（二十四）要人廣播，更宜事先準備，使聽者可得「名不虛傳」之感。
（二十五）不宜廣播「家醜」，因短波可予以「外揚」故也。
（二十六）演說範圍宜小，發揮則需充分。
（二十七）詩歌預言之詞，以少用爲妙。
（二十八）發音宜聽衆掌聲，可使無線電聽衆生厭。
（二十九）勿在傳話器前，左右移動。
（三　十）競選演說，應經選舉區內各地廣播，勿限於某一電台。
（三十一）對婦女宣傳，不宜輕用女演說家。
（三十二）廣播者，不宜自行徵求聽衆來函。
（三十三）晚間廣播應有男女老少同感興趣之題材。
（三十四）對鄉村聽者，應以「吾人」代「余」，而引起其同情。
（三十五）談話方式，應求自然，切忌矯作。

（三十六）立論積極，以「引人入勝」。

（三十七）無線電有顯大演說人「語病」之可能，不可不慎用之。

（三十八）發音時，頓挫須短，且不宜多。

（三十九）每次提出一要點時，應給聽者二三秒鐘之領略機會。

（四　十）廣播者，宜切記其聽衆不盡爲其有政治意識之人。

（四十一）以戲劇家眼光，寫政治性演說稿。

（四十二）造句須求短小精幹。

（四十三）避用不易發音之字，或不常見之術語。

（四十四）言爲心聲，發音須引起聽者之想像。

（四十五）演說稿上應加重之字句，須預作標記。

（四十六）發言時，不必顧慮演說學上規則。

（四十七）勿用背誦方式。

（四十八）平時練習廣播，以每日十五分鐘爲宜。

（四十九）有新聞價值之演說稿，可先送通訊社一份，惟須寫明發表日期與時間。

（五　十）如遇稿長時短，須另備演說稿以代之，不必臨時撮讀原稿之「頭尾」，更不宜僅用其「中段」。